本书得到西藏自治区哲学社会科学专项资金项目（项目编号：12BGL001）资助

旅游援藏与西藏旅游目的地发展研究

田祥利　著

中国社会科学出版社

图书在版编目（CIP）数据

旅游援藏与西藏旅游目的地发展研究/田祥利著 . —北京：
中国社会科学出版社，2017.4
ISBN 978 - 7 - 5203 - 0670 - 6

Ⅰ.①旅⋯　Ⅱ.①田⋯　Ⅲ.①旅游业发展—研究—西藏
Ⅳ.①F592.775

中国版本图书馆 CIP 数据核字（2017）第 146795 号

出　版　人	赵剑英
责任编辑	车文娇
责任校对	宋会英
责任印制	王　超

出　　　版	中国社会科学出版社
社　　　址	北京鼓楼西大街甲 158 号
邮　　　编	100720
网　　　址	http：//www.csspw.cn
发　行　部	010 - 84083685
门　市　部	010 - 84029450
经　　　销	新华书店及其他书店

印　　　刷	北京明恒达印务有限公司
装　　　订	廊坊市广阳区广增装订厂
版　　　次	2017 年 4 月第 1 版
印　　　次	2017 年 4 月第 1 次印刷

开　　　本	710×1000　1/16
印　　　张	18.5
插　　　页	2
字　　　数	267 千字
定　　　价	79.00 元

凡购买中国社会科学出版社图书，如有质量问题请与本社营销中心联系调换
电话：010 - 84083683

前　言

　　1994 年 7 月，中央在北京召开了第三次西藏工作座谈会，中央提出，西藏诸多弊端都与封闭有关，必须进一步解放思想，克服封闭观念，加大开放力度，形成多渠道、多层次、全方位开放的格局。其中，大力发展旅游业是重要环节。国家旅游局积极响应中央部署，1996 年在对西藏旅游业发展调研时曾提出建议，"国家旅游局适时召开一次旅游援藏会议，使全国了解西藏，也使各地旅游局的工作能够为西藏旅游发展服务"①。与此同时，全国支援西藏建设热潮空前高涨，对口援藏省市响应开展旅游援藏工作，如山东、辽宁、福建等省旅游局从资金、物质、人才培训等方面给予大力帮助；北京、天津、岳阳、沈阳等旅游局也对西藏旅游业发展提出良好的切合实际的指导性建议。②

　　2001 年中央召开了第四次西藏工作座谈会，国家旅游局为贯彻中央西部大开发战略和中央第四次西藏工作会议精神，于 2001 年 9 月对西藏旅游业发展进行调研并提出全国旅游援藏工作初步设想，指出西藏旅游业的加快发展，最主要的是要依靠西藏自治区党委和政府的正确领导、自治区各相关部门的大力支持和全区旅游行业的不懈努力，同时也需要全国各地对西藏旅游业的发展给予积极的支持。③ 此外，随着旅游业的快速发展，西藏旅游人才，尤其是小语种旅游人才

---

　　① 《西藏旅游业发展调研报告》，http：//www.yjbys.com/bbs/310824.html，2012 年 11 月 8 日。

　　② 中国旅游年鉴编辑委员会编：《中国旅游年鉴（2000）》，中国旅游出版社 2000 年版，第 340 页。

　　③ 《关于西藏旅游业发展情况的调研报告》，http：//www.ce.cn/travel/bjzm/lyyj/200409/17/t20040917_1786662.shtml，2004 年 9 月 17 日。

严重不足的矛盾非常突出。2002 年 10 月，胡锦涛同志针对西藏导游问题做出重要批示："国家旅游局要对西藏导游队伍建设给予支持和帮助，可采取援藏方式进行。"2002 年 12 月，国家旅游局做出《关于开展导游援藏工作的决定》，制定了《关于用十年左右时间每年组织 100 名内地导游员援藏的实施计划》，决定自 2003 年起，每年从内地选派 100 名导游员进藏开展导游援藏工作。2003 年 1 月，胡锦涛同志在国家旅游局上报的《关于贯彻胡锦涛总书记批示，实施内地导游援藏有关情况的报告》上批示："方案很好。望抓好落实。为从长计议，可考虑在内地院校办西藏班，培养藏族导游人员，从内地中学西藏毕业生中招收学员。"实践证明，中央做出采取导游援藏方式的决策是完全正确的，对于支援西藏旅游业、推动西藏经济建设、促进西藏繁荣稳定具有重要作用。

2010 年中央第五次西藏工作座谈会明确提出要将西藏打造成"重要的世界旅游目的地"和"做大做强做精特色旅游业"；2015 年中央第六次西藏工作座谈会提出"建设好重要的世界旅游目的地"。中央和对口援藏省市从政策扶持、资金投入、项目落实、人才援藏等方面积极组织开展旅游援藏工作，带动和促进了旅游业在西藏各行业中率先实现了从小规模起步到跨越式发展的历史性转变。目前，旅游援藏已经成为西藏建设重要的世界旅游目的地的重要推动力，在促进西藏经济社会持续发展、调整经济结构和转变发展方式、保护与传承民族文化、帮助各族人民脱贫致富和维护民族团结等方面发挥日益重要作用。

然而，与全国如火如荼开展的旅游援藏实践工作形成鲜明对比的是理论研究仍处于空白，学界和政界的共识是旅游援藏对西藏建设重要的世界旅游目的地和实现旅游业跨越式发展的重要性，但是对国家为何要实施旅游援藏战略、旅游援藏对西藏区域经济发展动力机制、旅游援藏对西藏旅游目的地供给系统影响指数与作用机理等理论问题没有进行系统化思考和科学研究。因此，本书尝试回答如下问题：中央旅游援藏逻辑起点如何形成？旅游援藏与其他援藏方式的共性与特性表现在哪些方面？旅游援藏政策发展演进如何？旅游援藏给西藏经济社会和旅游目的地发展带来何种影响？这种影响产生方式及其作用路径和机制是怎样的？如何评估这些影响？新时期旅游援藏面临哪些挑战和存在哪些问题？面对西藏旅游目的地未来发展变化，旅游援藏调适机制如何构建？

正是带着这些亟待解决的研究问题，本书作者于 2012 年 8 月至 2016 年 2 月，三次深入西藏开展实地调研工作，先后考察调研了拉萨、日喀则、山南、林芝、阿里、那曲等地的典型旅游景区、旅游企业和民族旅游社区，行程万余里。通过问卷调查、深度访谈、跟踪调研等方法获得了众多的一手数据资料，特别是 2015 年 7 月至 2016 年 2 月，作者被西藏民族大学选派前往西藏阿里地区改则县开展为期半年的"强基惠民"驻村工作，利用驻村工作时间，作者不仅为本书搜集整理了大量的宝贵资料，而且与调研地政府管理者、旅游从业者、地方旅游专家建立了持续而密切的关系，为本书研究奠定了扎实的基础。

本书得到西藏自治区哲学社会科学专项资金项目"旅游援藏对西藏旅游目的地建设影响评估与调适机制研究"（项目编号：12BGL001）资助。正是由于该项目的大力资助，本书中的大量实地调研、案例跟踪才得以顺利进行，由此表示衷心的感谢。

旅游援藏是我国独具特色的区域跨越发展战略，其实施时间短，面对西藏建设重要的世界旅游目的地的重要历史机遇和未来的发展变化，囿于作者学识和视野，本书中提出的观点和建议难免存在粗浅之处，敬请广大专家学者和读者批评指正。

目　　录

第一章 研究概述

第一节 研究背景和价值

一 研究背景

西藏自治区是我国西南边陲的重要疆域，是维护祖国统一和国家安全的重点地区，是国家长期发展的战略资源储备区。随着国家战略开发重点的西移，其潜在的旅游资源优势逐渐变为现实的经济优势，旅游业成为西藏经济重点发展的支柱性产业。2010年1月，中央第五次西藏工作座谈会明确提出要将西藏打造成"重要的世界旅游目的地"和"做大做强做精特色旅游业"；2015年8月，中央第六次西藏工作座谈会上，面对西藏旅游业高速发展态势，习近平总书记提出"建设好重要的世界旅游目的地"。建设西藏、发展西藏、稳定西藏，历来是国家高度重视的战略大计，开展旅游援藏工作，是推动西藏旅游业实现跨越式发展的有效途径，是推动西藏经济发展、维护西藏稳定、促进民族团结的重要举措。

本书致力于通过理论和案例互动构建旅游援藏对西藏旅游目的地影响评估与调适机制分析框架，从外推—内生综合视角探讨中央旅游援藏政策逻辑起点、阶段划分、阶段特征与模式演进，从宏观和微观视角提出旅游援藏推动西藏区域经济发展动力机制，进而构建旅游援藏对西藏旅游目的地建设影响评估指标体系，并综合运用计量分析方法测算对口援藏省市援藏资金投入的旅游发展效果、区域差异与影响因素，探索旅游援藏调适机制，最终提出旅游援藏推动西藏旅游目的地发展针对性对策建议。

二 研究价值

本书学术价值主要表现在三个方面：一是拟通过理论和案例互动构建旅游援藏政策分析框架，从外推—内生综合视角探讨旅游援藏政策逻辑起点、运行机制与作用机理，为同类研究奠定理论基础。二是注重旅游援藏定量评估研究，通过综合运用计量分析技术，构建旅游援藏对西藏旅游目的地建设影响评估指标体系和对口援藏省市旅游援藏效果评估模型，实现研究方法创新。三是旅游援藏是全国援藏工作的重要组成部分，对完善我国援藏研究体系、丰富和发展地区发展领域的研究成果具有重要意义。

本书应用价值主要表现在三个方面：一是为各旅游援藏主体科学制定旅游援藏政策提供理论依据。通过建立旅游援藏效果评估模型，分析效果变化差异与趋势来为政策实施提供更合理计量标准，并根据西藏旅游目的地发展情况和经济新常态的背景确定各旅游援藏主体提升工作的潜力。二是为各旅游援藏主体实践工作提供调适机制。在测算出投入产出效果水平以及变动趋势的基础上，找准旅游援藏政策调适的作用点，提高旅游援藏实施效率。三是提出的针对性政策建议将作为国家旅游局、对口旅游援藏省市管理部门和西藏自治区旅游发展委员会等部门在旅游援藏实践工作中的重要决策参考，对中央提出的建设好重要的世界旅游目的地具有现实指导作用。

第二节 文献综述和述评

一 国外研究文献综述

国外学者主要从旅游援助（Tourism Assistance）视角开展研究，研究重点主要为国际旅游援助，研究成果主要集中在以下三个方面。

一是对国际援助机构旅游援助方式差异性进行分析。Steck 等（1999）分析国际发展援助机构旅游援助方式差异，得出美洲国家组织（Organization of American States）以技术提供和规划援助为主，国际复兴开发银行（International Development Bank for Reconstruction and Development）和国际开发协会（International Development Association）

注重基础设施建设援助，国际金融公司（International Finance Corporation）侧重受援地私营部门援助。[①] Hope（2001）分析了欧盟通过贷款方式援助英国城市布拉德福德旅游业，强调资金贷款援助在城市旅游目的地复兴发展中的重要性。[②] Yuksel（2005）指出多边投资担保机构（Multilateral Investment Guarantee Agency）通过产权投资、保险、担保、构建准入机制等方式援助旅游业发展，美国国际发展署（US Agency for International Development）主要提供旅游业相关基础设施建设和生态旅游业发展资金援助，这些援助项目包括发展国家公园系统、鼓励政府改革、教育和培训旅游目的地社区居民、促进私营部门投资、注重社区居民参与生态旅游业发展。[③] Rebekka（2011）研究得出，旅游商业机构援助侧重饭店人员培训，而私营部门注重节事活动运营。[④] Zeng（2012）对旅游援助的 TAP、ST - EP 和 PPT 三种方式进行了对比分析，认为 TAP 关注受援旅游地社区居民同其他利益相关者积极参与旅游活动，ST - EP 强调受援地居民为提高生活水平应参与旅游活动最终实现可持续发展目标，PPT 则通过旅游援助方式帮助贫困地区实现增收和脱贫。[⑤]

二是注重旅游援助作用的影响分析。Wolfensohn（1999）研究得出，援助有利于受援地旅游目的地景区建设、帮助当地社区居民发展

① Steck, B., W. Strasdas, and E. Gustedt, *Tourism in Technical Co - Operation: A Guide to the Conception, Planning, and Implementation of Project - Accompanying Measures in Rural Development and Nature Conservation*, Eschorn, Germany: GTZ and BMZ, 1999.

② Hope, C. A., "Tourism in Difficult Areas Revisited: The Case of Bradford", *Tourism Management*, Vol. 22, No. 6, December 2001, pp. 629 - 635.

③ Yuksel, A., "Managing Relations in a Learning Model for Bringing Destinations in Need of Assistance into Contact with Good Practice", *Tourism Management*, Vol. 26, June 2005, pp. 667 - 679.

④ Rebekka, M., "Perceptions of Tourism Promotion and Business Challenges: A Survey - Based Comparison of Tourism Businesses and Promotion Organizations", *Tourism Management*, Vol. 32, June 2011, pp. 1453 - 1462.

⑤ Zeng, Benxiang, "Assisting the Poor in China through Tourism Development: A Review of Research", *Tourism Management*, Vol. 33, No. 2, April 2012, pp. 239 - 248.

旅游业、强化投资者与当地旅游产品生产者和服务提供者之间的经济联系。[①] Bennett 等（1999）研究得出，旅游援助与消除贫困直接相连，核心是使贫困人口获得更多的发展机会和净利益。[②] Wanhill（2000）对英国威尔士旅游局援助本地旅游小企业的激励—合作（In-centive – Compatible）项目进行了研究，得出该地区旅游小企业与旅游局形成一种新的合作关系或伙伴关系。[③] Lindberg 等（2001）认为，国际发展援助机构通过不同形式的旅游援助，在降低生活在贫困地区的人口数量、加大基础设施投资力度、提供就业岗位和促进社会公平等方面发挥了重要作用。[④] Caroline（2001）以亚洲、拉美和南非地区的六个案例研究发展中国家通过旅游援助来缓解贫困的影响。[⑤] Kim 等（2003）对韩国援助朝鲜的金刚山旅游项目进行梳理，研究得出项目受两国之间政治关系的影响并成为朝鲜半岛和平的重要联系纽带。[⑥] Fleischer（2006）分析了生态旅游援助能够使贫困人口从旅游业中获取净利益的情况，并以南非乔治城旅游发展为例进行实证研究。[⑦] Zeng（2012）认为，旅游援助是一种特殊的降低贫困的策略，在增加收入和提高能力建设方面作用明显；同时，也是一种旅游发展模式，对提高受援地旅游经济发展水平具有重要作用。[⑧]

　　三是对旅游援助效果评估研究。Morgan（1992）以南太平洋汤加

[①]　Wolfensohn, J. D., "Speech of the World Bank President at the Culture Counts Confer-ence in Florence, Italy", 4 October 1999, Washington DC: World Bank.

[②]　Bennett, O. et al., *Sustainable Tourism and Poverty Elimination Study: A Report to the De-partment for International Development*, 1999.

[③]　Wanhill, Stephen, "Small and Medium Tourism Enterprises", *Annals of Tourism Re-search*, Vol. 27, No. 1, Jan. 2000, pp. 132 – 147.

[④]　Lindberg, K. et al., "International Development Assistance in Tourism", *Annals of Tourism Research*, Vol. 28, No. 2, Jan. 2001, pp. 508 – 511.

[⑤]　Caroline, A., "Pro – Poor Tourism Strategies: Marking Tourism Work for the Poor", Lon-don: Overseas Development Institute, 2001, pp. 48 – 52.

[⑥]　Kim, Samuel Seongseop, Prideaux, Bruce, "Tourism, Peace, Politics and Ideology: Impacts of the Mt. Gumgang Tour Project in the Korean Peninsula", *Tourism Management*, Vol. 24, No. 6, Dec. 2003, pp. 675 – 685.

[⑦]　Fleischer, A., "Support for Rural Tourism: Does It Make a Difference?", *Tourism Man-agement*, Vol. 27, No. 4, Jan. 2006, pp. 1007 – 1024.

[⑧]　Zeng, Benxiang, "Assisting the Poor in China through Tourism Development: A Review of Research", *Tourism Management*, Vol. 33, No. 2, April 2012, pp. 239 – 248.

群岛为例，对援助汤加群岛旅游项目效果进行定性评价，从而决定旅游援助项目是否达到预定目标和是否是实现援助发展效果的有效途径。[①] Goodwin 等（1998）提出，旅游援助效果评估应注重研究、评估和监测机制运行，重视受援地区开展援助协调和管理能力建设。[②] Clark（2005）关注旅游援助项目在促进经济增长、缓解贫困和社区参与旅游发展等方面的援助效果。[③]

二 国内研究文献综述

国内旅游援藏领域研究与中央西藏工作座谈会密切相关，以中央第三次西藏工作座谈会为研究起点，主要表现为四个时间阶段。

一是中央第三次西藏工作座谈会召开以后旅游援藏研究概况（1994—2000 年）。国家旅游局赴西藏旅游调研组（1996）在对西藏旅游业发展调研基础上提出"国家旅游局适时召开一次旅游援藏会议，使全国了解西藏，也使各地旅游局的工作能够为西藏旅游发展服务"[④] 的建议，这是国内首次出现旅游援藏表述。上海第三批对口援藏工作课题组（1998）在总结对口支援日喀则工作的基础上，提出对口援藏工作要发挥上海市经济、旅游客源、旅游业实力、旅游人才和旅游企业等优势，提出组织旅游资源开发、旅游服务设施联合建设、旅游人才培训、旅游客源输送、旅游工艺品生产等对口支援西藏日喀则旅游发展的建议。[⑤] 李曦辉（2000）重点回顾中央三次西藏工作座谈会以来的援藏工作，分析援藏对西藏经济发展和社会进步的显著影响，同时指出援藏项目缺乏有效产业政策作指导和国家西藏优惠政策

---

① Morgan, D. J., "Aid Funded Tourism Projects in Tonga: An Assessment", North Queensland: James Cook University, Australia, 1992.

② Goodwin, H. et al., "Tourism, Conservation and Sustainable Development: Case Studies from Asia and Africa", Wildlife and Development Series No. 11, International Institute for Environment and Development, London, 1998.

③ Clark, C., *The Samaritan's Dilemma: The Political Economy of Development Aid*, London: Oxford University Press, 2005, pp. 223 – 225.

④ 《西藏旅游业发展调研报告》, http://www.yjbys.com/bbs/310824.html, 2012 年 11 月 8 日。

⑤ 上海援藏课题组：《上海援藏工作的思考》，《西藏研究》1998 年第 3 期。

不协调等问题，并以旅游援藏项目做实证说明。[1]

二是中央第四次西藏工作座谈会召开以后旅游援藏研究概况（2001—2010 年）。徐嵩龄（2001）指出，对口援藏省市是西藏旅游业建设投资主体，援藏旅游工程探索实行"责任共负、联合经营"模式。[2] 国家旅游局赴西藏旅游产业发展调研组（2001）提出全国旅游援藏工作初步设想，具体包括协助编制西藏旅游发展规划、配合西藏争取国家相关部门帮助解决西藏旅游业发展的有关问题、多层次和多渠道地协助西藏培训旅游人才、协助西藏做好旅游宣传促销工作、在旅游项目开发建设方面给予适当的支持、继续帮助西藏旅游信息化网络建设。[3] 王洛林、朱玲（2005）认为，中央和内地省市政府外来经济资源促进了西藏商业服务业发展，刺激了旅游消费并反作用于提高西藏公共服务供给水平。[4] 北京清华城市规划设计研究院（2008）编著的《西藏自治区旅游发展战略规划研究（2005—2020）》提出，加大中央与对口省市旅游援藏力度是实现西藏旅游业跨越式发展的重要战略措施之一。[5] 陈天啸（2008，2010）认为，国家旅游局组织实施的五次导游援藏对西藏旅游目的地建设具有重要现实意义，同时提出应转变导游援藏方式、加强导游援藏工作反思、深入理论研究和培育西藏导游主体意识等建议，并展望我国导游援藏的政策选择。[6] 靳薇（2010）对援藏"四十三"项工程中的旅游基础设施拉萨饭店进行跟踪研究，得出项目社会效益高于经济效益的结论。[7] 陈娅玲（2010）对 30 年来西藏旅游研究进行梳理统计，认为应重点关注中央与对口

---

[1] 李曦辉：《援藏与西藏经济社会 50 年变迁》，《中央民族大学学报》（哲学社会科学版）2000 年第 5 期。

[2] 徐嵩龄：《西藏旅游业建设面临的 14 个问题》，《中国人口·资源与环境》2001 年第 1 期。

[3] 《国家旅游局关于西藏旅游业发展情况的调研报告》，http://www.xz0891.com/artc/9819/。

[4] 王洛林、朱玲：《市场化与基层公共服务》，民族出版社 2005 年版，第 11 页。

[5] 北京清华城市规划设计研究院编著：《西藏自治区旅游发展战略规划研究（2005—2020）》，清华大学出版社 2008 年版，第 200 页。

[6] 陈天啸：《导游援藏政策研究》，硕士学位论文，湖南师范大学，2010 年，第 38—43 页；陈天啸：《导游援藏难点突破及政策选择》，《西藏研究》2008 年第 5 期。

[7] 靳薇：《西藏援助与发展》，西藏人民出版社 2010 年版，第 128 页。

援藏省市旅游援藏对西藏旅游业发展作用的研究。[1]

三是中央第五次西藏工作座谈会召开以后旅游援藏研究概况（2011—2015 年）。贺新元（2012）系统分析了援藏机制发展脉络，强调导游援藏已成为人才援藏工作重要组成部分。[2] 周猛（2012）从经济发展理论演变视角，提出对口省市旅游援藏实践中应注重从西藏国内外旅游市场需求出发，关注西藏生态价值、资源承载力、资源禀赋结构和比较优势。[3] 龙溪河（2013）分析西藏自 2012 年以来旅游援藏取得的新突破和发展，指出旅游接待人次突破千万大关。[4] 杨明洪（2014）对对口援藏有效性进行理论分析，得出援藏资源宏观配置的最优化是实现对口援藏的有效性的必要条件。[5] 柳建文、杨龙（2014）对旅游援藏模式进行分类，并指出对于促进西藏与内地合作及维护西藏长治久安意义重大。[6] 杨振之（2014）建议在"导游援藏"机制上构建西藏区域内外旅游人才专家交流平台，为西藏旅游产业发展提供智力支持。[7] 田祥利、余正军（2015）对旅游援藏进行系列研究，认为旅游援藏是全国援藏战略的重要组成部分，成为西藏旅游目的地建设重要推动力，形成了中央支持为主导力量、对口支援省市为重要力量、社会企业参与的"一主多元"发展格局；提出中央旅游援藏政策的逻辑起点为国家发展与稳定的战略需求和西藏地方内生供给制约；梳理了旅游援藏政策演进阶段及特征；创新性地提出西藏正面临着建设重要世界旅游目的地的重要历史机遇和发展水平与全国

---

① 陈娅玲：《西藏旅游研究三十年回顾及展望——基于 CNKI 相关论文统计分析》，《西藏研究》2010 年第 6 期。

② 贺新元：《中央"援藏机制"的形成、发展、完善与运用》，《西藏研究》2012 年第 6 期。

③ 周猛：《经济发展理论演变及其对援藏工作的启示》，《西藏研究》2012 年第 2 期。

④ 龙溪河：《大美西藏 心灵之旅——2012 年西藏旅游接待人次突破千万大关》，《新西藏》2013 年第 1 期。

⑤ 杨明洪：《对口援藏有效性的理论认识与实现路径研究》，《中国藏学》2014 年第 4 期。

⑥ 柳建文、杨龙：《从无偿援助到平等互惠：西藏与内地的地方合作与长治久安研究》，社会科学文献出版社 2014 年版，第 67 页。

⑦ 杨振之：《系统科学视野下的世界级旅游目的地可持续发展研究——以西藏为例》，社会科学文献出版社 2014 年版，第 189 页。

平均发展水平差距扩大的严峻挑战，旅游援藏关键在于提升自我发展能力和培育市场竞争力。①

四是中央第六次西藏工作座谈会召开以后旅游援藏研究概况（2016 年至今）。章杰宽（2016）建议西藏旅游发展应充分利用对口援藏省市资金，提高援藏资金投入利用率。② 田祥利（2016）运用统计回归模型，得出对口援藏省市资金累计投入对西藏旅游经济发展具有显著促进作用，尤其对国内旅游发展促进作用更强，重点测算出 2002—2013 年 17 个对口援藏省市资金投入对西藏旅游经济发展效果与区域差异，并为对口援藏省市提高援藏资金投入的旅游发展效果提出对策建议。③ 田祥利（2017）选取 2002—2013 年西藏中南地区的 11 个对口援藏省市为研究样本，测算出援藏资金投入产生的旅游经济发展效果与区域差异，并提出提高对口援藏资金投入的旅游发展效果的政策建议。④

三　研究述评

上述文献分析表明，国内外多个学科学者所取得的相关研究成果为旅游援藏研究提供了思路借鉴和方法启迪。然而，旅游援藏是我国独具特色的区域跨越发展战略且实施时间短，研究中存在以下四个方面问题需要引起反思与重视。

一是旅游援藏理论基础尚未清楚。多数文献注重对旅游援藏实践工作的总结和重要性因素的罗列。中央为何要开展旅游援藏工作？旅游援藏对西藏旅游目的地建设作用有哪些？旅游援藏模式有哪些？旅游援藏对西藏农牧民群众带来哪些影响？对于上述问题，现有文献缺乏深层次思考，而系统阐述旅游援藏相关理论和面向西藏旅游目的地建设实际问题开展针对性研究的成果更是鲜有涉及。

---

① 田祥利、余正军：《旅游援藏与西藏旅游目的地发展研究》，《资源开发与市场》2015 年第 2 期。

② 章杰宽：《区域旅游可持续发展系统研究——来自西藏的实践》，科学出版社 2016 年版，第 164 页。

③ 田祥利：《对口援藏省市资金投入对西藏旅游经济发展效应研究》，《西藏民族大学学报》（哲学社会科学版）2016 年第 6 期。

④ 田祥利：《对口援藏省市资金投入对西藏中南地区旅游经济发展效果评估与建议》，《资源开发与市场》2017 年第 1 期。

二是研究视角单一且碎片化研究诸多，多数成果侧重政治学研究视野，而多学科之间的交叉研究成果很少。笔者在文献梳理中发现，旅游援藏资料需要从众多的"援藏""全国援藏"和"对口援藏"文献中寻找蛛丝马迹，而这些碎片化研究仅停留在实践资料罗列和描述层次，缺乏理论分析、价值评判和意义阐述。导游援藏和旅游援藏两者之间存在哪些异同？旅游援藏与产业援藏之间有何联系？旅游援藏如何处理行政主导与市场经济之间的关系？这些问题如果仅依靠政治学理论恐怕很难得到答案，因此旅游援藏研究需要从单一政治学理论向旅游学、发展经济学、制度经济学、财政学、社会学、管理学、地理学等多学科交叉融合转变，研究思路需要从单一化逐渐转向综合性发展，这种研究思路应该引起国内学者重视，相信学科融合结出的旅游援藏研究成果将会更加丰硕。

三是研究方法仍以定性为主，定量研究成果稀少，研究成果缺乏信度。国内外关于此领域的研究仅停留于对已经发生的实践工作或少数案例进行总结和解释层面，没有引入计量模型测度旅游援藏对西藏旅游目的地建设的影响。与此同时，中央第三次西藏工作座谈会确定了"分片负责、对口支援、定期轮换"的援藏方针，对口援藏省市对西藏发展投入了大量资金，这些资金投入对西藏旅游经济所产生的效果值得人们关注。

四是研究提出的政策建议缺乏针对性和可行性。研究者在理论分析和实地调研基础上提出的相应对策建议仍停留在理论层面，与国家治藏策略、国家机构设置和西藏地方发展等现实情况相脱离，在实施操作层面存在诸多困境。因此，需要提出具有科学性和可行性的对策建议，为管理部门完善旅游援藏政策体系提供重要研判依据。

综上所述，本书致力于从国家战略层面对旅游援藏问题进行深层次思考，通过理论和案例互动构建旅游援藏对西藏旅游目的地的影响评估分析框架，运用历史描述和计量分析研究方法，研究旅游援藏逻辑起点、历史演进、影响评估和经济发展效应以及运行和发展中面临的主要问题和挑战，同时综合分析旅游援藏调适机制构建新思路，以期填补旅游援藏系统化研究空白。

第三节　相关概念界定

为了研究术语的规范使用和避免不必要的误解，有必要对本书中使用的相关概念进行界定。

一　旅游援藏中"藏"的概念

在中国社会科学院语言研究所词典编辑室编、商务印书馆出版的《现代汉语词典》（第6版）中，"藏"有西藏和藏族两种含义[①]；同时，结合目前官方文件中提及的"旅游援藏"是"支援西藏自治区旅游发展"的简称，本书将旅游援藏中的"藏"界定为西藏自治区。西藏自治区地处北纬 $26°52′—36°32′$、东经 $78°24′—99°06′$，西北、东北、北部与新疆维吾尔自治区和青海省交界，东与四川省相连，东南与我国云南省和缅甸联邦共和国接壤，南与印度、尼泊尔、不丹等国毗邻，西与克什米尔地区接壤。全区东西长约 1900 公里，南北宽约 1000 公里，全区面积为 122.84 万平方公里，约占我国国土面积的 1/8，仅次于新疆维吾尔自治区，为我国的第二大省市自治区。[②] 截至 2016 年，西藏自治区共辖 7 个地市，其中 5 个地级市分别为拉萨市、日喀则市、昌都市、林芝市和山南市，2 个地区为那曲地区和阿里地区；辖 73 个县级行政单位，其中 5 个市辖区分别为拉萨市的城关区、日喀则市的桑珠孜区、昌都市的卡若区、林芝市的巴宜区和山南市的乃东区。[③] 截至 2015 年，西藏全区常住人口总数为 323.97 万人，其

---

① 中国社会科学院语言研究所词典编辑室编：《现代汉语词典》（第6版），商务印书馆 2012 年版，第 1622 页。

② 《西藏百科全书》编委会：《西藏百科全书》，西藏人民出版社 2009 年版，第 1 页。

③ 2014 年 6 月 26 日、10 月 20 日，国务院分别批复撤销西藏日喀则和昌都地区，设立地级市，原县级日喀则市和昌都县行政区域分别改为桑珠孜区和卡若区。详见尕玛多吉《西藏日喀则、昌都完成撤地设市》，《光明日报》2014 年 12 月 19 日第 3 版。2015 年 4 月 4 日，国务院批复撤销西藏林芝地区，设立林芝地级市，原林芝县改为巴宜区，以原林芝县的行政区域为巴宜区的行政区域。详见王守宝、文涛《国务院批复西藏设立第四个地级市》，《人民日报》2015 年 4 月 4 日第 4 版。2016 年 2 月 17 日，国务院批复撤销西藏山南地区，设立山南地级市，山南市设立乃东区，以原乃东县的行政区域为乃东区的行政区域。详见张宸《国务院批复山南为西藏第五个地级市》，《人民日报》2016 年 2 月 17 日第 6 版。

中城镇人口 89.87 万人，占总人口的 27.74%；乡村人口 234.10 万人，占总人口的 72.26%。①

二　对口援藏

《现代汉语词典》（第 6 版）中的"对口"有三种含义：（1）曲艺、歌唱等的一种表演方式，两人交替着说或唱的；（2）互相联系的两方在工作内容和性质上相一致：对口协作；（3）（味道）合口。②《应用汉语词典》将对口支援中的"对口"界定为：组织相应地区、部门之间建立固定关系。③《现代汉语词典》（第 6 版）中的"援"有三种含义：（1）以手牵引；（2）引用；（3）援助。④"支援"是指用人力、物力、财力或者其他实际行动去支持和帮助。⑤ 基于以上考虑，本书将对口援藏界定为对口支援西藏自治区，"对口"是一种规则，"援藏"是一种行为，对口援藏表明支援方与受援方西藏自治区双方主体之间的一对一、明确权利和义务的双方关系。对口援藏仅局限在我国区域范围内，并且西藏与我国内地各省市均为平等的政治和经济主体。同时，对口援藏格局随着支援方和受援方实际需要而发生动态

---

① 西藏自治区统计局编：《西藏统计年鉴（2016）》，中国统计出版社 2016 年版，第 18 页。

② 中国社会科学院语言研究所词典编辑室编：《现代汉语词典》（第 6 版），商务印书馆 2012 年版，第 1622 页。

③ 商务印书馆辞书研究中心编：《应用汉语词典》，商务印书馆 2000 年版，第 307 页。

④ 中国社会科学院语言研究所词典编辑室编：《现代汉语词典》（第 6 版），商务印书馆 2012 年版，第 1603 页。

⑤ 同上书，第 1678 页。

调整。①

三　导游援藏

2002 年 10 月 17 日，胡锦涛同志曾批示"国家旅游局要对西藏导游队伍建设给予支持和帮助，可采取援藏方式进行"。2003 年 1 月 21 日，胡锦涛同志在国家旅游局上报的《关于贯彻胡锦涛总书记批示，实施内地导游援藏有关情况的报告》上批示："方案很好。望抓好落实。为从长计议，可考虑在内地院校办西藏班，培养藏族导游人员，从内地中学西藏毕业生中招收学员。"②

为认真落实胡锦涛同志的批示，做好导游援藏工作，国家旅游局提出标本兼治的导游援藏实施方案。治标方面，国家旅游局决定用 10 年左右的时间，每年从全国内地骨干旅行社中选派 100 名优秀导游

---

①　1994 年，中央第三次西藏工作座谈会做出了"分片负责、对口支援、定期轮换"的对口援藏决策，对口援藏格局为：中央国家机关对口支援西藏自治区直属机关，北京市和江苏省对口支援拉萨市，上海市和山东省对口支援日喀则地区，广东省和福建省对口支援林芝地区，湖北省和湖南省对口支援山南地区，四川省和重庆市以及天津市对口支援昌都地区，浙江省和辽宁省对口支援那曲地区，河北省和陕西省对口支援阿里地区；首批承担对口援藏任务的 15 个省市分别负责支援西藏 7 个地市 44 个县。详见潘久艳《全国援藏的经济学分析》，四川大学出版社 2009 年版，第 100 页。2001 年，中央第四次西藏工作座谈会决定继续实行"分片负责、对口支援、定期轮换"政策，对口支援政策再延续 10 年，进一步扩大对口支援范围，对尚未纳入对口支援范围的西藏 29 个县实行对口支援，并且增加国有骨干企业承担对口支援工作。对口援藏省市新增黑龙江省、吉林省、安徽省，其中黑龙江省和吉林省对口支援西藏日喀则地区，安徽省对口支援山南地区，但四川省由于自身困难于 2004 年退出对口援藏。同时，上海宝钢集团有限公司、中国石化集团公司、中国粮油食品有限公司、中国电信集团公司、中国第一汽车集团公司、东风汽车公司、武汉钢铁集团公司、中国铝业公司、中国远洋运输集团总公司、中国石油天然气集团公司、中国石油化工集团公司、中国海洋石油总公司、神华集团有限公司、中国电信集团公司、国家电网公司、中国联合通信有限公司和中国移动通信公司分别对口支援仲巴县、岗巴县、洛扎县、边坝县、左贡县、贡觉县、八宿县、察雅县、洛隆县、双湖县、班戈县、尼玛县、聂荣县、申扎县、措勤县、革吉县和改则县。详见杨明洪《市场化背景下的央企对口援藏制度研究》，《中国藏学》2015 年第 3 期。2015 年 9 月，国家发展改革委、中央组织部等部门根据西藏工作实际，按照"大稳定，小调整"原则，对已经确立了 20 年的全国援藏格局进行了微调：从 2016 年 1 月开始，福建省由对口援助西藏林芝市调整为援助昌都市，北京市、江苏省和广东省每年调出四分之一援藏资金用于昌都市各受援县。详见王恒涛《对口援藏将加大对昌都的援助》，http://news.xinhuanet.com/fortune/2015 - 06/30/c_1115774267.htm，2015 年 6 月 30 日。

②　中国旅游年鉴编辑委员会编：《中国旅游年鉴（2005）》，中国旅游出版社 2005 年版，第 81 页。

员，在西藏旅游旺季（4月15日至10月15日）开展导游援藏工作。通过直接上岗带团，解决西藏旅游旺季外语导游严重短缺的问题；通过传、帮、带，把内地优秀导游的工作经验和工作作风传授给西藏地区导游员，带动培养出一批政治坚定、作风优良、业务过硬的西藏自治区本地导游员。治本方面，国家旅游局与西藏自治区、教育部积极协商，协助西藏自治区制定自身培养旅游人才，尤其是外语导游人才的长远规划，争取用10年左右时间，西藏能够自主解决好外语导游短缺的问题。2004年12月2日，胡锦涛同志在国家旅游局上报的《关于贯彻落实胡锦涛总书记重要批示，开展导游援藏暨旅游人才援藏工作情况的报告》上批示："此项工作富有成效。感谢同志们作出的努力，望办好西藏班，为西藏旅游事业发展培养合格人才。"[1]

可以看出，本书认为导游援藏是旅游援藏工作中的人才支援、智力支援的一种方式，它包含两个方面内容：一是指支援方单位派出高素质、小语种、等级高的外语导游人员，在西藏当地旅行社企业或导游中介服务机构从事高端接待服务工作，通过直接带团服务和为西藏导游员传、帮、带等行为，帮助西藏导游员不断提高服务技能和综合素质，从而加强西藏导游队伍建设，促进西藏旅游业快速发展。[2] 二是利用内地优质教育资源，根据西藏旅游业发展需要为其代培养导游人才，进而使西藏小语种导游人员缺乏问题得到缓解。

四 旅游援藏

旅游援藏是国家针对西藏自治区旅游发展中遇到困难且难以依靠自身力量解决而采取的一系列政策工具组合，是促进西藏旅游自我发展机制形成的一项具有中国特色的特殊发展战略。[3] 其实质是，在国家权力作用下促使人力、财力、物力、技术或其他资源要素向西藏旅游目的地流动，推进西藏旅游实现跨越式发展，进而为西藏实现长治

---

① 中国旅游年鉴编辑委员会编：《中国旅游年鉴（2005）》，中国旅游出版社2005年版，第3页。

② 陈天啸：《导游援藏政策研究》，硕士学位论文，湖南师范大学，2010年，第12页。

③ 田祥利、余正军：《中央旅游援藏政策的逻辑起点与历史演进》，《西藏民族学院学报》（哲学社会科学版）2015年第1期。

久安和国家治边稳藏提供重要保障。

第四节 研究思路和方法

一 研究思路

本书以区域发展理论、民族关系理论、行政管理理论、旅游目的地系统理论和结构功能主义为主要理论基础，遵循社会科学规范分析与实证分析相结合研究的基本思路以及"理论建立—模型构建—对策设计"的研究路径，通过问卷调查、访谈调研、典型个案等方式对受旅游援藏影响的西藏旅游目的地发展变化进行田野考察，并运用计量统计模型、面板数据模型和 BP 仿真模型，构建旅游援藏对西藏旅游目的地建设影响评估指标体系，整合采集数据测算对口援藏省市资金投入的旅游影响效果、影响因素与时空差异，提出有针对性的调适机制和政策建议（见图 1－1）。

二 研究方法

本书研究方法主要包括文献资料分析、访谈调研、归纳与演绎、数据定量分析、系统分析与案例分析等。

（一）文献资料分析法

主要通过网络数据库、专业期刊、著作、法律政策、官方文件和新闻报道，收集、整理和分析旅游援藏（助）相关文献资料，奠定本书的理论基础，提出理论研究框架。

（二）访谈调研法

本书的访谈环节分为两部分：一是在研究工作之前，已经对技术专家进行了初步访谈并验证及确认了本书研究的构思。二是在研究实施过程中，一方面通过召开研讨会与技术专家进行深度访谈，构建旅游援藏影响评估计量模型，明确其作用机理和西藏区域经济驱动机制；另一方面对对口省市援藏干部、援藏导游、旅游社区原居民、旅游业参与者和游客进行访谈。笔者先后实地考察调研了拉萨、日喀则、山南、林芝、阿里、那曲等典型旅游景区、旅游企业和民族旅游社区，行程万余里，通过问卷调查、深度访谈、跟踪调研等方法获得

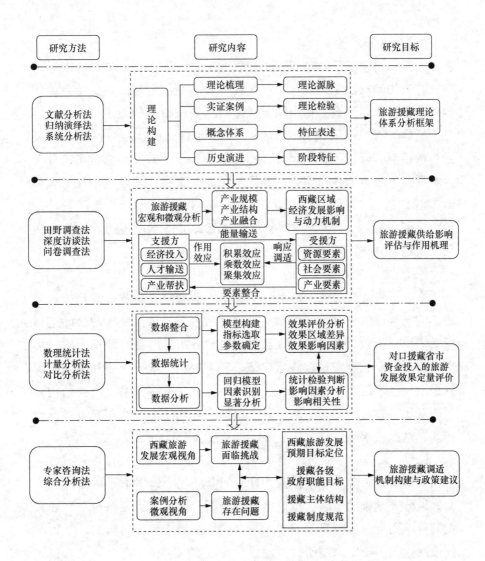

研究方法　　　　　　　研究内容　　　　　　　研究目标

图 1 – 1 研究思路

大量宝贵的一手资料，为本书研究奠定了扎实基础。

（三）归纳与演绎法

该方法主要用于研究旅游援藏逻辑起点、阶段划分、历史演进与阶段特征，同时在案例分析以及研究旅游援藏战略性、长期性、系统性和复杂性等规律性认知方面得到应用，并据此认真思考面对西藏建设世界旅游目的地的旅游援藏政策建议对策等。

（四）数据定量分析法

第一，构建了旅游援藏对西藏旅游目的地建设影响评估指标体系，并运用熵权法定量测算了旅游援藏对西藏旅游目的地供给系统影响评估指标权重系数，得出旅游援藏对西藏旅游目的地供给系统影响综合指数。第二，运用 BP（Back Propagation）神经网络模型和认同度指数模型，分析了 2008 年西藏"3·14"事件对入境旅游市场规模影响程度、政策响应作用机制和影响因素。第三，综合运用计量模型测算出 17 个对口援藏省市 2002—2013 年 12 年间差别化旅游援藏效果变化值，重点分析对比 17 个对口援藏省市资金投入的旅游发展效果、区域差异与影响因素。

（五）系统分析法

第一，旅游目的地供给系统构建为旅游援藏对西藏旅游目的地发展影响定量评估提供重要支撑，可得到旅游援藏对西藏旅游目的地供给系统综合指数。第二，中央和对口援藏省市旅游援藏政策实施效果提高，不仅要综合考量经济运行新常态下援藏资源投入量和西藏旅游发展增长量，还要思考西藏受援地区经济社会支撑体系、产业结构和环境变化差异。第三，旅游业并非西藏所有地区主导产业或重点发展产业，这就要求各援藏主体在旅游援藏工作中进行系统性思考。

（六）案例分析法

由于西藏旅游发展条件独特且空间分异显著，本书采取自然和人文区域分异基础的旅游援藏典型案例分析，探讨旅游援藏对自然和人文两种不同类型旅游目的地影响途径、发展模式和作用机制。个别案例采取连续多年跟踪调研，发现旅游援藏实践工作中存在问题，进而提出具有针对性的对策建议。

第五节　研究内容和创新

一　研究内容

本书分为五个部分共十二个章节，第一部分由第一章研究概述和第二章理论基础及应用组成，第二部分为第三章，第三部分为本书重点研究内容，由第四章、第五章和第六章组成，第四部分由第七章、第八章、第九章和第十章组成，第五部分包括第十一章和第十二章。具体的章节内容如下。

第一章为研究概述，阐述旅游援藏的研究背景和价值、国内外该领域相关研究成果、存在的不足和未来研究重点、相关概念界定、研究思路和方法、主要研究内容和创新以及本书研究调研路线与内容。

第二章为研究理论基础及应用，溯源旅游援藏相关理论，具体涉及民族关系理论、区域非均衡发展理论、旅游目的地系统理论和结构功能主义理论，注重上述理论在旅游援藏中的应用与指导意义。

第三章为中央旅游援藏政策逻辑起点与历史演进。从外推一内生视角回答中央开展和重视旅游援藏工作的原因，旅游援藏政策阶段的划分，每个阶段呈现的特征，旅游援藏的模式以及这些模式的演进情况。

第四章为旅游援藏对西藏区域经济发展影响与动力机制分析。从宏观和微观影响视角具体分析，其宏观影响遵循"旅游援藏→推动西藏旅游业发展→西藏旅游业对区域经济发展规模和结构影响"的研究路径，微观研究通过选取典型案例地问卷调查和深度访谈形式，具体包括旅游援藏影响下物价、收入、带动相关行业发展、对传统产业发展影响、贫富差距、经济收益获取对象、群体经济收入获益七个方面。最后，总结出旅游援藏对西藏区域经济发展的动力机制。

第五章为旅游援藏对西藏旅游目的地建设影响评估与作用机理分析。运用计量模型，介绍了旅游援藏对西藏旅游目的地供给系统影响评估指标构建原则、构建方法、权重计量方法、指标权重分析和综合指数分析，重点阐述了旅游援藏对西藏旅游目的地发展作用机理。本章突破了传统局限，填补了研究空白，增强了该领域研究信度。

第六章为突发事件对西藏入境旅游和旅游援藏影响分析。通过构建 BP 神经网络模型和认同度指数模型，分析了西藏 2008 年"3·14"事件对入境旅游市场规模影响程度、政策响应作用机制和影响因素。同时，分析了该突发事件对旅游援藏供给综合指数和西藏旅游发展进程的影响。

第七章为导游援藏工作研究。实施导游援藏工作是新时期旅游援藏工作的重要组成部分，是在特定历史条件下的一项特殊举措。主要从导游援藏研究选取缘由、导游援藏研究概述、援藏导游员构成省际差异分析、导游援藏政策发展演变四个方面开展研究。

第八章为旅游援藏典型案例分析。基于自然和人文区域分异视角，选取广东省对口支援的林芝波密县米堆冰川旅游景区建设和地处陕西省咸阳市的西藏民族大学支援的阿里地区普兰县霍尔乡玛旁雍错旅游发展项目两个自然类型典型案例，选取江苏省南京市对口支援的拉萨市墨竹工卡县甲玛乡松赞干布出生地旅游景区和霍尔康庄园旅游发展、上海市对口支援的日喀则市江孜县帕拉庄园旅游持续发展两个人文类型典型案例，探讨旅游援藏对不同类型旅游目的地发展的影响途径、发展模式和作用机制。

第九章为对口援藏省市援藏资金投入对西藏旅游发展效果评估。本章首先对对口援藏省市格局演变进行梳理和总结，搜集整理1994年以来对口援藏省市资金投入情况。在数据搜集整理基础上，运用计量模型分析了对口援藏省市资金投入对西藏旅游业发展的效应，重点分析了2002—2013年四个援藏周期17个对口援藏省市资金投入对西藏旅游经济的发展效果、区域差异与影响因素。

第十章具体阐述新时期旅游援藏面临的挑战、主要问题和调适机制构建。从宏观视角分析，旅游援藏面临的挑战包括旅游援藏供给综合指数上升与西藏旅游发展差距扩大非对称性矛盾、西藏旅游公共服务体系不完善、经济新常态下对口援藏省市一般预算收入增速放缓直接影响援藏资金投入等五个方面。旅游援藏存在的主要问题表现为旅游援藏项目普遍"重投资建设、轻管理低效益"，旅游援藏经营中"重政治任务、轻市场运作"，旅游援藏建设同质化严重、忽略差异化策略，以及旅游援藏作用下的乡村旅游负面影响凸显四个方面。在分析问题和挑战的基础上，构建旅游援藏调适机制，具体包括西藏旅游发展速度和规模水平预期目标定位、旅游援藏涉及的各级政府职能目标、旅游援藏主体结构的合理化和制度规范的合理化四个方面。

第十一章为旅游援藏的实践启示和政策建议。旅游援藏研究进展与全国援藏、对口支援西藏密切相关，旅游援藏研究政策建议的前提是对援藏研究进展进行系统梳理，把握学术研究分野和共识，辩证分析援藏政策建议在实践中难以实施的根本原因以及对旅游援藏实践的启示，在此基础上提炼出旅游援藏规律性认识，进而提出旅游援藏推动西藏旅游目的地发展的针对性和可操作性的政策建议。

第十二章是全书的研究结论和展望部分。本章对全书进行了归纳和总结，认为旅游援藏是我国独具特色的区域跨越发展战略，有其学理依据和法理依据，应从国家战略层面和国家发展全局视角重视旅游援藏实践工作。本章从旅游援藏理论完善、定量计量模型发展、研究数据周期延续、数据资料和案例搜集等方面提出自己的思考，同时对旅游援藏未来走向提出研究展望。

二 研究创新

本书研究的主要创新和特色之处主要体现在以下四个方面，包括数据资料与典型案例、旅游援藏理论构建、研究方法创新和研究观点创新，具体分析如下。

（一）数据资料与典型案例

一方面，本书在数据资料统计方面，使用最新统计数据，如西藏自治区旅游人次（入境旅游人次、国内旅游人次）、旅游收入（旅游总收入、入境旅游收入、国内旅游收入）、西藏自治区地区生产总值（第一产业、第二产业和第三产业生产总值）等统计数据更新至2016年，江苏省南京市对口支援墨竹工卡县松赞干布出生地旅游景区和霍尔康庄园跟踪调研资料更新至2017年2月，最新数据的应用使本书研究结论更具科学性，研究成果经得住时间检验。另一方面，通过三次深入西藏开展实地调研，获得旅游援藏影响下西藏农牧民参与旅游业获益情况、带动相关产业发展和对传统产业发展影响等方面问卷调查和深度访谈资料，获取对口援藏省市旅游援藏典型案例资料以及真正发现旅游援藏实践工作中亟待解决的问题。这些最新数据资料和深入实际获取的案例资料为深入研究旅游援藏，为国家旅游局、对口援藏省市管理部门和西藏自治区旅游发展委员会的旅游援藏管理提供了较为丰富的参阅资料。

（二）旅游援藏理论构建

目前学界和政界的共识是旅游援藏对西藏建设世界重要旅游目的地和旅游业实现跨越式发展的重要性，但是对于国家为何要实施旅游援藏战略以及如何测度对西藏旅游目的地建设的影响与作用机理等问题，学界没有进行深入系统思考，更谈不上进行科学研究。首先，要回答中央旅游援藏逻辑起点、旅游援藏对西藏区域经济发展动力机制、旅游援藏对西藏旅游目的地供给系统影响指数与作用机理等问题。其次，旅游援藏是全国援藏体系的重要组成部分，它既与人才援藏、科技援藏、教育援藏等存在共性，也具有旅游业发展特性，如何从理论层面深入研究这种特性进而有效指导实践工作需要认真思考。最后，新时期西藏旅游目的地发展面临重要历史机遇和现实发展挑战，旅游援藏如何适应这种变化？基于此，本书运用理论—案例研究范式，以马克思主义民族关系中国化理论为指导，借鉴系统理论、政治学理论、旅游学、区域经济学发展理论、结构功能主义理论等理论范式，结合实地调研案例演绎归纳，首次尝试构建旅游援藏理论框架。

（三）研究方法创新

一是构建旅游援藏供给评价指标体系，运用熵权法计算各指标权重，最终测算出旅游援藏对西藏旅游目的地供给系统综合指数。二是建立对口援藏省市资金投入的旅游发展效果评估和影响因素模型，定量分析效果时空差异与变化趋势，揭示各对口援藏省市之间效果差异特征。三是典型案例分析应用，在大量实证调研基础上选择典型案例并就其中个案进行长期跟踪深入研究，采取"调研问题发现→问题专题研究→案例与理论互动→对策建议提出"研究路径，提高研究质量。四是问卷调研采取了分层抽样和随机抽样相结合的方式，涉及不同旅游援藏受益群体，力争使研究结果更具代表性。

（四）研究观点创新

一是立足国家发展战略层面，提出旅游援藏是国家针对西藏自治区旅游发展中遇到困难且难以依靠自身力量解决而采取的一系列政策工具组合，是促进西藏旅游自我发展机制形成的一项具有中国特色的特殊发展战略。

二是从外推—内生视角提出，中央旅游援藏政策的逻辑起点为国家发展与稳定的战略需求和西藏地方内生供给制约，开展旅游援藏工作，不仅是伴随着旅游发展区域不平衡的规律性现象，而且会由于西藏自我旅游供给系统优化的艰巨性而长期存在。

三是通过旅游援藏历史演进研究发现，旅游援藏政策制定与中央西藏工作座谈会密切相关，成为西藏旅游目的地建设的外在驱动力。

四是旅游援藏作用于西藏旅游目的地发展机理主要是通过能量输送与自我调适互动，产生基础设施建设积累效应、增量投入乘数效应和空间聚集效应，增强自我发展能力。

五是旅游援藏应面向未来西藏旅游目的地建设需要，综合考量援藏投入量和西藏旅游发展增长量两者之间动态协调性，实现旅游援藏资源配置的最优化目标。例如，面对旅游业发展作用日益突出和对援藏资金需求支撑强烈的现实，同时兼顾新常态下对口援藏省市经济发展压力，合理明确对口援藏省市实物工作量投入增长机制迫在眉睫。

六是首次提出旅游援藏供给综合指数上升与西藏旅游发展差距扩大非对称性矛盾、新时期西藏旅游发展最理想状态是西藏旅游总收入同比增速超过或保持同期西藏生产总值同比发展速度的新论点，对旅游援藏实践工作开展具有重要理论指导意义。

第六节　调研路线与内容

本书笔者三次深入西藏开展实地调研，三次调研考察路线和具体内容如下：

第一次调研时间为 2012 年 7 月 30 日至 8 月 20 日，先后实地考察调研了西藏中南地区拉萨市、日喀则地区、山南地区、林芝地区的典型旅游景区、旅游企业和旅游社区。具体考察点拉萨市涉及西藏天海集团、西藏历史博物馆、布达拉宫、哲蚌寺、羊八井、纳木错—念青唐古拉山国家级风景名胜区、甘丹寺、松赞干布出生地旅游景区、米拉山口旅游基础设施建设；林芝地区涉及中流砥柱、巴松措、卡丁沟旅游景区、色季拉山口、鲁朗林海、雅鲁藏布江大峡谷；山南地区涉及桑耶寺、雍布拉康、羊卓雍措、卡惹拉冰川；日喀则地区涉及江孜白居寺、扎什伦布寺。调研内容涉及旅游援藏对西藏旅游目的地发展的宏观影响和微观效应。

　　第二次调研时间为 2014 年 7 月 18 日至 27 日，先后深入调研了拉萨市墨竹工卡县、日喀则市江孜县、山南地区扎囊县、林芝地区林芝县的旅游景区和旅游社区。具体考察点拉萨市涉及西藏历史博物馆、大昭寺、罗布林卡、开元拉萨饭店、西藏天海集团、松赞干布出生地旅游景区、霍尔康庄园；林芝地区涉及中流砥柱、色季拉山口、鲁朗林海、鲁朗小镇、米堆冰川旅游景区；山南地区涉及桑耶寺、雍布拉康、羊卓雍措；日喀则市涉及雅鲁藏布江黑颈鹤自然保护区、江孜帕拉庄园、江孜宗山抗英遗址、扎什伦布寺。同时，对旅游援藏典型案例地松赞干布出生地旅游景区、霍尔康庄园所在的龙达村和赤康村、林芝鲁朗小镇所在的扎西岗村、罗布村和东巴才村进行了问卷调查和深度访谈。

　　第三次调研时间为 2015 年 7 月 23 日至 2016 年 2 月 2 日，先后深入调研了拉萨市墨竹工卡县、那曲地区尼玛县、阿里地区改则县、阿里地区普兰县的典型旅游景区、旅游企业和民族旅游社区。具体考察点拉萨市涉及松赞干布出生地旅游景区、霍尔康庄园、群觉古代兵器博物馆；那曲地区涉及尼玛县夏岗坚冰川；阿里地区涉及热那措、多玛措、察布盐山、冈玛措、先遣连革命纪念遗址、玛旁雍错、冈仁波齐峰。同时，对旅游援藏典型案例地松赞干布出生地旅游景区、霍尔康庄园所在的龙达村和赤康村进行了跟踪调研，对民族文化精英代表进行了深入访谈。

第二章　理论基础及应用

第一节　马克思主义民族关系中国化理论

马克思主义民族关系中国化理论形成的国家结构形式及其制度集中体现为单一制条件下的民族区域自治的国家结构形式及其民族区域自治制度。① 马克思、恩格斯在《共产主义者同盟中央委员会告同盟书》中曾指出："民主派或者将直接力争建立联邦共和国，或者，如果他们无法回避建立一个统一而不可分割的共和国，至少也将设法赋予各乡镇和各省区以尽量大的独立自主权，从而使中央政府陷于瘫痪状态。工人应该反对这种意图，不仅要力求建立统一而不可分割的德意志共和国，而且还要极其坚决地把这个共和国的权力集中在国家政权手中。"②

随着马克思主义民族理论关于国家结构形式实践的深入，我国逐渐确立了单一制条件下的民族区域自治的国家结构形式。我国只有一个中央政府，地方政府包括自治区政府的权力都来源于中央政府的授权。《中华人民共和国宪法》（2004 年修正）中的第三条指出，"中央和地方的国家机构职权的划分，遵循在中央的统一领导下，充分发挥地方的主动性、积极性的原则"；第四条指出，"中华人民共和国各民族一律平等。国家保障各少数民族的合法的权利和利益，维护和发展各民族的平等、团结、互助关系；国家根据各少数民族的特点和需要，帮助各少数民族地区加速经济和文化的发展"；第一百二十二条指出，"国

---

① 字振华：《马克思主义民族理论中国化研究》，人民出版社 2014 年版，第 131 页。
② 《马克思恩格斯文集》（第二卷），人民出版社 2009 年版，第 197 页。

家从财政、物资、技术等方面帮助各少数民族加速发展经济建设和文化建设事业"。①

从制度层面看，民族区域自治制度成为中国解决民族问题的一项基本制度，它通过制度和法律规范了自治地方与国家的关系，对维护祖国统一、增强民族团结和促进民族地区经济社会发展发挥重大作用。《中华人民共和国民族区域自治法》第六十四条指出，"上级国家机关应当组织、支持和鼓励经济发达地区与民族自治地方开展经济、技术协作和多层次、多方面的对口支援，帮助和促进民族自治地方经济、教育、科学技术、文化、卫生、体育事业的发展"；第六十五条指出，"国家引导和鼓励经济发达地区的企业按照互惠互利的原则，到民族自治地方投资，开展多种形式的经济合作"。②

2014年9月，中央民族工作会议暨国务院第六次全国民族团结进步表彰大会指出，处理好民族问题、做好民族工作，是关系祖国统一和边疆巩固的大事，是关系民族团结和社会稳定的大事，是关系国家长治久安和中华民族繁荣昌盛的大事。会议强调，要发挥好中央、发达地区、民族地区三个积极性，对边疆地区、贫困地区、生态保护区实行差别化的区域政策，优化转移支付和对口支援体制机制，把政策动力和内生潜力有机结合起来。同时指出，支持民族地区加快经济社会发展，是中央的一项基本方针。发挥民族地区特殊优势，加大各方面支持力度，提高自我发展能力，释放发展潜力；特别要大力发展特色优势产业，增强民族地区自我发展能力。把优势资源开发好、利用好，推动产业结构上水平，加快发展服务业，逐步把旅游业做成民族地区的支柱产业。③

旅游援藏实践工作开展正是在单一制国家下中央权威的运用，中央通过自己权威下达指令确保各种资源要素向西藏旅游目的地流动，进而推动西藏旅游实现长足发展，表明旅游援藏政策制定与实施具有

---

① 《中华人民共和国宪法》（2004年修正），http://legal.people.com.cn/n/2014/1204/c42510-26146159-2.html，2014年12月4日。

② 《中华人民共和国民族区域自治法》（2001年修正），http://www.he.xinhua-net.com/zhuanti/2014-08/28/c_1112268760.htm，2014年8月28日。

③ 《2014年中央民族工作会议》，http://www.cssn.cn/zt/zt_xkzt/zt_fxzt/mzgzhgyzw/2014nzymzgzhytw/201501/t20150113_1476567.shtml，2014年9月30日。

法理性和学理性。

第二节　区域非均衡发展理论

区域非均衡发展理论强调重点发展区域和重点发展部门，从而带动整个区域共同发展，对处在初级阶段的区域经济发展具有现实指导意义。该理论主要包括增长极理论、循环累积因果理论、核心区—边缘区理论。

一　增长极理论

1957 年，法国经济学家佩鲁（Perroux）首次提出增长极理论。该理论的出发点是抽象的经济空间，以部门分工所决定的产业联系为主要内容，所关心的是各种经济单元之间的联系；认为增长并非同时出现在各部门，而是以不同的强度首先出现在一些增长部门，然后通过不同渠道向外扩散，并对整个经济产生不同的终极影响；主张将有限的生产要素集中投入发展潜力大、投资效应明显的部门和区域，使这些"点"或"极"快速增长，同区域经济其他产业或部门形成"优势差"，再通过市场机制的传导媒介力量引导整个区域经济发展。佩鲁主要强调规模大、创新能力高、增长快速、居支配地位的且能促进其他部门发展的推进型单元即主导产业部门，着重强调产业间的关联推动效应。后来，法国经济学家布代维尔（Boudeville）对佩鲁理论进行了拓展，将增长极概念的经济空间推广到地理空间，认为经济空间不仅包含了经济变量之间的结构关系，也包括了经济现象的区位关系或地域结构关系。因此，增长极概念有两种含义：一是在经济意义上特指推进型主导产业部门；二是在地理意义上特指区位条件优越的地区。应指出的是，点—轴开发理论可看作增长极和生长轴理论的延伸，它不仅强调"点"（城市或优区位地区）的开发，而且强调"轴"（点与点之间的交通干线）的开发，以点带轴，点轴贯通，形成点轴系统。[①]

二　循环累积因果理论

该理论由瑞典经济学家冈纳·缪尔达尔（Gunnar Myrda）提出，

---

① ［法］弗朗索瓦·佩鲁：《经济空间：理论与应用》，《经济学季刊》1950 年第 1 期。

其认为，经济发展过程在空间上并不是同时产生和均匀扩散的，而是从一些条件较好的地区开始，一旦这些区域由于初始优势而比其他区域超前发展，则由于既得优势，这些区域就通过累积因果过程，不断积累有利因素继续超前发展，从而进一步强化和加剧区域间的不平衡，导致增长区域和滞后区域之间发生空间相互作用，由此产生两种相反的效应：一是扩散效应，当区域经济发展到一定阶段时，表现为资本、劳动力、技术等各生产要素从发达区域向不发达区域流动，带动落后地区发展，从而使区域发展差异缩小。二是回流效应，表现为资本、劳动力、技术等各生产要素受区域发展差异影响从不发达区域向发达区域流动，进而使区域经济差异不断扩大。在市场机制的作用下，回流效应远大于扩散效应，即发达区域更发达，落后区域更落后。① 基于此，缪尔达尔提出了区域经济发展的政策主张。首先，在区域经济发展初期，政府应当优先发展条件较好的地区，以寻求较好的投资效率和较快的经济增长速度，通过扩散效应带动其他地区的发展。其次，由于循环累积因果作用的存在，当经济发展到一定水平时，要防止贫富差距的无限扩大，政府必须制定一系列特殊政策来刺激落后地区的发展，以缩小经济差异。

三　核心区—边缘区理论

美国经济学家艾伯特·赫希曼（Albert Hirschman）提出了"核心区—边缘区"区域非均衡增长理论。该理论认为，经济进步并不同时出现在每一处，经济进步的巨大推动力将使经济增长围绕最初的出发点集中，增长极的出现必然意味着增长在区域间的不平等是经济增长不可避免的伴生物，是经济发展的前提条件。当经济增长出现在某一区域，在巨大的集聚经济效应作用下，该地区的经济增长加速，形成具有较高水平的核心区。而周边的落后地区称为"边缘区"。经济增长产生的"极化效应"和"渗透效应"同时存在，并且极化效应占支配地位，经济不均衡增长。为了缩小这种发展差距，政府必须进行积极干预，刺激渗透效应发挥作用，在国家干预的基础上，长期的渗

---

① ［瑞典］冈纳·缪尔达尔：《世界贫困的挑战——世界反贫困大纲》，顾朝阳等译，北京经济学院出版社 1991 年版，第 76 页。

透效应大过极化效应，区域间的差距将会缩小。①

结合西藏经济发展现状，第一产业很难成为西藏发展的支柱型产业，由于受自然条件限制，西藏农牧业只能"安民"但不能"富民"，农牧业可以解决占西藏80%左右的农业人口的基本生存需要，并为城镇居民提供部分食品，但是无法为社会提供资金积累。同时，第二产业面临西藏生态环境、开发成本、外需市场、原材料供应等诸多因素制约。而第三产业已经发展为西藏经济的新的增长点，其中的旅游业已经成为西藏支柱型产业。② 西藏自治区"十三五"规划提出做大做精旅游文化产业，把旅游业作为经济发展的主导产业加以培育壮大，带动其他产业发展。由此可见，中央做出的旅游援藏战略决策是完全符合西藏产业发展实际的，可以通过大量财力、物力和人力等资源要素推进西藏旅游产业跨越式发展，将旅游产业作为西藏产业发展增长极并依托其产业关联推动效应带动整个西藏区域经济发展。

西藏区域旅游业发展极为不均衡，旅游业发展主要集中在西藏中南地区。该地区旅游资源数量众多且质量高，其旅游资源单体数量占西藏全区比例高达65.5%，其中的极品、优级和良级旅游资源数量比例分别为60.3%、72.2%和65.8%。通过统计数据分析可以发现，西藏中南地区拉萨市的入境旅游接待人数、国内旅游接待人数、旅游总接待人数、入境旅游收入、国内旅游收入和旅游总收入在西藏整个地区所占的比重均在40%—80%（见图2-1），表明拉萨市在西藏旅游业发展中的极化作用明显，呈现出单极化发展态势。

另外，聚类分析检验表明，西藏所辖七市区的旅游发展分为三个层次：第一层次为拉萨市，第二层次为林芝市、日喀则市、山南市和昌都市，第三层次为那曲地区和阿里地区（见图2-2）。聚类分析验证了拉萨旅游业已经具备了区域旅游增长极的特征。西藏旅游业发展呈现出以拉萨为中心，林芝、日喀则、山南、昌都、那曲、阿里六个市区受其辐射和带动的"核心区—边缘区"发展格局。

---

① ［美］艾伯特·赫希曼：《经济发展战略》，曹征海、潘照东译，经济科学出版社1991年版，第28页。

② 靳薇：《西藏援助与发展》，西藏人民出版社2011年版，第276页。

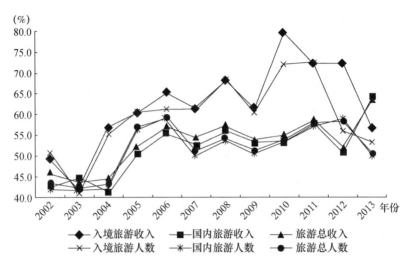

图 2－1　拉萨市旅游各项指标占西藏自治区比重（2002—2013 年）

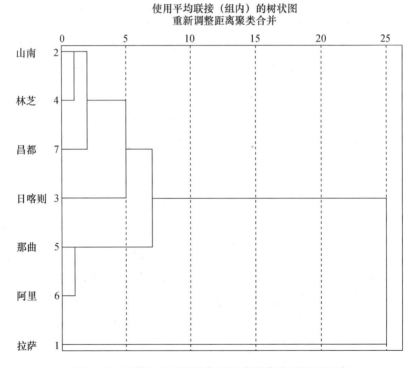

图 2－2　西藏七市区旅游发展层次聚类分析树形示意

第三节 旅游目的地系统理论

系统理论（Systems Theory）由生物学家 L. 冯·贝塔朗菲（L. Von Bertalanffy）创立，后期被广泛应用于各个领域。它的理论基础是：宇宙间的事物都是由彼此相互联系、制约、作用的多元要素组成；要素之间存在一定组织和结构并按特定关系组成有机整体；系统各组成要素具有特定属性，承担相应功能。[①]

系统理论为旅游目的地研究提供了方法论基础。国外学者雷珀（Leiper）从地理学视角提出旅游系统五要素模型，认为旅游目的地系统包括一定地理空间上的旅游资源、旅游专用设施、旅游基础设施以及相关其他条件。[②] 美国学者甘恩（Gunn）提出目的地地带模型，认为一个完整的旅游空间系统由吸引物组团（Attraction Clusters）、服务社区（Community）、对外通道（Circulation Corridor）和区内连接通道（Linkage Corridor）四个方面的要素构成。其中，吸引物组团（景区）的等级和吸引力决定旅游目的地的吸引范围，对外通道决定旅游目的地系统的开放性。[③] 布哈里斯（Buhalis）认为，旅游目的地系统包括旅游吸引物、交通、设施和服务、包价服务、活动和辅助性服务六个要素。[④] 国内学者吴必虎认为，旅游目的地系统由吸引物、旅游设施和旅游服务三个要素组成。[⑤] 沈虹提出旅游目的地系统三大子系统，即资源系统、设施系统和环境系统，并重点分析三个系统之间的相互

---

① ［美］冯·贝塔朗菲：《一般系统论：基础、发展和应用》，林康义、魏宏森译，清华大学出版社 1987 年版，第 17 页。

② Leiper, N., "The Framework of Tourism", *Annals of Tourism Research*, Vol. 6, No. 1, Jan. 1979, pp. 390 – 407.

③ Gunn, C., *Vacationscape: Designing Tourism Regions*, Van Nostrand Reinbold, 1988, p. 230.

④ Buhalis, D., "Marketing the Competitive Destination of the Future", *Tourism Management*, Vol. 21, No. 1, Jan. 2000, pp. 97 – 116.

⑤ 吴必虎：《区域旅游规划原理》，中国旅游出版社 2001 年版，第 29 页。

作用。① 凌常荣认为，旅游目的地系统由核心系统（旅游吸引物系统）、接待系统（包括旅行社系统、酒店系统、交通系统和娱乐系统）和外部系统组成。②

旅游援藏对西藏旅游目的地供给系统的建设具有重要作用，可借鉴旅游目的地系统理论，构建西藏旅游目的地供给系统。它是由旅游核心吸引物供给、旅游设施供给和旅游服务供给等子系统构成的复合系统，各子系统中的要素功能属性差异明显。因此，西藏旅游目的地供给系统构建为旅游援藏对西藏旅游发展定量评估提供了重要支撑。

第四节　结构功能主义理论

美国著名社会学家塔尔科特·帕森斯于 20 世纪 40 年代提出了结构功能主义理论，他认为社会是一个生命系统，而任何生命系统要维持生存必须满足两个条件：一是处理系统内部状态与应付外部环境；二是追求目的与选择手段。基于此，他提出了系统存在的四个功能前提：（1）适应（A），确保系统从环境中获得所需资源，并在系统内加以分配，该项功能由经济系统实现。（2）目标达成（G），制定系统的目标和确定各目标的主次关系，并能调动资源和引导社会成员去实现目标，这项功能由政治系统实现。（3）整合（I），使系统各部分协调为一个起作用的整体，这项功能由社会共同系统实现。（4）潜在模式维系（L），维持社会共同价值观的基本模式，并使其在系统内保持制度化，这项功能由文化系统实现。帕森斯把该理论称为 AGIL 图式，该理论为研究所有行动系统提供了功能分析框架。③

帕森斯还指出，凡是社会行动总有一定的目的性，而其目标的实现离不开一定的手段和条件，同时所有的社会行动都受到一定的行为规范的制约。因此，也可以说，影响社会行动的因素主要包括行动

---

① 沈虹：《旅游目的地竞争力评价指标体系研究》，硕士学位论文，华东师范大学，2008 年，第 24—25 页。

② 凌常荣：《旅游目的地开发与管理》，经济管理出版社 2013 年版，第 6 页。

③ Talcott Parsons, *The Social System*, London：Routledge & Kegan Paul Ltd, 1991, p. 48.

者、目的、手段、条件和规范。在帕森斯的社会行动理论中，"社会行动者"既可以是个人，也可以是小群体或大组织，以至整个社会。因此，社会系统的每个层次都可以与"社会行动者"的概念互换，即把社会组织和群体都看作"人格化"的行动者。[①]

　　旅游援藏是由中央政府主导，各对口援藏省市政府积极响应，西藏各级地方政府协调，共同作用于西藏旅游目的地建设，因此，旅游援藏持续发展得益于主导政府的职能定位。各级政府作为一个正式组织，是一个社会行动者，因此它们所采取的行政行为，也同样受到制度规范、行动目标、社会环境、行动者主体自身等方面因素的影响，这为新时期旅游援藏调适机制构建提供了新的理论视角。

[①]　任建福：《西北地区社会转型期乡镇政府行政行为调适机制问题研究》，硕士学位论文，西北师范大学，2012年，第36页。

第三章　中央旅游援藏政策逻辑起点与发展演进

中央旅游援藏政策的逻辑起点包括国家战略需求和西藏地方内生供给两个方面：从国家战略需求层面来看，采取各种援助措施缩小旅游发展区域差距，促进西藏经济社会快速发展，可以实现国家安全与西藏长治久安。同时，受到自然、地域、历史等因素制约，西藏旅游内生自我供给水平处于初级阶段，单靠其自身的力量难以支撑西藏旅游实现长足发展。

第一节　中央旅游援藏政策逻辑起点

一　国家战略需求：发展与稳定

自 2010 年中央第五次西藏工作座谈会以来，西藏旅游业快速发展并已经成为西藏支柱性产业。运用离差和相对发展率（Nich 指数）计算得出西藏旅游业发展水平与全国、西部地区相对发展情况（见图 3 - 1 和图 3 - 2）。同时，运用标准差、变异系数和相对发展率（Nich 指数）计算得出西藏各地区旅游业总体差异、均衡状态和相对发展速度（见图 3 - 3 和图 3 - 4）。

图 3 - 1 显示，1997—2015 年西藏旅游总收入与全国、西部地区旅游总收入平均值的离差一直处于扩大的趋势。其中，与全国旅游总收入平均值的离差由 1997 年的 97.79 亿元扩大到 2015 年的 1010.32 亿元，2015 年是 1997 年的 10.33 倍；与西部地区旅游总收入平均值的离差由 1997 年的 50.14 亿元扩大到 2015 年的 1921.77 亿元，2015 年是 1997 年的 38.33 倍。统计数据表明，西藏旅游业发展水平与全

国以及西部地区平均发展水平的绝对差距呈逐年上升的趋势，而且上升速度在不断增快。

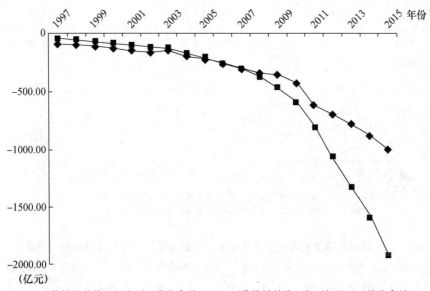

图 3 - 1　西藏旅游总收入与全国、西部地区平均值的离差

注：数据来源于《中国旅游统计年鉴》（1998—2015 年）。2015 年数据由笔者根据各省市区公开发布数据自行整理，产值为按当年价格计算的总产值。根据三大经济地理带划分，西部地带包括重庆、四川、贵州、云南、西藏、陕西、甘肃、青海、宁夏、新疆、广西、内蒙古 12 省市区。

图 3 - 2 显示，1998—2015 年西藏旅游发展增长速度与全国、西部地区平均增长速度的相对发展率差距较大，除了 2009 年 Nich1 值大于 0.5，其他年份均小于 0.5，其中 1998—2004 年和 2010—2012 年两个时间段西藏旅游业发展速度远小于同期全国、西部地区平均增长速度，2005—2009 年和 2013—2015 年两个时间段西藏旅游业呈现出高速发展态势，发展速度明显加快，缩小了与同期全国、西部地区平均增长速度。但总体上，西藏旅游业发展速度仍小于同期全国、西部地区平均增长速度。

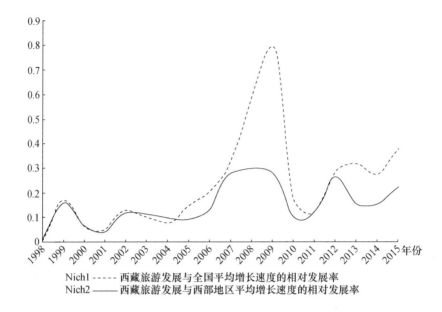

Nich1 ----- 西藏旅游发展与全国平均增长速度的相对发展率
Nich2 —— 西藏旅游发展与西部地区平均增长速度的相对发展率

图 3 - 2 西藏旅游发展增长速度与全国、西部地区平均增长速度的相对发展率

注：数据来源于《中国旅游统计年鉴》（1999—2015 年）。2015 年数据由笔者根据各省市区公开发布数据自行整理，产值为按当年价格计算的总产值。相对发展率（Nich），用于测度各区域旅游业在一定时期内相对于大区域的发展速度。其计算公式为：$Nich = (Ysi - Yti) / [(Ys - Yt) / N]$，其中 Ysi 和 Yti 分别表示第 i 个区域在时间 s 和时间 t 的旅游总收入，Ys 和 Yt 分别代表大区域在时间 s 和时间 t 的旅游总收入。Nich 值越大，表示该区域旅游业相对发展速度越快；Nich > 1，表明该区域某时期内旅游业发展增长速度大于同期大区域的平均增长速度。

　　根据标准差计算得出，西藏七市区旅游业发展绝对差异在 2002—2013 年总体呈上升趋势且增幅明显加大。变异系数表现出上下波动的特征，2002—2006 年上升明显，2007 年、2009 年和 2012 年下降，2012 年之后呈上升态势（见图 3 - 3）。总体而言，西藏旅游业发展的绝对差异和相对差异都呈扩大趋势，地区不平衡程度扩大。

　　2002—2013 年，西藏各地区旅游业的相对发展率相差较大，旅游业地域发展极不均衡。2002—2006 年，旅游业发展增长速度大于西藏旅游业的平均增长速度的地区（Nich > 1）有拉萨市和日喀则地区。2007—2013 年，Nich > 1 的地区仅有拉萨市，表明拉萨市的 Nich 值始终居于西藏前列，在西藏旅游中的极化作用明显。拉萨市作为西藏文化旅游的核心区和游客进出西藏旅游的集散中心，在发挥极化效应和辐射效应的同时，也呈现出单极化发展态势。青藏铁路开通后，到西藏旅游的人数剧增，但是增长幅度最大的是拉萨市，而西藏其他地市在整个西藏旅游市场中的份额却日趋变小。

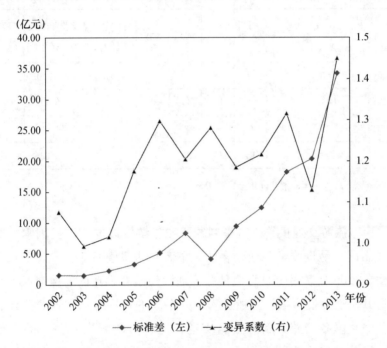

图 3 - 3 西藏各地区旅游业发展总体差异

注：数据来源于《中国区域经济统计年鉴》（2003—2014 年）。产值为按当年价格计算的总产值。

二 西藏地方内生供给：制约与突破

改革开放以来，西藏旅游迅猛发展，但与西藏旅游资源禀赋、规模巨大的旅游市场需求及旅游业在区域经济发展中的作用相比较，西藏旅游发展自我供给能力薄弱，具体表现在旅游景区建设、旅游交通、旅游酒店、旅行社发展和旅游人才培养五个方面。

在旅游景区建设方面，西藏旅游资源禀赋优良，自然景观和人文景观具有垄断性和多样性，但利用优势资源发展成为旅游核心吸引物的旅游景区数量规模小且经营收入呈逐年下降趋势（见表 3 - 1）。截至 2015 年，西藏 5A 级旅游景区仍为 2 家，国家 4A 级旅游景区仅有

15 家，说明西藏旅游核心吸引物数量与旅游资源禀赋极不协调，旅游
供给数量和规模难以满足西藏旅游业作为支柱产业发展的需要。

表 3 - 1　　　　西藏旅游景区基本情况统计（2012—2015 年）

年份 \ 类型	旅游景区总数	5A 级	4A 级	3A 级	2A 级	A 级	接待总人数（亿人次）	营业收入（亿元）	门票收入（亿元）
2012	66	0	11	18	26	11	0.06	31.60	9.27
2013	41	2	8	14	17	0	0.04	6.11	0.82
2014	29	2	6	9	8	4	0.03	3.00	1.10
2015	104	2	15	33	39	15	—	0.03	—

资料来源：《中国旅游统计年鉴》（2013—2016 年）。

　　西藏旅游交通供给一直是制约西藏旅游发展的关键性因素。所谓
的"出国容易进藏难"使众多的旅游者对西藏望而却步。在出入交通
方面，2006 年 7 月 1 日青藏铁路开通，使游客入藏的陆地交通容量大
大提升，也促使西藏旅游业进入了一个新的发展时期。青藏公路、川
藏公路、滇藏公路、新藏公路交通，构成了游客出入西藏的主要通
道。另外航空运输的发展，给入藏旅游提供了更多的选择和便捷服
务。目前，已经开通了拉萨通往西藏主要国内客源市场的航班，航线
涉及北京、香港、广州、深圳、西安、成都、重庆、上海、厦门等国
内主要旅游城市。此外，西藏地区的航空运输也有了一定的发展，各
个地级城市之间都修建有小型机场，但整体运量较小，对目前西藏旅
游业的发展所起的作用有限。西藏铁路、公路和航空交通，构成了多
层次、立体化的游客进出西藏通道，但已有的交通格局与西藏旅游业
的高速发展相比，还是显得运量不足，尤其在旅游旺季的七八月份，
一票难求局面长期难以改变，也对未来西藏旅游交通的发展提出了更
高的要求。在内部交通方面，旅游者在西藏的内部交通基本以公路交
通为主，西藏的公路交通建设取得了巨大的成就，为西藏旅游业发展
做出了重大贡献。图 3 - 4 显示的是 2000—2015 年西藏自治区公路里

程数的变化状况，2000 年西藏公路通车里程为 22503 千米，2015 年发展到 78000 千米。

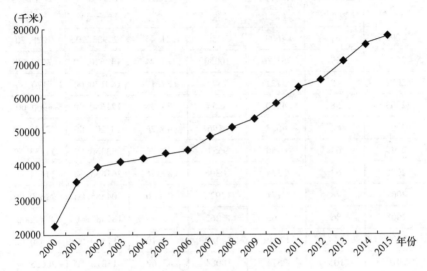

图 3 – 4　西藏公路通车里程的变化（2000—2015 年）

资料来源：《西藏统计年鉴》（2001—2016 年）。

　　酒店业的发展见证了西藏旅游业的快速成长。目前，西藏已经形成了以星级酒店为服务主体，非星级酒店包括各种家庭旅馆、青年旅社等为辅的旅游住宿接待行业。以星级酒店为例，从西藏第一家星级饭店拉萨饭店开始，现在已经形成了从五星级到一星级各层次俱全的星级饭店体系，规模从 2000 年的 61 家增加到 2014 年的 113 家（见表 3 – 2）。其中，2011 年，拉萨饭店被评为西藏自治区第一家五星级饭店，标志着西藏旅游业的住宿接待业务上了一个新的层次。在其他方面，星级酒店的客房数、床位数也有了大量的增加，很大程度上解决了入藏游客的住宿问题。随着入藏游客的增加，星级酒店的经营效益也显著增加，到 2014 年客房出租率达到了 53.18% 的较高水平，营业收入达到 66236.83 万元，营业税金达到 7430.81 万元。但是，星级酒店在所有制性质上仍以国有企业和集体企业为主，联营企业、私营企业以及外资企业所占比例偏低，在一定程度上也制约了民间以及外资将目光投向西藏旅游业，这给西藏旅游酒店乃至旅游业的发展造成了不利影响。

表 3 - 2　　　　西藏星级酒店业主要发展指标（2000—2015 年）

年份\类型	星级酒店总数（家）	客房数（间）	床位数（张）	客房出租率（%）	营业收入（千元）	营业税金（千元）
2000	61	4609	9456	21.45	20903.70	1028.20
2001	57	5176	10050	33.24	148620.00	7530.00
2002	49	3721	7579	37.17	160170.00	9170.00
2003	58	4510	8955	34.35	121650.00	4960.00
2004	64	4677	9196	45.26	207206.80	12106.80
2005	64	4956	9651	39.76	253356.80	11453.50
2006	62	5224	10306	37.56	261653.30	11644.80
2007	78	7171	13922	37.00	304285.00	22670.00
2008	86	7606	15262	18.23	181587.40	8760.00
2009	149	12649	24989	25.10	457380.00	27030.00
2010	105	9576	18084	43.62	413876.12	20623.38
2011	85	7747	14576	50.28	413908.93	22623.04
2012	102	10037	19240	58.24	580848.50	36422.46
2013	109	—	—	57.11	606210.90	—
2014	113	9956	20116	53.18	662368.26	74308.07
2015	55	6413	11380	44.90	513091.62	31088.30

资料来源:《中国旅游统计年鉴》（2001—2016 年）。

　　1979 年 12 月，西藏旅行游览事业管理局（筹备处）和中国国际旅行社拉萨分社成立，至此西藏有了专门负责管理和组织旅游的机构。发展至 2000 年，西藏自治区共拥有旅行社 34 家，其中国际旅行社 19 家、国内旅行社 15 家。旅行社数量的增加，对西藏旅游业的发展起了很重要的促进作用，西藏旅游业经营规模迅速扩大。2015 年，西藏已经拥有旅行社 196 家，营业收入约达到 92146 万元，营业税金近 270 万元（见表 3 - 3）。但截至 2015 年，西藏现有的国际旅行社中没有一家能够进入全国百强旅行社，组团能力和产品研发能力不强，导游总量不足尤其是小语种导游人员供给不足，这些都难以满足市场需求的增长，严重制约了西藏国际旅游持续发展。

表 3-3　　　　西藏旅行社主要经济指标（2000—2015 年）

年份	旅行社总数（家）	营业收入（千元）	营业税金及附加（千元）
2000	34	124207.90	1992.60
2001	35	135126.30	1883.40
2002	40	139817.30	4443.10
2003	45	223972.90	1962.80
2004	43	140726.70	1573.20
2005	33	108438.70	2348.50
2006	37	156195.00	1288.30
2007	43	290773.50	5328.20
2008	47	76598.20	330.90
2009	39	238420.00	1730.00
2010	78	274462.51	2121.81
2011	97	392991.54	3170.26
2012	99	517935.10	2963.86
2013	102	48872.33	2313.83
2014	102	288723.29	1493.83
2015	196	921456.92	2670.46

资料来源：《中国旅游统计年鉴》（2001—2016 年）。

　　人才培养是西藏旅游业发展的基本保障。由于历史原因，教育水平一直都是西藏社会经济发展的重要制约因素，反映在旅游学科教育中更是如此。直到 1996 年，西藏大学才设置了旅游（酒店）管理专业。1999 年，西藏民族大学也开设了旅游管理专业。根据《中国旅游统计年鉴》的数据，西藏的旅游专业人才培养的数量如表 3-4 所示。特别要指出的是，目前西藏旅游教育还停留在本科教学层次，专业研究生教育仍为空白。旅游科学研究工作是西藏旅游得以发展的智力支撑，但是西藏旅游学科专业技术人员的培养和扶持长期以来没有受到重视，旅游学科发展仍需要大力扶持[1]，才能为西藏建设世界旅游目的地提供重要智力支持。

---

① 章杰宽：《区域旅游可持续发展系统研究——来自西藏的实践》，科学出版社 2016 年版，第 40 页。

表 3 - 4　　　　西藏旅游专业人才培养情况（2000—2015 年）

年份	院校总数（所）	高等院校数（所）	中等职业学校数（所）	学生总人数（人）	高等院校学生人数（人）	中等职业学校学生人数（人）
2000	2	1	1	195	95	100
2001	1	1	0	250	250	0
2002	2	2	0	175	175	0
2004	2	2	0	740	740	0
2005	1	1	0	586	586	0
2006	1	1	0	527	527	0
2007	1	1	0	563	563	0
2008	3	2	1	380	250	130
2009	4	4	0	1800	1800	0
2010	2	2	0	485	485	0
2011	3	3	0	1069	1069	0
2012	3	3	0	945	945	0
2013	3	3	0	1296	638	658
2014	3	3	0	1323	638	685
2015	4	4	0	1268	1268	0

注：数据来源于《中国旅游统计年鉴》（2001—2016 年），其中 2003 年的相关数据缺失。

纵向对比发现，西藏旅游业迅猛发展成为西藏经济重点发展的支柱性产业。但从横向对比发现，其发展规模和速度低于我国旅游业平均值，这种差距呈逐年扩大的趋势，且西藏各地区旅游业发展极不平衡。与此同时，西藏在旅游景区建设、旅游交通、旅游酒店、旅行社发展和旅游人才培养五个方面的自我供给能力薄弱，严重制约了西藏旅游业的发展，内生发展机制处于初级阶段，单靠自身的力量难以支撑其长足发展。基于国家战略需求和地方内生供给综合考量，中央开展旅游援藏工作，不仅是伴随着旅游发展区域不平衡的规律性现象，而且会由于西藏自我旅游供给系统优化的艰巨性而长期存在。

第二节　中央旅游援藏政策阶段划分

旅游援藏源于 20 世纪 80 年代国家动员全国支援西藏这一战略决策，中央根据西藏旅游现状及发展战略具体要求，在援藏实践中出台了一系列相关具体政策和措施，不断对旅游援藏政策进行调整、拓展和完善，发展与深化旅游援藏内容、形式与机制。中央旅游援藏政策制定与中央西藏工作座谈会紧密联系，分为起步阶段（1984—1993年）、发展阶段（1994—2001 年）、调整阶段（2002—2010 年）和完善阶段（2011 年至今），每个阶段的特征和内容都存在时代差异与特殊需求（见表 3 - 5）。

表 3 - 5　　　　　中央旅游援藏政策历史演进与具体内容

阶段	特征	内容	作用
起步阶段（1984—1993 年）	●实施旅游基础设施项目援藏 ●探索选派干部和教育培训相结合的人力援藏方式 ●利用国际技术援藏力量	●拉萨饭店、西藏宾馆等旅游接待设施改扩建工程 ●选派干部支援西藏旅游建设 ●编制完成《西藏旅游发展规划（1990—2010 年)》	●提升西藏旅游接待能力 ●弥补西藏旅游人才短缺 ●完成我国地区首个国际合作旅游发展规划
发展阶段（1994—2001 年）	●加大旅游援藏投入 ●探索多元化旅游人力援藏模式	●中央和对口支援省市加强了旅游援藏投入，工作领域拓宽 ●确定了干部援藏、人员培训与代培养人才相结合的人力援藏方式	●提高旅游综合供给能力 ●缓解旅游人力资源供求矛盾
调整阶段（2002—2010 年）	●政策决策趋向科学化 ●创新导游人力援藏模式	●援藏主体由关注"物"向"人"转变 ●每年组织 100 名内地导游员援藏	●实现旅游协同发展 ●完善旅游人力援藏体系

阶段	特征	内容	作用
完善阶段（2011 年至今）	●旅游援藏政策时代定位 ●构建旅游援藏体系	●明确了西藏旅游业发展新定位和目标任务 ●由政府强势主导的旅游援藏工作体系逐步向由政府主导、企业合作、社区参与的工作体系转变	●建设重要的世界旅游目的地 ●推进旅游目的地建设

一　旅游援藏政策起步阶段（1984—1993 年）

随着西藏对外开放政策实施，进藏的国内外旅游者日益增多，为西藏旅游业发展带来了发展机遇。这一时期中央旅游援藏政策及工作内容主要是围绕中央召开的第二次西藏工作座谈会而展开，并充分利用国际组织援助力量，其内容集中体现在以下三个方面。

（一）实施旅游基础设施项目援藏，提升西藏旅游接待能力

1984 年第二次西藏工作座谈会在北京召开，制定了一系列符合西藏的经济政策和改革开放政策，并决定为庆祝西藏自治区成立 20 周年，组织 9 省市帮助西藏建设 43 项工程。这些援藏工程建设内容涉及 10 个行业，总投资 4.8 亿元，其中有 8 项为旅游基础设施工程，投资额为 1.85 亿元，占总投资的 13.5%，包括拉萨饭店、西藏宾馆、泽当饭店、日喀则饭店、江孜饭店、那曲饭店、阿里招待所、昌都饭店（见表 3－6）。[1] 1990 年，中央投资对原有饭店（宾馆）配套改造，完善服务设施。以拉萨饭店为例，饭店 1984 年 4 月开工，1985 年 7 月竣工并正式交付使用，是西藏第一家具有国际水准的三星级旅游涉外饭店，1985 年客房数和床位数分别占拉萨市涉外饭店总数的 87.87% 和 78.68%，1990 年变化为 46.61% 和 40.11%。[2] 这些国营和集体宾馆、饭店的建成与完善为接待国内外旅游者提供了硬件基础，解决了旅游六环节（吃、住、行、游、购、娱）中最重要的两个

---

[1]　靳薇：《西藏援助与发展》，西藏人民出版社 2011 年版，第 309—310 页。
[2]　中华人民共和国旅游局：《中国旅游统计年鉴（1991）》，中国旅游出版社 1991 年版，第 74—75 页。

环节，即吃、住问题，极大地提升了西藏旅游接待能力，为西藏旅游业的大规模发展奠定了良好基础。

表 3-6　中央援藏 43 项工程中涉及的旅游基础设施项目建设情况

项目	所在地区	投资额（万元）	项目建设规模
拉萨饭店	拉萨市	8411.0	1000 个床位，建筑面积 37000 平方米
西藏宾馆	拉萨市	1825.0	550 个床位，建筑面积 11000 平方米
日喀则饭店	日喀则地区	1549.9	123 间客房，250 个床位，建筑面积 7500 平方米
江孜饭店	日喀则地区	900.0	120 间客房，200 个床位，建筑面积 6000 平方米
昌都饭店	昌都地区	824.0	300 个床位，建筑面积 9000 平方米
那曲饭店	那曲地区	1398.0	250 个床位，建筑面积 7500 平方米
泽当饭店	山南地区	1542.0	250 个床位，建筑面积 7500 平方米
阿里招待所	阿里地区	900.0	250 个床位，建筑面积 6863 平方米

（二）探索选派干部和教育培训相结合的人力援藏方式，弥补西藏旅游人才短缺

随着旅游援藏硬件基础设施的完善，软件建设尤其是旅游专业人才建设的重要性日益突出。为解决西藏旅游发展对人才越来越大的需求，中央积极探索选派干部和教育培训相结合的人力援藏方式，有力推动西藏旅游人才队伍建设。中央先后派遣了 17 名干部支援西藏旅游建设，包括财务专家、教育专家、旅游专业毕业生和发达省市从事旅游工作多年的旅游专家。[1] 1990 年，自治区旅游局在国家旅游局援助下，在拉萨举办了饭店部门经理培训班，由苏州旅游培训中心高级指导员执教，培训内容涉及餐饮、客房、前台服务和导游，参训经理通过考核取得了上岗合格证书。[2] 1993 年，举办了为期两个月的"全区导游培训班"，聘请北京第二外国语学院教授授课，并积极组织翻

---

① 西藏自治区地方志编纂委员会编：《西藏自治区志·旅游志》，中国藏学出版社 2008 年版，第 155 页。

② 中国旅游年鉴编辑委员会编：《中国旅游年鉴（1992）》，中国旅游出版社 1992 年版，第 201 页。

译导游参加全国导游资格考试。另外，举办了"全区旅游行业新旧会计制度衔接培训班"和"旅行社经理培训班"，重点对旅游政策法规、旅行社业务知识、财务管理知识、外事常识和外管知识等方面进行讲授。[①] 这些人力援藏方式不仅弥补了西藏旅游专业人才短缺，壮大了人才队伍建设，更重要的是在提高西藏旅游业管理水平、旅游队伍素质和政治素质，提升旅游服务质量等方面具有重要意义。

（三）利用国际技术援藏力量，完成我国首个地区性国际合作旅游发展规划

基于西藏旅游的特殊优势和发展潜力，联合国开发计划署决定拨款 24 万美元援助西藏编制旅游发展规划项目，并由世界旅游组织具体执行，我国实施机构为国家旅游局，这在我国旅游发展史上尚属首次。《西藏旅游发展规划（1990—2010）》于 1991 年 7 月正式呈报西藏自治区经济计划委员会审核后，呈请西藏自治区人大常委会立法予以确认，纳入西藏国民经济发展计划，逐步贯彻实施。[②] 该规划具体包括发展规划（旅游设施建设、旅游景区开发、公路建设）、项目展示、人才培训、政策措施等方面的综合性旅游发展战略，是系统发展西藏旅游业的基本依据，使西藏走在了全国旅游规划发展前列。[③] 这也是我国首个利用国际组织援助项目完成的地方旅游发展规划，其中提出的"三个文化旅游区、两个环境旅游区和四个徒步旅行区"的旅游发展空间布局，确立的"以拉萨市、山南地区和日喀则地区为战略重点的发展思想"对西藏旅游发展影响深远，使拉萨市、山南地区和日喀则地区成为"西藏旅游金三角"。

二　旅游援藏政策发展阶段（1994—2001 年）

中央认真分析了西藏经济社会发展水平，认为其远远落后于全国其他省市区，需要中央和全国大力支持，指出西藏的稳定涉及国家的

---

① 中国旅游年鉴编辑委员会编：《中国旅游年鉴（1994）》，中国旅游出版社 1994 年版，第 241 页。

② 中国旅游年鉴编辑委员会编：《中国旅游年鉴（1992）》，中国旅游出版社 1992 年版，第 200 页。

③ 西藏自治区地方志编纂委员会编：《西藏自治区志·旅游志》，中国藏学出版社 2008 年版，第 150 页。

稳定，西藏的发展涉及国家的发展，西藏的安全涉及国家的安全，重视西藏的工作实际就是重视全局工作，支持西藏的工作就是支持全局的工作，确定了"一个中心、两件大事、三个确保"①的西藏工作指导思想，做出了"对口支援、分片负责、定期轮换"支援西藏的重要决策。因此，这一时期西藏旅游业进入快速发展阶段，中央旅游援藏政策及工作内容主要是围绕中央召开的第三次西藏工作座谈会而展开，形成了以中央支持为主要力量与对口支援为重要补充的发展格局。

（一）加大旅游援藏投入，提高旅游综合供给能力

1994 年中央第三次西藏工作座谈会确定了"对口支援、分片负责、定期轮换"的援藏政策。中央继续加大旅游基础设施投资力度，进行改建、扩建和新建，投资 275 万元新建曲乡宾馆，投资 150 万元新建区旅游汽车公司，为提高旅游景区可进入性投资 50 万元修建桑耶渡口接待站。②中央直接投资 0.96 亿元兴建西藏博物馆，该馆于2000 年被评定为首批国家 4A 级旅游区。③上海市和山东省对口支援日喀则地区，建设了上海广场和山东大厦，投资额占其援藏基金总额的 27.87%，成为旅游援藏资金比例最大的省市。其次是广东和福建两省援助林芝地区，援助资金达到 0.7 亿元，投资额占其援藏基金总额的 7.92%，其中广东省援助 0.25 亿元和 0.3 亿元分别修建了林芝世界柏树王园林旅游景区④和林芝宾馆⑤。另外，拉萨市在北京市和江苏省援助下成为第二批"中国优秀旅游城市"⑥；陕西省和河北省

①　"一个中心、两件大事、三个确保"指的是以经济建设为中心，紧紧抓住发展经济和稳定局势两件大事，确保西藏经济的加速发展，确保社会的全面进步和长治久安，确保人民生活水平不断提高。详见江泽民《西藏工作要抓好稳定和发展两件大事》，人民出版社2006 年版，第 2 页。

②　西藏自治区地方志编纂委员会编：《西藏自治区志·旅游志》，中国藏学出版社2008 年版，第 154 页。

③　中国旅游年鉴编辑委员会编：《中国旅游年鉴（1998）》，中国旅游出版社 1998 年版，第 179 页。

④　中国旅游年鉴编辑委员会编：《中国旅游年鉴（2000）》，中国旅游出版社 2000 年版，第 252 页。

⑤　西藏自治区地方志编纂委员会编：《西藏自治区志·旅游志》，中国藏学出版社2008 年版，第 154 页。

⑥　同上书，第 156 页。

对口援助阿里地区旅游发展，筹集 0.05 亿元改造狮泉河饭店，投资额占其援藏基金总额的 3.40%①，具体见表 3 - 7。这些援藏投入不仅加大对旅游接待设施援建力度，而且注重对援建地区旅游资源调查和开发工作，使旅游援藏工作领域不断拓宽，完善了西藏旅游供给系统，增强了西藏旅游业持续发展能力。

表 3 - 7　对口支援省市旅游援藏资金投入情况（1994—2001 年）

受援地区	援藏省市	援藏资金（亿元）	合计（亿元）	旅游援藏资金合计（亿元）	比例（%）
拉萨市	北京市	1.210	3.413	0.024	0.703
	江苏省	2.203			
林芝地区	广东省	4.975	8.835	0.700	7.920
	福建省	3.860			
日喀则地区	上海市	2.801	5.741	1.600	27.870
	山东省	2.940			
山南地区	湖北省	2.007	3.721	0.015	0.403
	湖南省	1.714			
昌都地区	天津市	1.160	1.983	0.002	0.010
	重庆市	0.396			
	四川省	0.427			
那曲地区	浙江省	0.909	1.813	0.010	0.552
	辽宁省	0.904			
阿里地区	陕西省	0.591	1.469	0.050	3.400
	河北省	0.878			

资料来源：今日中国杂志编著：《西藏：新的援建项目》，新星出版社 2002 年版，第 123—126 页。

（二）探索多元化旅游人力援藏模式，缓解旅游人力资源供求矛盾

在旅游业加速发展的背景下，西藏旅游人才供求缺口进一步增

---

① 西藏自治区地方志编纂委员会编：《西藏自治区志·旅游志》，中国藏学出版社 2008 年版，第 156 页。

大，出现了供不应求的局面，为有效缓解旅游人力资源供求矛盾，确定了干部援藏、人员培训与对口省市区代培养人才相结合的人力援藏方式。同时，利用内地优质教育资源，根据西藏旅游业发展需要为其代培专业人才。西藏自治区旅游局委托北京第二外语学院培养的29名德语、法语藏族学生，经过三年学习于1997年7月返回西藏奔赴各地，使西藏小语种导游人员缺乏问题得到缓解。① 这些多元化人力援藏方式不仅填补了西藏旅游紧缺人才空白，更重要的是将内地改革开放的旅游发展经验与受援地区实际情况有机结合，对开拓旅游专业人才视野，提升旅游管理、服务质量和人才队伍建设具有重要作用。

三　旅游援藏政策调整阶段（2002—2010年）

这一时期中央旅游援藏政策及工作内容主要是围绕中央召开的第四次西藏工作座谈会而展开，做出了高度重视和切实加快发展旅游业的决定，明确了旅游业的发展定位为21世纪西藏自治区重要的支柱产业之一，带动相关产业发展。

（一）政策决策趋向科学化，实现旅游协同发展

中央和各对口支援省市区在加大旅游援藏力度的同时，更加注重政策决策制定的科学化，在前期深入开展实地调研工作。国家旅游局先后对茶马古道旅游线路、各地市旅游资源、旅游人才需求状况、援助培训旅游从业人员与援藏等工作进行深入调研，确定了四大旅游援藏工作重点，具体包括：加快与旅游相关的各项配套设施建设，完善西藏自治区各地区旅游的可进入性；大力培养旅游管理和服务人才，提高自治区旅游策划、规划、管理、经营和服务水平；完善旅游产品体系；通过发展旅游业帮助广大农牧民脱贫致富。② 各对口支援省市区充分发挥援藏干部作用，在考察援助地区旅游资源状况基础上制定旅游援藏工作思路，加大旅游资源开发投入力度，注重旅游基础设施配套建设、旅游人才培养和旅游规划编制等工作。基于政策决策过程注重前期调研，加深了对西藏旅游业发展认识，使政策制定更具科学

---

① 中国旅游年鉴编辑委员会编：《中国旅游年鉴（1998）》，中国旅游出版社1998年版，第202页。

② 中国旅游年鉴编辑委员会编：《中国旅游年鉴（2003）》，中国旅游出版社2003年版，第243页。

化和针对性，为旅游援藏后续工作顺利展开提供了直接依据并确保了
工作实效。

（二）创新导游人力援藏模式，完善导游援藏管理制度

随着旅游业全面发展，西藏旅游人才，特别是导游人员不足，尤
其是小语种导游缺乏问题，阻碍了西藏旅游业发展步伐。中央要求国
家旅游局对西藏导游队伍建设予以支持和帮助，采取援藏方式进行，
国家旅游局提出了标本兼治的导游援藏实施方案，争取用十年左右的
时间，通过每年组织 100 名内地导游员援藏工作，协助西藏自治区培
养一支政治坚定、素质过硬的外语导游队伍。2003—2010 年，国家旅
游局已经组织实施七次导游援藏，累计带团 5810 个，服务游客 57545
人次，上岗带团总天数达 35106 天（见表 3 - 8）。导游援藏政策明确
了基本任务、运作方式和组织管理，极大缓解了西藏旅游旺季导游严
重不足、语种不全等问题，同时援藏导游带去的内地经营理念和管理
经验帮助西藏旅游企业提高了经营管理水平，为西藏旅游业发展做出
了积极贡献。① 同时，国家旅游局与教育部共同制定了《关于做好内
地高校为西藏培养旅游管理人才工作的意见》，决定 2004—2008 年连
续五年从内地西藏班参加全国高考的藏族高中毕业生中，每年招收 80 名
旅游管理本科生，委托开有旅游专业且综合实力较强的浙江大学和四川
大学进行培养，计划累计为西藏培育 400 名以导游员为主的旅游人才。

表 3 - 8　　　　　　　　2003—2010 年导游援藏情况统计

类型	2003 年	2004 年	2005 年	2006 年	2007 年	2009 年	2010 年
导游人数（人）	100	70	70	70	70	35	48
来源地区（个）	23	23	26	28	27	16	22
带团数量（个）	627	957	1028	884	1147	439	728
带团天数（天）	3650	6699	7396	4283	6644	2228	4206
接待人数（人次）	6903	10047	11519	8656	12397	4257	3766

资料来源：笔者自行整理。2008 年数据缺失。

---

① 陈天啸：《导游援藏政策研究》，硕士学位论文，湖南师范大学，2010 年，第 17
页。

国家旅游局加强对导游援藏的管理，明确国家旅游局人事劳动教育司为管理机构，出台了《导游援藏工作的实施意见》，规定了导游援藏工作任务、选拔与选派条件、相关待遇及费用分担形式和时间安排。出台的《导游援藏工作管理办法（试行）》首次明确了组织领导，国家旅游局成立旅游援藏工作领导小组，统一协调、管理导游援藏工作，由国家旅游局领导分别担任组长、副组长，成员由有关司室负责人及有援藏工作任务的省（区、市）旅游局局长组成；领导小组下设导游援藏办公室，负责导游援藏工作的组织实施，成员由国家旅游局有关处室及援藏省（区、市）旅游局人教处、西藏旅游局有关处室的负责人组成。办公机构设在国家旅游局人事劳动教育司。西藏自治区政府和旅游局成立相应的导游援藏工作管理协调机构；西藏自治区旅游局导游援藏工作管理协调机构具体负责导游援藏工作的组织和实施，协调援藏导游员的调配和使用，处理导游援藏工作的日常事务；有导游援藏任务的省（区、市）旅游局，成立导游援藏协调小组，由局领导担任组长，负责本省（区、市）导游援藏的领导协调工作，具体工作由协调小组指定人员负责。同时，对管理责任、相关待遇、费用分担、其他相关规定和援藏导游员行为准则五个方面进行了明确规定。①

（三）优先安排旅游建设援藏项目，实现旅游持续发展

中央第四次西藏工作座谈会确定国家直接投资建设项目为117个，实际投资为320.9亿元，涉及农林牧水、能源、交通、邮电电信、社会发展、城市基础设施和公检法及基层政权建设八大方面，其中在社会发展方面，专门安排支持林芝地区错高湖旅游综合开发项目，修建巴河桥至错高湖旅游专线公路，实际投资为4700万元。② 通过对比第二次西藏工作座谈会确定的"43项工程"和第三次西藏工作座谈会确定的"62项工程"项目投资，发现这是国家直接对西藏旅游领域进行项目投资。与此同时，2001—2002年，全国各个对口援

---

① 中国旅游年鉴编辑委员会编：《中国旅游年鉴（2005）》，中国旅游出版社2005年版，第125—127页。

② 靳薇：《西藏援助与发展》，西藏人民出版社2011年版，第314—319页。

藏省市、中央机关部门，在西藏援建项目共 71 个，实际投入资金 11.23 亿元，涉及农林牧水、能源、交通、社会发展、城市基础设施、各级政府机关建设、产业发展和商业八大方面，其中在社会发展方面支援旅游发展项目，具体包括林芝地区旅游开发项目、日喀则地区亚东康布温泉、日喀则地区定日县珠峰观景台，分别投资 4900 万元、615 万元和 568 万元①，这些直接投资旅游项目建设对西藏旅游快速发展具有重要促进作用。

四 旅游援藏政策完善阶段（2011 年至今）

新时期中央旅游援藏政策及工作内容主要围绕中央召开的第五次和第六次西藏工作座谈会展开，提出使西藏成为"重要的世界旅游目的地""做大做强做精特色旅游业"和"建设好世界旅游目的地"重要决定，其内容集中体现在两大方面。

（一）旅游援藏政策定位，建设重要的世界旅游目的地

第五次西藏工作座谈会提出使西藏成为"重要的世界旅游目的地"和"做大做强做精特色旅游业"。2015 年第六次西藏工作座谈会提出西藏要"建设好世界旅游目的地"，进一步明确了西藏旅游业发展新定位和目标任务。旅游援藏成为西藏旅游目的建设强劲保障动力，一方面，需要促进西藏旅游业产业链体系发展，通过国家和地方政府推出的系列支持政策，在立足受援地旅游资源优势基础上，促进援藏资源合理配置和资金有效利用，推动新型旅游产品的开发，构筑丰富的旅游产品体系，保持市场高速增长态势，实现旅游目的地品牌化，增强西藏旅游发展动力；另一方面，需要提高西藏旅游目的地竞争力，打造具有高原特色世界旅游目的地，从而能够在全国和全世界的市场竞争格局中占据主动地位。

（二）构建旅游援藏体系，完善协调运行机制

旅游援藏由项目建设、资金物资和干部挂职锻炼拓展到旅游吸引物开发、旅游规划、人才培养各个领域，在企业合作、客源输送、人才交流、旅游就业援藏等多方面开展多层次、全方位的协作，由政府强势主导的旅游援藏工作体系逐步向由政府主导、企业合作、社区

---

① 靳薇：《西藏援助与发展》，西藏人民出版社 2011 年版，第 321 页。

参与、人力资源建设构成的工作体系转变，形成较为完善的旅游援藏体系。同时，旅游援藏运行机制不断发展和深化，在管理机构上国家旅游局负责旅游援藏管理和协调工作，对口支援省市成立专有部门负责实施。通过建立各种会议平台，加强旅游援藏信息交流与沟通。

2012 年，全国首次旅游援藏工作会议在西藏拉萨召开，该会议指出旅游援藏是新时期援藏工作的重要组成部分，做好旅游援藏工作是落实中央领导指示和中央第五次西藏工作座谈会精神的具体举措，是推进西藏经济社会发展的实际需要，是全国旅游系统的重要政治任务，中央旅游援藏主要体现在八个方面。[①]

一是建立旅游援藏工作机制。西藏自治区人民政府与国家旅游局建立协调工作机制和会商制度，共同研究解决推进西藏旅游业又好又快发展中的重大问题。

二是支持西藏旅游招商引资。国家旅游局将积极推动、引导和鼓励各类资本尤其是民营资本投资西藏旅游业，各省级旅游部门也要引导和支持有实力的企业进藏投资。

三是支持西藏旅游规划和基础设施建设。继续协助西藏制定区域及重点景区旅游发展规划。进一步支持西藏重点旅游景区（点）及沿线的旅游交通、通信、接待设施及停车场、旅游厕所等配套设施建设。

四是提高西藏旅游服务水平。支持西藏旅游综合服务中心、旅游咨询中心、旅游信息系统等旅游公共服务体系建设。支持西藏进一步健全和完善旅游标准体系，提高西藏旅游服务质量。支持西藏旅游应急救援体系建设，提高旅游公共服务水平。

五是提升西藏旅游形象和打造旅游著名品牌。完善旅游宣传推广援藏机制，国家旅游局将通过多种行之有效的方式和途径，加强西藏旅游宣传。有关省区市旅游部门也要积极利用本地媒体和各种资源，帮助宣传西藏旅游，提高西藏旅游的知名度、美誉度，吸引更多的海

---

① 《国家旅游局在拉萨召开全国旅游援藏工作座谈会》，http：//www. gov. cn/gzdt/ 2012 – 08/30/content_2213666. htm，2012 年 8 月 30 日。

内外游客到西藏旅游。

六是加大智力援藏工作力度。继续开展导游援藏工作，国家旅游局将在2013—2022年，根据西藏实际需要，每年安排外语导游尤其是小语种援藏导游员进藏工作，并逐步推行导游援藏工作市场化运作机制。继续组织开展西藏旅游行政管理人员培训、各类旅游从业人员培训以及"送教上门"工作；推动各相关省区市旅游行政管理部门、区内外相关旅游院校加大对西藏旅游人才培养的援助力度。进一步加大与西藏的旅游人才交流力度，有计划、有针对性地开展干部双向挂职锻炼，协调相关部门安排援藏省份旅游管理部门干部到西藏重点旅游地区的旅游管理部门挂职。

七是拓展西藏旅游客源市场。国家旅游局和各省区市旅游部门将积极协调和鼓励全国百强旅行社组织旅藏客源，鼓励和支持国内百强旅行社以参股、联营等方式参与西藏旅行社的经营和管理，鼓励旅行社在西藏旅游淡季开展包机、包列进藏旅游，拓展西藏旅游市场。

八是推进西藏重点旅游区建设。每年安排专项资金推动"香格里拉生态旅游区""青藏铁路沿线旅游区"规划实施。积极推进相关部门和相关省区市旅游部门一道，推进两个旅游区旅游基础设施建设。

对口援藏省市区旅游援藏主要做好三个方面工作：一是推进旅游规划，建立和完善旅游规划技术体系和操作体系，启动重点旅游资源普查工作，指导对口受援地市、重点旅游县、边境县完成区域旅游规划编制工作；二是推进旅游项目建设，推动政策和资金向重大旅游项目、重点发展区域倾斜；三是推进旅游市场营销宣传工作，在利用好现有宣传促销手段的同时，积极创新宣传促销工作方式，增强宣传工作的延续性、密集性、系统性，将品牌塑造、形象传播同产品推介有机结合，不断提高西藏旅游在对口支援省市区的影响力和市场份额，持续升温西藏旅游热度。

第三节 中央旅游援藏政策阶段特征

随着国家和西藏经济社会形势的发展，中央旅游援藏政策不断演进。在分析中央旅游援藏政策背景和历程基础上，对改革开放以来中央旅游援藏政策演进的阶段进行比较，发现其政策演进呈现四个方面的特征。

一 政策目标呈有序演替的态势

在西藏旅游发展起步阶段，政策侧重于旅游基础设施项目建设，从而提升西藏旅游目的地接待能力。在发展阶段，政策目标是提升旅游综合供给能力，并形成稳定的对口旅游援藏机制。在调整阶段，则将兴边富民作为主要目标，创新各种援助政策推进旅游业发展成为西藏支柱性产业。在旅游进入跨越式发展阶段，相关政策侧重于发挥旅游援藏溢出效应，构建完善的旅游援藏政策体系，推进西藏重要的世界旅游目的地建设。

二 政策工具呈现多元化与组合协同性

随政策目标变迁，中央旅游援藏政策工具呈现多元化与组合协同性。首先，旅游援藏主体呈现出国际与国内相结合的多元化特征。国际方面有联合国开发计划署和世界旅游组织，国内方面不仅有中央政府，同时，还有中央各部委、对口援藏省市、国有企业和社会组织。同时援藏主体采取政策工具各有侧重，在起步发展阶段，主要采取财政投资、基础设施、人才培养、技能培训和工程项目等工具组合，在调整和完善阶段，增加税收减免、社会保障和客源输送等政策。在政策工具多元化发展时，各项政策工具之间的协同性也得到了日益重视，注重旅游发展中"物"和"人"援助的同等重要性。多元化且协同性较好的政策工具组合拓宽了旅游援藏主体的选择空间，进而使西藏旅游发展产生了强大合力。

三 政策模式由"输血"向"造血"演进

政策模式在起步阶段为单边支援型，主要以"输血"为主，具有无偿支援的性质。旅游援藏布局注重区域均衡发展和城市旅游目的地建设，旅游基础设施和发展空间布局较为均衡，重点提高城市旅游接待、服务和管理能力。随着西藏旅游进入发展阶段，政策模式由单边型支援向开发型援助转变，按照"优势互补、互利互惠、共同发展"的原则，探索建立双赢合作机制，提高受援地区的旅游发展"造血"功能。旅游援藏布局由城市旅游建设转向乡村旅游建设，积极支持农牧民参与旅游开发并完善参与机制，提高乡村旅游接待、服务和管理能力。

四　政策连续性和波动性并存

旅游援藏是在全国援藏背景下发展起来的，既保持了一定的连续性，也具有波动性。由于起步阶段西藏旅游发展主要以限量接待事业为主，注重旅游接待设施建设，投资力度最大，但随着全国援藏和对口支援政策向能源、交通、通信、水利、科技教育等领域倾斜，援藏工作重心向基层和农牧区倾斜，旅游援藏力度增幅减缓。同时，旅游业发展具有敏感性特征，易受西藏旅游目的地事件影响，以西藏2008年"3·14"事件为例，它造成入境游客损失47.14万人次，旅游经济损失2.15亿美元，旅游发展环境受到严重影响。[1]

第四节　中央旅游援藏政策模式演进

旅游援藏发展经历了单向"输血"、双向互动和多方共赢三种模式。在西藏旅游发展起步阶段，单向"输血"模式注重旅游基础设施项目建设，增强西藏旅游目的地接待能力。在快速发展阶段，双向互动模式侧重提升旅游综合供给能力，并形成稳定的对口旅游援藏机制。旅游进入跨越式发展阶段，多方共赢模式注重提高西藏旅游目的地自我发展能力和培育市场竞争力，完善旅游援藏管理协调机制（见图3－5）。

---

[1]　田祥利、白凯：《旅游目的地突发事件对西藏入境旅游市场规模影响与政策响应》，《旅游学刊》2013年第3期。

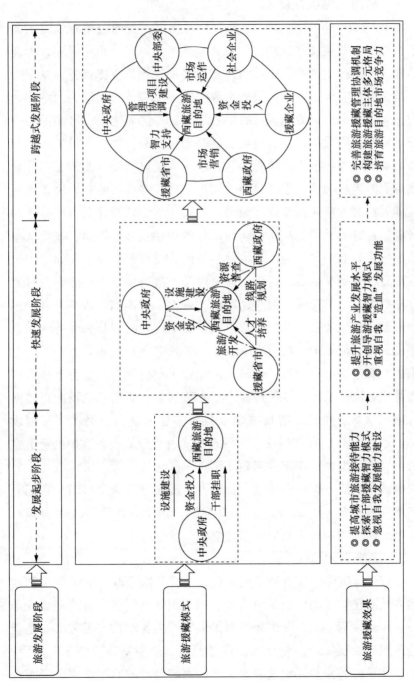

图 3-5 不同阶段旅游援藏模式特征与发展效果

一　单向"输血"模式

20 世纪 80 年代，进藏旅游人数日益增多，为西藏旅游业发展带来了机遇。但西藏自然条件差、社会基础薄弱、经济积累量小，旅游供给能力受到严重制约，难以为西藏旅游发展提供支撑保障。基于西藏旅游发展现实情况，中央政府采取"输血"模式，无偿为西藏提供财力、物力、人力、智力等各种形式的支援，优先建设游客集散中心的城市旅游接待设施，重点建设旅游基础设施和公共服务设施，积极探索干部援藏与旅游人才培养。这种单向"输血"模式改善了西藏旅游接待服务设施和公共服务设施等硬件条件，并在旅游人力资源开发与培养、旅游专业队伍建设、旅游业发展环境等软条件上为西藏旅游发展营造良好的氛围，从而推动西藏旅游加快发展。然而，该模式单纯依靠中央政府主导行为，西藏旅游目的建设资源获取主要通过中央权威配置，被动获取资源后满足自身短期发展需要。在实际运行过程中存在四个方面的局限：第一，单向"输血"成本高。旅游基础设施和公共服务设施建设具有投资数量大、成本回收时间长和经济效益低等特征，主要依靠中央政府投资援建，投资与运行成本高。第二，布局重点在城市旅游目的地，乡村旅游地处于空白地带。旅游援藏投资重点优先解决了城市旅游接待能力，农牧区乡村旅游基础设施总体薄弱。第三，忽视西藏旅游目的地自我发展能力建设，援建项目建设"重建设轻管理"，存在后续经营管理不完善、设施设备维护更新资金压力大、效益发挥不理想等问题。第四，缺乏统一管理协调机构，旅游援藏涉及组织、财政、计划、扶贫办、援藏办等众多部门，它们分别实施人事调配、财政补助、专项拨款、专项贷款等，管理协调机构、组织制度和沟通机制均尚未建立。

二　双向互动模式

随着西藏旅游进入快速发展阶段，中央政府、对口支援省市和西藏地方政府建立互动机制。中央政府在组织管理制度、旅游基础设施建设、项目融资、人力资源等方面提供支援。各对口支援省市立足受援地区旅游发展实际，注重旅游资源开发、旅游基础设施配套建设、旅游人才培养和旅游规划编制等工作。西藏地方政府注重旅游资源普查、人力资源需求和旅游线路产品规划。旅游援藏模式由单向"输血"向双向互动发展，在行为方式上由单方向付出转变为双向互动，是基于西藏旅游产业发展共同意向推动形成的，反映出各主体旅游援藏的主观选择和西藏旅游目的地发展的客观需要。该模式有效实现了旅游援藏"三个转变"：首先，项目投资重点由旅游接待设施向旅游产业建设转变，在优化旅游产业结构、增加旅游收入和兴边富民等方面发挥重要作用，增强地区"造血"功能。其次，旅游人力资源培养向"请进来"与"走出去"相结合转变。一方面，通过干部挂职锻炼、委托区内饭店和院校对西藏旅游从业人员进行业务培训；另一方面，利用内地优质教育资源，根据西藏旅游业发展需要为其代培专业人才。同时，选拔并派遣旅游专业人才到支援地接受定期的培训和业务学习。最后，政策决策非制度化向制度化转变，政策决策过程注重前期调研，加深了对西藏旅游业发展认识，政策制定更具科学化和针对性，它为旅游援藏后续工作顺利展开提供直接依据并确保工作实效。

三　多方共赢模式

中央政府、对口援藏省市政府与西藏自治区政府在旅游发展定位、政策制定、项目规划、资源开发、人员管理等方面形成合力，促进形成纵向联合体和横向共同体。中央政府给予西藏旅游发展特殊政策优惠，各援藏省市旅游资金、技术和人才优势与西藏旅游资源优势具有互补性，实现资源优势互补、互利共赢、共同发展。完善旅游援藏市场化运作机制，加强外来企业与当地旅游企业合作并扶持农牧民参与旅游发展。同时，成立管理协调机构，国家旅游局成立旅游援藏管理部门，出台政策制度加强各援藏主体管理，并积极探索旅游援藏工作机制，建立国家旅游局与西藏自治区政府协调工作机制和会商制度，旅游援藏逐步向制度性安排转变，支援关系以制度形式得到有力巩固。

第四章 旅游援藏对西藏区域经济发展影响与动力机制分析

基于旅游援藏对西藏区域经济发展影响开展研究，其宏观影响遵循"旅游援藏→推动西藏旅游业发展→西藏旅游业对区域经济发展规模和结构影响"的研究路径。微观研究通过选取典型案例地问卷调查和深度访谈形式，具体包括旅游援藏影响下物价、收入、带动相关行业发展、对传统产业发展影响、贫富差距、经济收益获取对象、群体经济收入获益七个方面。

第一节 旅游援藏对西藏区域经济发展规模影响分析

自改革开放以来，西藏旅游业快速发展并已经成为西藏支柱性产业。尤其 2010 年以来，旅游业增长更为迅速，西藏旅游业总收入由 2010 年的 71.44 亿元增长至 2016 年的 330.75 亿元，旅游业产值相当于国内生产总值的比重由 2010 年的 14.1% 增长至 2016 年的 28.76%（见表 4-1）。其中，国内旅游市场的增长速度要远远高于入境旅游市场，国内旅游市场份额也远远高于入境市场，2013 年接待的国内旅游者人次占总体人次的 98.27%。① 这表明作为重要的旅游目的地，西藏正更多地为国内旅游市场所接受，这为将来西藏旅游的持续、高速发展奠定了良好的客源基础。

---

① 西藏自治区统计局编：《西藏统计年鉴（2016）》，中国统计出版社 2016 年版，第 173 页。

表 4 - 1　　　　　　　　1985—2016 年西藏旅游业发展情况

年份	旅游业总收入（亿元）	国内生产总值（亿元）	旅游业产值相当于 GDP 的比重（%）	年份	旅游业总收入（亿元）	国内生产总值（亿元）	旅游业产值相当于 GDP 的比重（%）
1985	0.04	17.76	0.20	2001	7.51	139.16	5.40
1986	0.30	16.93	1.80	2002	9.88	162.04	6.10
1987	0.56	17.71	3.20	2003	10.37	185.09	5.60
1988	0.62	20.25	3.10	2004	15.32	220.34	7.00
1989	0.37	21.86	1.70	2005	19.35	248.80	7.80
1990	0.07	27.70	0.30	2006	27.71	290.76	9.50
1991	0.51	30.53	1.70	2007	48.52	341.43	14.20
1992	0.73	33.29	2.20	2008	22.59	394.85	5.70
1993	0.93	37.42	2.50	2009	55.99	441.36	12.70
1994	1.53	45.99	3.30	2010	71.44	507.46	14.10
1995	2.14	56.11	3.80	2011	97.06	605.83	16.00
1996	2.33	64.98	3.60	2012	126.48	701.03	18.00
1997	2.60	77.24	3.40	2013	165.18	815.67	20.25
1998	2.65	91.50	2.90	2014	203.99	920.83	22.15
1999	5.70	105.98	5.40	2015	280.00	1026.39	27.28
2000	6.75	117.80	5.70	2016	330.75	1148.00	28.76

注：1985—2015 年数据来源于《西藏统计年鉴（2016）》。2016 年数据由笔者根据西藏自治区公开发布的数据自行整理。其中，西藏地区生产总值（1985—2015 年）数据详见附表 1 - 1，西藏旅游人数及收入（1981—2015 年）数据详见附表 1 - 2。

旅游业在西藏经济社会中的地位和影响不断增强，这通过与邻省青海、云南及全国做比较可以看出来。2010 年，西藏旅游业产值相当于 GDP 的 14.1%，而同期邻省云南和青海的比重分别为 13.94% 和 5.23%，全国的比重仅为 3.84%，西藏旅游业产值相当于 GDP 的比重是云南、青海和全国同类值的 1.01 倍、2.70 倍和 3.67 倍。2015 年，西藏旅游业产值相当于 GDP 的比重为 27.28%，而同期邻省云南和青海的比重分别为 23.92% 和 10.26%，全国的比重仅为 6.49%，

西藏旅游业产值相当于 GDP 的比重是云南、青海和全国同类值的
1.14 倍、2.66 倍和 4.2 倍（见图 4 - 1）。这充分表明旅游业作为西
藏的特色产业，已经在西藏国民经济中占据重要地位，且这种优势和
贡献将更加明显，体现出旅游援藏对西藏旅游业发展具有重要推动作
用，使旅游业的重要性日益突出。

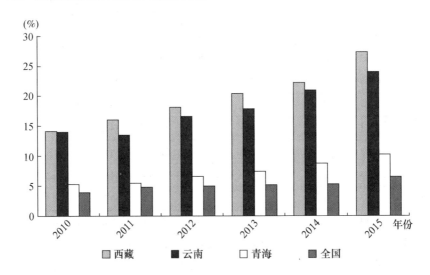

图 4 - 1 2010—2015 年西藏旅游业产值相当于 GDP 的比重与
云南、青海和全国的比较

资料来源：《中华人民共和国国民经济和社会发展统计公报》《云南省国民经济和社会
发展统计公报》和《青海省国民经济和社会发展统计公报》。

第二节 旅游援藏对西藏区域经济
发展结构影响分析

西藏人口稀少，地域辽阔，区内市场较小，经济基础薄弱且受季
节性和生态环境限制，但可以充分利用和发挥西藏高原的旅游资源优
势，大力发展旅游业，通过发展旅游业带动第三产业发展，突破传统
工业主导的"二、三、一"发展阶段，实现产业结构从"一、二、
三"到"三、二、一"的跨越式转变。西藏旅游业在促进全区经济

结构转型中发挥重要作用，为推动第三产业快速发展做出重要贡献。

西藏全区经济一二三产业结构比例由 2011 年的"12.29∶34.47∶53.24"发展至 2015 年的"9.44∶36.65∶53.91"；到 2015 年，西藏第三产业产值已经占到西藏地区生产总值的 53.91%（见图 4-2）。虽然西藏经济总量较小，但西藏全区经济三大产业"三、二、一"格局已经稳固，对西藏实现长足发展具有重要意义。

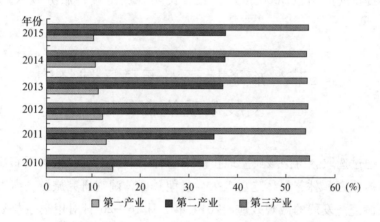

图 4-2　2010—2015 年西藏全区经济三大产业结构比例变化

资料来源：《西藏统计年鉴》（2011—2016 年）。

另外，旅游业具有综合性和关联性特点，对区域经济具有带动作用，尤其对第三产业带动作用明显。通过开展乡村旅游、民俗村旅游和农家乐等形式，西藏旅游业与第一产业融合加快，较快促进了第一产业的发展。旅游业的发展带动了旅游设施与旅游商品需求，促进了相关制造业发展，间接推动了第二产业发展。旅游业带来交通、金融、商务、医药、娱乐、休闲、科考、体育与保健等方面的旅游需求，更是全面带动第三产业上档次、成体系的大发展，初步形成专业化、规模化的现代服务业体系。

旅游业快速发展吸纳大量农牧民参与到旅游发展中来，积极调整产业结构，转变生产方式，成为农牧民经济收入来源重要渠道之一。2007 年，西藏全区有 8717 户农牧民参与旅游经营，创造非农就业岗

位 34870 多个，年收入达 2.2 亿元。① 2009 年年底，西藏发展到
10460 户、41844 名农牧民直接参与旅游经营服务，年总收入达 2.56
亿元。② 发展到 2013 年，西藏旅游业共提供就业岗位 3000 余个，全
区约有 1.3 万户、5.3 万农牧民从事旅游接待服务，实现户均收入
2.5 万元，人均收入 6000 元。③ 2015 年，西藏拥有星级家庭旅馆 315
家，从事旅游接待服务的农牧民达到了 1.2 万多户、4.8 万多人，每
年还提供就业岗位 3000 多个，农牧民实现旅游接待服务收入 2.94
亿元。④

第三节　旅游援藏对西藏区域经济发展微观效应分析

　　通过选取旅游援藏典型地拉萨市墨竹工卡县甲玛乡松赞干布出生
地旅游景区和林芝市林芝县东久乡鲁朗景区，调查研究旅游援藏对西
藏旅游经济发展的微观效应。2014 年 7 月 16—26 日对甲玛乡松赞干
布出生地旅游景区的龙达村和赤康村，鲁朗景区的扎西岗村、罗布村
和东巴才村五个村进行了为期 11 天的调查、走访、问卷以及对重点
人物的深入访谈等，共发放调查问卷 468 份，回收问卷 409 份，回收
有效率为 87.39%，调查问卷内容详见附录二。其中，甲玛乡松赞干
布出生地旅游景区的龙达村发放问卷 100 份，回收有效问卷 86 份，
回收有效率 86%；赤康村 148 份，回收有效问卷 118 份，回收有效率
79.7%。鲁朗景区扎西岗村发放问卷 120 份，回收有效问卷 115 份，
回收有效率 95.83%；罗布村发放问卷 70 份，回收有效问卷 63 份，

① 《改革 30 年旅游业成为西藏支柱产业之一》，http://news.qq.com/a/20081204/
002725.htm，2008 年 12 月 4 日。
② 《西藏旅游业历三十年蜕变化蛹成蝶》，http://news.163.com/10/0511/20/
66E8GVOC000146BD.html，2009 年 11 月 20 日。
③ 《西藏 2013 年 5.3 万农牧民受惠"旅游业"》，http://www.chinanews.com/df/
2014/01-22/5769255.shtml，2014 年 1 月 22 日。
④ 《未来五年西藏 15 万农牧民将从事旅游业》，http://www.tfyou.com/info/
33027.html，2011 年 3 月 2 日。

回收有效率90%；东巴才村发放问卷30份，回收有效问卷27份，回收有效率90%。对所搜集的问卷进行编码、整理，采用相关软件对所得数据进行统计分析。

一　五个村调查样本社会人口统计特征分析

甲玛乡松赞干布出生地旅游景区的龙达村是藏族居住区。问卷中女性占59.30%，男性占40.70%，女性比例稍大。年龄结构主要集中在21—30岁，其次是51岁及以上，比例为18.60%。在职业构成方面，58.14%的是农牧民，34.88%的是学生，还有3.49%的是政府工作人员。他们的家庭月收入主要集中在2001—3000元，比例为77.91%，2000元及以下的占19.77%，5001元及以上的很少，所占比例仅为1.16%。村民的文化程度普遍不高，大专及以上学历的没有，初中学历及以下的占58.14%，高中或中专学历的占41.86%（见表4-2）。

表4-2　　　　　　　　龙达村社会人口统计特征　　　　　　单位：个，%

类别	样本分类	样本数量	比例	类别	样本分类	样本数量	比例
性别	男	35	40.70	职业	农牧民	50	58.14
	女	51	59.30		政府工作人员	3	3.49
年龄	20岁及以下	14	16.28		私营业主、个体户	0	0.00
	21—30岁	39	45.35		教师	0	0.00
	31—40岁	13	15.12		务工人员	1	1.16
	41—50岁	4	4.65		学生	30	34.88
	51岁及以上	16	18.60		其他	2	2.33
家庭月收入	2000元及以下	17	19.77	民族	藏族	86	100.00
	2001—3000元	67	77.91		汉族	0	0.00
	3001—4000元	1	1.16	学历	初中及以下	50	58.14
	4001—5000元	0	0.00		高中或中专	36	41.86
	5001元及以上	1	1.16		大专及以上	0	0.00

从甲玛乡松赞干布出生地旅游景区的赤康村人口结构可以看出：样本在男女比例上基本是均匀的。在年龄分布上21—30岁和31—40

岁比例分别为 33.05% 和 27.97%。72.03% 的人都是初中或者初中以下的学历，高中或中专学历的人约占到 1/3，拥有大专及以上学历的只有一人。在职业方面，68.64% 的人从事农牧业，农牧民占了大多数，2 名政府工作人员，4 名私营业主或个体户，1 名教师，1 个务工人员，17 个学生，12 个人从事其他行业。在月收入水平方面，57 人在 2000 元及以下，33 人在 2001—3000 元，17 人是 3001—4000 元，11 人是在 4001—5000 元（见表 4-3）。

表 4-3　　　　　　　　赤康村社会人口统计特征　　　　单位：个,%

类别	样本分类	样本数量	比例	类别	样本分类	样本数量	比例
性别	男	66	55.93	职业	农牧民	81	68.64
	女	52	44.07		政府工作人员	2	1.69
年龄	20 岁及以下	24	20.34		私营业主、个体户	4	3.39
	21—30 岁	39	33.05		教师	1	0.85
	31—40 岁	33	27.97		务工人员	1	0.85
	41—50 岁	10	8.47		学生	17	14.41
	51 岁及以上	12	10.17		其他	12	10.17
家庭月收入	2000 元及以下	57	48.30	民族	藏族	117	99.15
	2001—3000 元	33	27.97		汉族	1	0.85
	3001—4000 元	17	14.41	学历	初中及以下	85	72.03
	4001—5000 元	11	9.32		高中或中专	32	27.12
	5001 元及以上	0	0.00		大专及以上	1	0.85

在鲁朗景区扎西岗村的样本调查中，女性占 57.39%，男性占 42.61%，女性比例较大。年龄结构主要集中在 21—40 岁，比例达 55.65%。在职业分布方面，76.52% 是农牧民，11.30% 是学生，2.61% 是政府工作人员，私营业主和务工人员各占近 1%。他们的家庭月收入主要集中在 3000 元及以下，占 83.48%，其中 2000 元及以下的占 73.91%，3001—5000 元的人数比例为 15.65%。村民的文化程度为初中及以下学历的比例较大，为 80.87%，高中及以上学历的比例为 19.13%（见表 4-4）。

表4－4　　　　　　　　扎西岗村社会人口统计特征　　　　单位：个，%

类别	样本分类	样本数量	比例	类别	样本分类	样本数量	比例
性别	男	49	42.61	职业	农牧民	88	76.52
	女	66	57.39		政府工作人员	3	2.61
年龄	20岁及以下	12	10.43		私营业主、个体户	1	0.87
	21—30岁	44	38.26		教师	2	1.74
	31—40岁	20	17.39		务工人员	1	0.87
	41—50岁	29	25.22		学生	13	11.30
	51岁及以上	10	8.70		其他	7	6.09
家庭月收入	2000元及以下	85	73.91	民族	藏族	113	98.26
	2001—3000元	11	9.57		汉族	2	1.74
	3001—4000元	15	13.04	学历	初中及以下	93	80.87
	4001—5000元	3	2.61		高中或中专	18	15.65
	5001元及以上	1	0.87		大专及以上	4	3.48

在鲁朗景区罗布村的样本调查中，女性占53.97%，男性占46.03%。年龄结构主要集中在21—30岁，比例为34.92%。在职业分布方面，44.44%是农牧民，26.98%是学生，政府工作人员和务工人员各占7.94%，私营业主占1.59%。他们的家庭月收入主要集中在3000元及以下，比例为69.84%，3001—5000元的人数比例为23.81%，5001元及以上的有6.35%，与其他村相比该村有部分群体月收入较高，表明旅游产业成为部分群体月收入的重要来源。村民的文化程度为初中及以下的与高中及以上的比例相当，各近占50%，后者比例达到49.21%（见表4－5）。

在鲁朗景区东巴才村的样本调查中，男女比例各约占50%，较为均衡。年龄结构较为分散，21—30岁的人数比例达到40.74%。在职业分布方面，70.37%是农牧民，22.22%是学生，3.70%是政府工作人员，大部分仍为农牧民。他们的家庭月收入主要集中在2000元及以下，占74.07%，4001元及以上的没有。村民的文化程度为初中及以下的比例较大，为81.48%，大专及以上的比例仅为3.70%（见表4－6）。

表 4 - 5　　　　　　　　罗布村社会人口统计特征　　　　　单位：个，%

类别	样本分类	样本数量	比例	类别	样本分类	样本数量	比例
性别	男	29	46.03	职业	农牧民	28	44.44
	女	34	53.97		政府工作人员	5	7.94
年龄	20 岁及以下	15	23.81		私营业主、个体户	1	1.59
	21—30 岁	22	34.92		教师	3	4.76
	31—40 岁	11	17.46		务工人员	5	7.94
	41—50 岁	11	17.46		学生	17	26.98
	51 岁及以上	4	6.35		其他	4	6.35
家庭月收入	2000 元及以下	22	34.92	民族	藏族	62	98.41
	2001—3000 元	22	34.92		其他	1	1.59
	3001—4000 元	6	9.52	学历	初中及以下	32	50.79
	4001—5000 元	9	14.29		高中或中专	20	31.75
	5001 元及以上	4	6.35		大专及以上	11	17.46

表 4 - 6　　　　　　　　东巴才村社会人口统计特征　　　　　单位：个，%

类别	样本分类	样本数量	比例	类别	样本分类	样本数量	比例
性别	男	13	48.15	职业	农牧民	19	70.37
	女	14	51.85		政府工作人员	1	3.70
年龄	20 岁及以下	3	11.11		私营业主、个体户	0	0.00
	21—30 岁	11	40.74		教师	0	0.00
	31—40 岁	4	14.81		务工人员	0	0.00
	41—50 岁	9	33.33		学生	6	22.22
	51 岁及以上	0	0.00		其他	1	3.70
家庭月收入	2000 元及以下	20	74.07	民族	藏族	27	100.00
	2001—3000 元	4	14.82		其他	0	0.00
	3001—4000 元	3	11.11	学历	初中及以下	22	81.48
	4001—5000 元	0	0.00		高中或中专	4	14.82
	5001 元及以上	0	0.00		大专及以上	1	3.70

二　村民对旅游业发展区域经济效应总体认知分析

五个村调查问卷的统计数据显示，旅游援藏作用下的乡村旅游发展对区域旅游经济发展产生了积极影响，旅游援藏产生了良好的经济效应。在"促进了本村的经济发展"方面，五个村村民对旅游援藏促进了本村经济发展的认知度高，平均值约为91.19%，其中认知度最低的为龙达村，为84.88%，认知度最高的为东巴才村，高达96.3%，其次为扎西岗村，比例达到94.64%。在"增加了村民就业机会"方面，认知度平均值约为78.29%，其中认知度最低的为赤康村，比例仅为64.29%，认知度最高的为罗布村，比例达90.48%。在"提高了村民生活水平"方面，五个村的认知度平均值为81.95%，其中鲁朗景区的三个村扎西岗村、罗布村和东巴才村都高于均值，分别为83.82%、85.72%和92.59%，但甲玛乡松赞干布出生地旅游景区的龙达村和赤康村均低于此均值，仅为67.44%和80.19%。在"加速了乡村的基础设施建设"选项，五个村的认知度平均值为72.78%，是经济效应测度项中的最低值。其中最高的为罗布村，比例达88.89%，最低的为龙达村，仅为55.82%。在"增强了村民的市场意识"选项中，五个村的认知度平均值为79.15%，认知度差距最大，其中最高的东巴才村高达96.3%，而最低的赤康村仅为51.45%（见表4-7）。

表4-7 五个调查村村民对旅游援藏产生的旅游经济效应认知情况 单位:%

村名	选项	完全同意	同意	不确定	不同意	完全不同意
龙达村	促进了本村的经济发展	33.72	51.16	12.79	2.33	0.00
	增加了村民就业机会	41.86	25.58	25.58	4.65	2.33
	提高了村民生活水平	34.88	32.56	31.40	1.16	0.00
	加速了乡村的基础设施建设	32.56	23.26	22.09	5.81	16.28
	增强了村民的市场意识	31.40	36.05	11.62	20.93	0.00
赤康村	促进了本村的经济发展	48.21	44.64	7.15	0.00	0.00
	增加了村民就业机会	23.47	40.82	32.65	3.06	0.00
	提高了村民生活水平	32.08	48.11	15.09	0.95	3.77
	加速了乡村的基础设施建设	15.46	45.36	31.96	4.12	3.10
	增强了村民的市场意识	16.36	35.09	31.82	7.64	9.09

续表

村名	选项	完全同意	同意	不确定	不同意	完全不同意
扎西岗村	促进了本村的经济发展	60.71	33.93	3.57	0.00	1.79
	增加了村民就业机会	32.14	48.21	10.71	7.15	1.79
	提高了村民生活水平	49.11	34.71	6.25	6.25	3.68
	加速了乡村的基础设施建设	38.39	34.82	19.64	5.36	1.79
	增强了村民的市场意识	59.82	31.25	6.25	1.79	0.89
罗布村	促进了本村的经济发展	71.43	15.87	12.70	0.00	0.00
	增加了村民就业机会	71.43	19.05	9.52	0.00	0.00
	提高了村民生活水平	71.43	14.29	14.28	0.00	0.00
	加速了乡村的基础设施建设	71.43	17.46	9.52	1.59	0.00
	增强了村民的市场意识	65.08	24.40	10.52	0.00	0.00
东巴才村	促进了本村的经济发展	55.56	40.74	3.70	0.00	0.00
	增加了村民就业机会	29.63	59.26	11.11	0.00	0.00
	提高了村民生活水平	40.74	51.85	7.41	0.00	0.00
	加速了乡村的基础设施建设	33.33	51.85	14.82	0.00	0.00
	增强了村民的市场意识	40.74	55.56	3.70	0.00	0.00

三　村民从事和支持旅游业发展行为分析

五个村村民对"越来越多的村民开始涉足旅游业和支持旅游业"持很高的认同，表明旅游援藏作用下越来越多村民开始参与旅游业发展中来，并积极支持旅游业发展。村民同意以上认同均值为87.42%，其中认知度最低的为龙达村，为77.38%，认知度最高的为罗布村，高达96.83%，其次为东巴才村，比例达到92.59%（见图4-3）。在调研中发现旅游业没有兴起前，村民主要从事农牧业生产，经济收入也主要来自农牧业且年收入较低。旅游业发展起来后，越来越多的村民开始涉足旅游业，旅游旺季主要从事农家乐、家庭旅馆、家庭餐馆，为游客提供餐饮、洗车、接待、向导、牵马等活动，增加家庭经济收入。旅游淡季仍是从事传统农牧业生产，从而保证家庭生产活动。

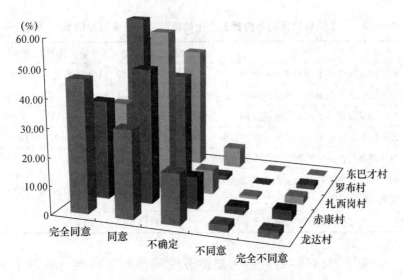

图4-3　五个调查村村民参与和支持旅游业发展情况

四　五个村村民对旅游发展经济效应感知分析

龙达村62.65%的人认为，旅游业发展带动了当地物价的上升。但是在"旅游业已经成为当地的重要收入来源""旅游业的发展带动了相关行业的发展""旅游业的发展对传统产业产生一定的影响"和"旅游业发展后，各家庭间的贫富差距有所增大"四个选项感知上，"不确定"选择项的比重分别为30.95%、31.40%、35.29%和47.06%，"不同意"和"完全不同意"选择项的比重累计分别为19.05%、12.78%、29.42%和15.29%。在"旅游发展后，经济收益大多数为外来经商人员所获取"和"仅有少数村民从旅游发展中获得了经济利益"选择项上认知度较高，分别为65.88%和73.56%。（见表4-8）这表明了龙达村村民对旅游发展经济效应的感知，旅游业还没有成为当地重要收入来源，旅游业带动相关产业的作用仍有待加强。同时，旅游业发展没有对传统产业（该村传统产业主要为农牧业）造成影响，实际是旅游业与传统产业实现融合发展。旅游业发展后没有造成家庭间贫富差距增大。但是，少数村民通过积极参与旅游发展获得良好经济利益。

表4-8　　龙达村村民对旅游援藏产生的旅游经济效应感知情况　　单位:%

选项	完全同意	同意	不确定	不同意	完全不同意
旅游业的发展带动了当地物价的上升	32.53	30.12	22.89	8.43	6.03
旅游业已经成为当地的重要收入来源	26.19	23.81	30.95	14.29	4.76
旅游业的发展带动了相关行业的发展	27.91	27.91	31.40	9.30	3.48
旅游业的发展对传统产业产生一定的影响	12.94	22.35	35.29	16.47	12.95
旅游业发展后，各家庭间的贫富差距有所增大	23.53	14.12	47.06	11.76	3.53
旅游发展后，经济收益大多数为外来经商人员所获取	35.29	30.59	22.35	8.24	3.53
仅有少数村民从旅游发展中获得了经济利益	16.09	57.47	19.54	2.30	4.60

　　赤康村 73.45% 的人认为旅游业发展带动了当地物价的上升，63.06% 的人认为旅游业的发展带动了相关行业的发展。但是在"旅游业已经成为当地的重要收入来源""旅游业的发展对传统产业产生一定的影响"和"旅游业发展后，各家庭间的贫富差距有所增大"三个选项感知上，"不确定"选择项的比重分别为 49.11%、44.14% 和 31.13%，"不同意"和"完全不同意"选择项的比重累计分别为 8.92%、30.64% 和 11.33%（见表4-9）。从上述统计数据可以看出，旅游援藏作用下的赤康村旅游发展带动了当地物价的上升，同时也带动了相关产业的发展（如餐饮、休闲娱乐、服务行业），但是旅游业还没有成为当地重要的收入来源，也没有对传统产业（该村传统产业主要为农牧业，主导产业为矿业）造成影响。一方面，该村在旅游业发展之前，主导产业为矿业，旅游业发展之后，主导产业仍为矿业，在调研中发现旅游业并没有对传统产业矿业造成影响。另一方面，旅游业与传统产业实现融合发展。同时，旅游业发展后没有造成家庭间贫富差距增大，但是外来经商人员和少数村民通过参与旅游业发展获得了良好的经济利益。

表4-9　　赤康村村民对旅游援藏产生的旅游经济效应感知情况　　单位:%

选项	完全同意	同意	不确定	不同意	完全不同意
旅游业的发展带动了当地物价的上升	15.04	58.41	20.35	2.65	3.55
旅游业已经成为当地的重要收入来源	8.93	33.04	49.11	6.25	2.67

续表

选项	完全同意	同意	不确定	不同意	完全不同意
旅游业的发展带动了相关行业的发展	13.51	49.55	26.13	6.31	4.50
旅游业的发展对传统产业产生一定的影响	11.71	13.51	44.14	18.02	12.62
旅游业发展后，各家庭间的贫富差距有所增大	15.09	42.45	31.13	4.73	6.60
旅游发展后，经济收益大多数为外来经商人员所获取	14.55	43.64	23.64	14.55	3.62
仅有少数村民从旅游发展中获得了经济利益	27.43	47.79	17.70	3.54	3.54

扎西岗村邻近318国道，由于景观组合更完整等原因，扎西岗村已经发展成为鲁朗镇旅游业的明星村，在政府的大力资助下，其村落旅游基础设施、服务设施、旅游资源的保护设施更为完善。通过调研发现，扎西岗村大约78.95%的人认为旅游业发展带动了当地物价的上升，72.56%的人认为旅游业已经成为当地的重要收入来源，71.93%村民认为旅游业的发展带动了相关行业的发展。但是在"旅游业的发展对传统产业产生一定的影响"和"旅游业发展后，各家庭间的贫富差距有所增大"两个选项的感知上，"不确定"选择项的比为重分别为25.23%和为26.32%，"不同意"和"完全不同意"选择项的比重累计分别为15.31%和7.89%（见表4-10）。从上述统计数据可以看出，旅游援藏作用下的扎西岗村旅游发展带动了当地物价的上升，同时也带动了相关产业的发展（如餐饮、住宿、休闲娱乐、服务行业），已经成为当地重要的收入来源，但是对传统产业发展和村民贫富差距影响较弱，同时并不是所有被访村民都从旅游业发展中获利，只是部分本地村民群体参与旅游业发展并从中获取了良好经济利益。

表4-10　扎西岗村村民对旅游援藏产生的旅游经济效应感知情况　单位:%

选项	完全同意	同意	不确定	不同意	完全不同意
旅游业的发展带动了当地物价的上升	47.37	31.58	17.54	2.63	0.88
旅游业已经成为当地的重要收入来源	32.74	39.82	22.12	1.77	3.55
旅游业的发展带动了相关行业的发展	32.46	39.47	21.05	3.51	3.51
旅游业的发展对传统产业产生一定的影响	22.52	36.94	25.23	13.51	1.80

续表

选项	完全同意	同意	不确定	不同意	完全不同意
旅游业发展后，各家庭间的贫富差距有所增大	27.07	38.72	26.32	6.14	1.75
旅游发展后，经济收益大多数为外来经商人员所获取	33.33	15.79	19.30	27.19	4.39
仅有少数村民从旅游发展中获得了经济利益	31.58	51.75	11.80	3.99	0.88

　　罗布村距离318国道最近，大量骑行者、徒步者则多选择在这里歇脚、住宿。罗布村家庭旅馆虽然也以藏式民居为主，但房间价格相对于扎西岗村更为便宜，因此入住率很高。自2012年鲁朗国际旅游小镇建设以来，罗布村成为临时镇政府、鲁朗小镇的建设指挥中心。通过调研发现，罗布村72.58%的村民认为旅游业已经成为当地的重要收入来源，75%的村民同意旅游业已经对传统产业造成影响，这与调查的赤康村、龙达村和扎西岗村不同。在"旅游发展后，经济收益大多数为外来经商人员所获取"和"仅有少数村民从旅游发展中获得了经济利益"选项上村民认知度较高，分别为76.66%和70%（见表4-11）。从上述统计数据可以看出，旅游援藏作用下的罗布村旅游发展带动了当地物价的上升，同时也带动了相关产业发展（如餐饮、住宿、休闲娱乐、服务行业），已经成为当地重要收入来源，对传统产业发展造成一定影响，旅游业发展后村民贫富差距有所增大。

表4-11　罗布村村民对旅游援藏产生的旅游经济效应感知情况　　单位:%

选项	完全同意	同意	不确定	不同意	完全不同意
旅游业的发展带动了当地物价的上升	12.70	31.75	11.11	34.92	9.52
旅游业已经成为当地的重要收入来源	9.68	62.90	20.97	6.45	0.00
旅游业的发展带动了相关行业的发展	11.11	74.60	12.70	1.59	0.00
旅游业的发展对传统产业产生一定的影响	38.33	36.67	18.33	5.00	1.67
旅游业发展后，各家庭间的贫富差距有所增大	10.17	69.49	15.25	0.00	5.09
旅游发展后，经济收益大多数为外来经商人员所获取	18.33	58.33	18.33	3.33	1.68
仅有少数村民从旅游发展中获得了经济利益	18.33	51.67	21.67	6.67	1.66

通过调研发现，东巴才村 76.93% 的村民认为旅游业发展带动了当地物价的上升，92.31% 的村民认为旅游业已经成为当地的重要收入来源，96% 的村民认为旅游业的发展带动了相关行业的发展。但是在"旅游业的发展对传统产业产生一定的影响"和"旅游发展后，经济收益大多数为外来经商人员所获取"两个选项的感知上，"不确定"选择项的比重分别为 29.17% 和 33.33%，"不同意"和"完全不同意"选择项的比重累计分别为 12.50% 和 22.22%（见表 4-12）。这表明旅游业发展并没有对传统产业农牧业造成影响，这是因为旅游业发展具有季节性，农牧民旅游旺季主要从事旅游接待工作，等旅游旺季结束后，还是以传统产业为主。

表 4-12 东巴才村村民对旅游援藏产生的旅游经济效应感知情况　单位:%

选项	完全同意	同意	不确定	不同意	完全不同意
旅游业的发展带动了当地物价的上升	34.62	42.31	15.38	7.69	0.00
旅游业已经成为当地的重要收入来源	42.31	50.00	7.69	0.00	0.00
旅游业的发展带动了相关行业的发展	48.00	48.00	4.00	0.00	0.00
旅游业的发展对传统产业产生一定的影响	25.00	33.33	29.17	4.17	8.33
旅游业发展后，各家庭间的贫富差距有所增大	36.00	48.00	8.00	8.00	0.00
旅游发展后，经济收益大多数为外来经商人员所获取	25.93	18.52	33.33	11.11	11.11
仅有少数村民从旅游发展中获得了经济利益	26.92	50.00	11.54	3.85	7.69

综合上述五个村村民对旅游援藏产生的旅游经济效应感知情况的统计分析可以看出，认同度最为统一的是旅游业发展带动了当地物价的上升，其次是仅有少数村民从旅游发展中获得了经济利益（见表 4-13）。"旅游业已经成为当地的重要收入来源"在鲁朗旅游景区的扎西岗村、罗布村和东巴才村成为共识，表明旅游援藏对西藏区域经济具有重要作用，旅游业发展确实给村民带来经济上的实惠，让村民从旅游业发展中获益，实现了"兴边富民"目标。同时，旅游业发展也带动了相关产业发展，如与第一产业农牧业融合发展，对西藏经济三大产业具有带动作用。旅游业发展并没有对传统产业产生冲击，而

是相互融合和促进。旅游业发展对家庭间贫富差距增大还是缩小，表现出来的差异较大，有待后续跟进调查研究。

表4-13　五个村对旅游援藏产生的旅游经济效应感知情况比较

项目	龙达村	赤康村	扎西岗村	罗布村	东巴才村
旅游业的发展带动了当地物价的上升	★★★★★	★★★★★	★★★★★	★★★★★	★★★★★
旅游业已经成为当地的重要收入来源	★	★	★★★★	★★★★	★★★★★
旅游业的发展带动了相关行业的发展	★★	★★★	★★★	★★★★	★★★★★
旅游业的发展对传统产业产生一定的影响	★	★	★★★	★★★★	★★★
旅游业发展后，各家庭间的贫富差距有所增大	★	★★	★★★	★★★★★	★★★★
旅游发展后，经济收益大多数为外来经商人员所获取	★★★	★★★	★★	★★★	★★
仅有少数村民从旅游发展中获得了经济利益	★★★	★★★	★★★	★★★	★★★★★

注：★★★★★表示认同指数最高，★★★★表示认同指数高，★★★表示认同指数一般，★★表示认同指数低，★表示认同指数最低。

第四节　旅游援藏对西藏区域经济发展动力机制分析

旅游援藏对西藏区域经济发展动力机制，是以中央主导的外在推动力作用于西藏旅游目的地旅游产业并最终促进西藏区域经济发展所必需的动力产生机理，以及维持、协调和改善这种机理的各种经济关系、组织制度等构成的综合系统（见图4-4）。本节基于外推—内生视角探讨旅游援藏对西藏区域经济发展动力，其中外在推动力主要是政府主导的经济资源和生产要素向西藏旅游目的地流动，内生驱动力

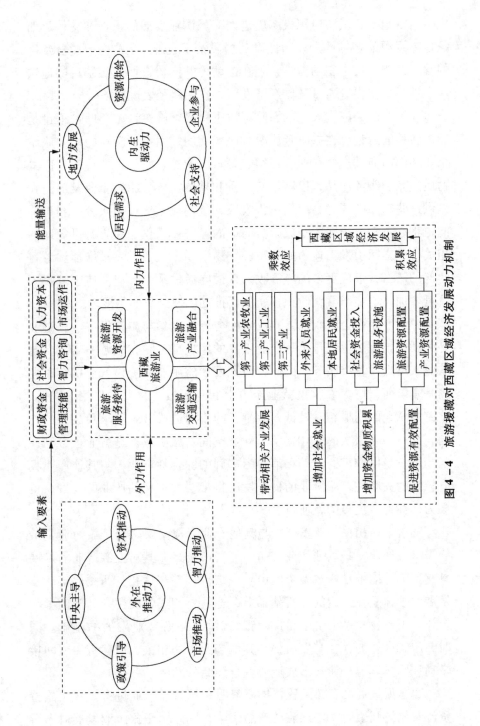

图 4 - 4　旅游援藏对西藏区域经济发展动力机制

包括西藏地方各级政府积极响应进而对旅游业发展的重视和支持、西藏地方资源的多样性和垄断性以及居民希望通过发展旅游业脱贫致富的参与愿望，内生驱动力结合外在推动力共同促进西藏旅游目的地快速发展，直接促进西藏区域经济发展，作用路径表现如下。

一是增加经济收入，增加西藏物质积累。旅游者旅游的过程也是货币转移的过程，在旅游者旅游、停留期间，西藏旅游目的地的旅游企业和部门向其提供交通、住宿、餐饮、游览、娱乐、商品等方面的物质产品和服务产品，以满足其物质和精神需要。旅游企业及部门在提供这些产品的同时会得到销售收入，这些收入通过初次分配和再分配，将有一部分长期留在旅游目的地的经济体系里，在旅游目的地的相关行业之间引发一连串的生产和交易活动，从而进一步增加旅游目的地的产出，形成更多的经济收入，最终通过乘数效应促使区域收入总量增加，增加西藏物质积累，从而推动区域经济的发展。

二是增加社会就业机会，吸纳社会劳动力参与旅游发展。旅游业是劳动密集型产业，是第三产业重要的组成部分。在旅游中需要旅游从业人员提供直接服务。因此，西藏发展旅游业在提供就业机会，尤其是缓解西藏广大农牧民就业压力上起到了极为重要的作用。同时，旅游业从业的门槛相对较低，旅游者的不同造成旅游需求及品位的不同，这就为各层次的人才提供了就业空间。旅游业促进就业，带动性强，旅游是以游客的流动和消费为基础的综合性产业，与其他产业具有较强的关联性，旅游业的良好发展将带动大批相关产业的发展，也会为社会提供更多的就业机会。

三是带动相关产业发展，与其他产业形成交叉融合。旅游业是最终需求性产业，是其他产业产品的消费市场，尤其对上游产业的发展具有影响，能推动西藏整个国民经济结构调整与优化。西藏旅游产业发展必须建立在一定的物资基础上，这就要相关物资生产部门的参与合作，没有物资生产部门的参与，就没有旅游产业发展的基础。同时，旅游产业的存在与发展都与其他产业密切相关，能够直接或间接带动和影响其他产业，形成产业融合和交叉发展。

四是促进资源有效配置，提高资源利用效益。通过有效开发旅游资源及旅游吸引物，增加旅游产品供给，同时由于旅游业发展对上游产业的依赖性，需要更多的中间产品或产成品来满足旅游经济发展的需要。随着西藏旅游市场巨大潜力的开发，西藏旅游需求增加，西藏闲置资源得到有效利用，促使西藏区域经济发展根据比较资源优势原则进行配置资源，提高专业化水平，提高生产效率，达到资源配置的帕雷托最优。①

---

① 陶志英：《广东旅游经济对经济发展的效应研究》，硕士学位论文，暨南大学，2007年，第14—19页。

第五章　旅游援藏对西藏旅游目的地建设影响评估与作用机理分析

第一节　旅游援藏对西藏旅游目的地供给系统影响评估指标体系构建原则

旅游援藏对西藏旅游目的地供给系统影响评估指标是由一系列相互联系、相互补充，具有层次性和结构性的指标组成的有机整体。科学的指标体系能够有效反映出旅游援藏对西藏旅游目的地供给能力趋势、提升旅游援藏实施效果、强化旅游援藏协调管理。因此，旅游援藏对西藏旅游目的地供给系统影响评估指标应遵循系统性原则、科学性原则和实用性与可行性原则。

一　系统性原则

旅游援藏对西藏旅游目的地供给系统是由旅游核心吸引物供给、旅游设施供给和旅游服务供给等子系统构成的复合系统，各子系统中的要素功能属性差异明显。因此，旅游援藏对西藏旅游目的地供给系统的指标应能较全面、系统、协调地反映旅游援藏对西藏旅游目的地建设供给能力和发展趋势。

二　科学性原则

旅游援藏对西藏旅游目的地供给系统影响评估指标的选择和设计要能科学、客观地反映旅游援藏对西藏旅游目的地建设供给能力的特征，正确划分指标评价层次。指标评价和指标权重的确定都必须基于科学的统计方法、决策理论。指标系统评价结果要使西藏旅游目的地供给各子系统之间有效关联，尤其对西藏旅游目的地自我供给系统定量和定级评价要客观、科学、公正。

三 实用性与可行性原则

旅游援藏对西藏旅游目的地供给系统影响评估指标体系的构建既要考虑能全面反映出旅游援藏的各种影响因素，又要充分考虑指标数据的可获得性和指标量化的难易度。因此，旅游援藏对西藏旅游目的地供给系统影响评估指标体系设计既要考虑旅游供给能力地域差异的内涵和评价系统的构建原则，又要考虑西藏数据获取难易性、时效性和连续性，以便用于指标的具体操作和分析。

第二节 旅游援藏对西藏旅游目的地供给系统影响评估指标体系构建方法

本书在对专家组进行征询的基础上，初步遴选若干指标，并结合三次赴西藏调研对旅游景区开发顾问、旅游援藏干部、非物质文化遗产继承人、旅游社区居民、旅游从业人员和旅游者进行的问卷调查和深度访谈，对初步遴选指标进行修改和完善，最终构建了旅游援藏对西藏旅游目的地供给系统影响评估指标体系。其包括四个层次：第一层为目标层，为指标体系构建整体目标层。第二层为准则评价层，它包括三个方面的指标，分别为旅游核心吸引物供给、旅游设施供给和旅游服务供给。第三层为项目评价层，它包括五个方面的指标，分别为旅游景区、旅游住宿餐饮、旅游交通、旅游人力资源和旅行社。第四层为因素评价层，它总共涉及 16 个方面的指标（见表 5 – 1）。

表 5 – 1　旅游援藏对西藏旅游目的地供给系统影响评估指标体系

目标层	准则评价层及代码	项目评价层及代码	因素评价层及代码
	旅游核心吸引物供给（U_1）	旅游景区（P_1）	4A 级旅游景区数量（F_1）
			3A 级旅游景区数量（F_2）

目标层	准则评价层及代码	项目评价层及代码	因素评价层及代码
旅游援藏对西藏旅游目的地供给系统影响评估指标体系	旅游设施供给（U_2）	旅游住宿餐饮（P_2）	星级饭店数量（F_3）
			星级饭店客房数（F_4）
			星级饭店床位数（F_5）
			星级饭店固定资产（F_6）
			住宿与餐饮业零售总量（F_7）
		旅游交通（P_3）	国际航空航线数（F_8）
			国内航空航线数（F_9）
			铁路营业里程（F_{10}）
			公路里程（F_{11}）
	旅游服务供给（U_3）	旅游人力资源（P_4）	星级饭店从业人员数量（F_{12}）
			旅行社从业人员数量（F_{13}）
			旅游业其他从业人员数量（F_{14}）
		旅行社（P_5）	国际旅行社数量（F_{15}）
			国内旅行社数量（F_{16}）

第三节　旅游援藏对西藏旅游目的地供给系统影响评估指标权重计算方法

立足旅游援藏对西藏旅游目的地供给系统影响评估指标体系和指标内容分析的基础工作，需要对准则评价层、项目评介层和因素评价层中的各项具体指标进行客观、科学的定量评价，确定各项指标在整个旅游援藏对西藏旅游目的地供给系统影响中的权重。本书运用熵权法（Entropy Weights），该方法是一种客观赋权法，能有效传递各项指标的数据信息和内在联系，并定量统计它们的权重。熵权法的应用步骤如下。

一　指标标准化处理

由于不同测评指标彼此间存在量纲与单位的差异，为了消除量纲给指标评价带来的影响，采用极差法对各指标原始数据进行无量纲归一化处理。假设被评价对象有 m 个，且 $M = \{M_1, M_2, \cdots, M_m\}$，每一个被评价对象 M_i 的评价指标有 n 个，构造判断矩阵 $X = (x_{ij})_{mn}$，其中，x_{ij} 为第 i 个评价对象第 j 个指标原始值（$i = 1, 2, 3, \cdots, m$；$j = 1, 2, 3, \cdots, n$）。将原始数据标准化，即将矩阵 X 进行归一化，得到归一化矩阵 U，U 的元素为：

正向指标：

$$u_{ij} = \frac{\max\{x_j\} - x_{ij}}{\max\{x_j\} - \min\{x_j\}}, \quad 1 \leqslant i \leqslant m, \ 1 \leqslant j \leqslant n \qquad (5-1)$$

负向指标：

$$u_{ij} = \frac{x_{ij} - \min\{x_j\}}{\max\{x_j\} - \min\{x_j\}}, \quad 1 \leqslant i \leqslant m, \ 1 \leqslant j \leqslant n \qquad (5-2)$$

在式（5-1）、式（5-2）中，$0 \leqslant u_{ij} \leqslant 1$。正向指标的数值越大，信息化程度越高；负向指标的数值越小，信息化程度越高。$\max\{x_j\}$、$\min\{x_j\}$ 分别表示西藏 2001—2014 年第 j 个指标的最大值和最小值。

二　指标权重确定

（1）计算第 i 个测评对象的第 j 项指标比重：

$$P_{ij} = \frac{u_{ij}}{\sum\limits_{i=1}^{m} u_{ij}}, \quad j = 1, 2, \cdots, n \qquad (5-3)$$

（2）计算第 j 项指标的熵值：

$$H(x_j) = -k \sum_{i=1}^{m} P_{ij} \ln P_{ij}, \quad j = 1, 2, \cdots, n \qquad (5-4)$$

式（5-4）中的 k 为调节系数。对于被评价指标的第 j 项值 u_{ij} 越大，其熵值 $H(x_j)$ 则越小，表明该指标提供的信息量越多，其影响程度也越大；当 $H(x_j)$ 偏大时，表示该指标提供的信息量较少。同时，当 $P_{ij} = 0$ 时，$\ln P_{ij}$ 无意义，则定义：

$$P_{ij} = (1 + u_{ij}) / \sum_{i=1}^{m} (1 + u_{ij})$$

（3）将第 j 个指标的熵值转换为权重：

$$W_j = \frac{1 - H(x_j)}{n - \sum\limits_{j=1}^{n} H(x_j)}, \quad j = 1, 2, \cdots, n \qquad (5-5)$$

式（5-5）中，$0 \leqslant W_j \leqslant 1$，可得到各评价指标权重值。如果对指标进行检验或修改，则式（5-5）中的 W_j 为修改后的权重。

三　计算各评价对象的熵权综合值

$$F(x) = \sum_{j=1}^{n} W_j u_{ij}, \quad i = 1, 2, \cdots, m \qquad (5-6)$$

式（5-6）表示综合评价函数。其中，W_j 表示由熵权法计算得出的第 j 项指标的权重，u_{ij} 表示第 j 项指标标准化后的指标值。本书中计算出的综合值表示旅游援藏对西藏旅游目的地供给系统影响综合指数。

第四节　旅游援藏对西藏旅游目的地供给
系统影响评估指标权重分析

根据上述原理计算得出 2001—2014 年旅游援藏对西藏旅游目的地供给系统影响评估指标权重（见表5-2）。根据权重计算结果，旅游援藏对西藏旅游目的地供给系统影响评估指标体系中的旅游设施供给指标权重（0.523）最大，体现出旅游基础设施和服务设施在西藏旅游目的地发展中占据着重要地位，成为衡量旅游援藏是西藏旅游目的地发展基础保障和实现效益的关键性指标。旅游服务供给指标权重（0.341）居第二，它与旅游发展规模和服务质量密切相关。旅游核心吸引物供给指标权重（0.136）最小，但它是旅游活动的核心和空间载体，成为提高旅游市场吸引力和竞争力的重要因素。

表 5-2　　旅游援藏对西藏旅游目的地供给系统影响评估指标体系权重

准则评价层及代码	权重	项目评价层及代码	权重	因素评价层及代码	权重
旅游核心吸引物供给（U_1）	0.136	旅游景区（P_1）	0.136	4A级旅游景区数量（F_1）	0.060
				3A级旅游景区数量（F_2）	0.076

续表

准则评价层 及代码	权重	项目评价层 及代码	权重	因素评价层 及代码	权重
旅游设施供给 （U_2）	0.523	旅游住宿餐饮 （P_2）	0.275	星级饭店数量（F_3）	0.050
				星级饭店客房数（F_4）	0.054
				星级饭店床位数（F_5）	0.054
				星级饭店固定资产（F_6）	0.052
				住宿与餐饮业零售总量（F_7）	0.065
		旅游交通 （P_3）	0.248	国际航空航线数（F_8）	0.080
				国内航空航线数（F_9）	0.062
				铁路营业里程（F_{10}）	0.054
				公路里程（F_{11}）	0.052
旅游服务供给 （U_3）	0.341	旅游人力资源 （P_4）	0.188	星级饭店从业人员数量（F_{12}）	0.057
				旅行社从业人员数量（F_{13}）	0.075
				旅游业其他从业人员数量（F_{14}）	0.056
		旅行社 （P_5）	0.153	国际旅行社数量（F_{15}）	0.093
				国内旅行社数量（F_{16}）	0.060

同时对旅游援藏对西藏旅游目的地供给系统影响评估指标体系中的因素指标合成权重进行排序（见图 5 - 1），可以看出：国际旅行社数量（F_{15}）最大，权重系数为 0.093，该指标属于西藏国际旅游供给因素，为入境旅游者提供产品并取得经营收入，满足入境旅游者需求。国际航空航线数指标（F_8）位居第二，权重系数为 0.080，该指标反映出旅游援藏对西藏入境旅游交通发展提供了重要支撑。第三位到第八位指标权重系数在 0.06 和 0.076 之间，指标分别为 3A 级旅游景区数量（F_2）、旅行社从业人员数量（F_{13}）、住宿与餐饮业零售总量（F_7）、国内航空航线数（F_9）、国内旅行社数量（F_{16}）和 4A 级旅游景区数量（F_1）。这些指标涉及旅游援藏对西藏旅游目的地发展旅游吸引物供给、旅游基础设施供给和旅游服务设施供给，体现出旅游援藏在西藏重点旅游景区、旅游吸引物开发建设、支持西藏旅游规划和基础设施建设、提高西藏旅游服务水平和服务质量、智力援藏工作方面发挥了重要作用。西藏旅游资源禀赋优良，自然景观和人文景

观具有垄断性和多样性，利用优势资源发展成为旅游核心吸引物在旅游景区建设中的重要性日益突出。面对大规模增长的入境团队和国内散客，旅游产业链中的旅行社和旅游住宿餐饮数量和规模成为衡量旅游接待能力、经营管理水平及服务质量的重要指标。表中指标权重系数均大于或等于0.05，且差异较小，说明这些指标在旅游援藏对西藏旅游目的地供给系统的影响中处于同等重要地位，具体包括旅游住宿餐饮中的星级饭店数量（F_3）、星级饭店客房数（F_4）、星级饭店床位数（F_5）、星级饭店固定资产（F_6）、铁路营业里程（F_{10}）、公路里程（F_{11}）、星级饭店从业人员数量（F_{12}）和旅游业其他从业人员数量（F_{14}）。

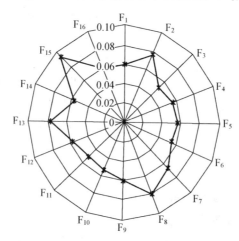

图 5 - 1　旅游援藏对西藏旅游目的地供给系统影响综合因素层指标排序

第五节　旅游援藏对西藏旅游目的地供给系统影响综合指数分析

　　通过测算旅游援藏对西藏旅游目的地供给系统影响评估指标权重系数，计算得出2001—2014年旅游援藏对西藏旅游目的地供给系统影响指数。旅游供给能力指数由2001年的0.076增长至2014年的0.853，总体上呈曲折上升趋势。旅游核心吸引物供给能力指数呈平稳上升趋势，从2001年的0.001增长至2014年的0.135，体现为旅游资源开发建设投入起到明显效果。旅游设施供给和旅游服务供给能力指数分别由 2001 年的 0.014、0.062 增长至 2014 年的 0.39、0.328，呈现波动上升趋势（见图 5－2）。旅游援藏对西藏旅游目的地供给系统影响评估综合指数在 2002 年、2008 年和 2010 年出现下降，具体原因表现为：2002 年全国援藏重点向农牧业、科技教育、基层政权相关设施建设以及生态环境保护和建设倾斜，旅游基础设施和服务设施投资幅度减缓；2008 年由于受"3·14"事件，旅游援藏工作受到影响；2010 年中央第五次西藏工作座谈会要求援藏资金重点向农牧区和边远地区倾斜，重点旅游城市设施建设受到影响，旅游设施供给指数下降。

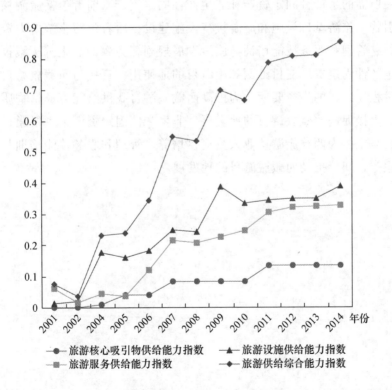

图 5－2　旅游援藏对西藏旅游目的地供给系统影响指数（2001—2014 年）

注：2003 年由于相关统计数据缺失，无法计算其影响指数。

第六节　旅游援藏对西藏旅游目的地发展作用机理分析

　　旅游援藏是政府主导经济资源和生产要素向西藏流动，增加西藏旅游投资供给，产生乘数效应和积累效应，最终推动西藏旅游目的地发展（见图5-3）。旅游援藏主体采取纵向和横向财政转移支付途径，向西藏旅游目的地发展输入生产性要素（劳动力、资本、客源、信息等）。具体通过"交支票"和"交钥匙"方式交付给西藏旅游业发展所需的生产性固定资产和非生产性固定资产。前者包括旅游核心吸引物、旅游基础设施和旅游接待设施建设，后者包括旅游人力资源培养、管理和服务技能培训与旅游发展规划智力咨询。旅游援藏投入的生产性固定资产交付给西藏旅游目的地使用，直接为西藏旅游再生产过程注入新的生产要素，为提高西藏旅游自我供给能力提供物质条件，直接促进西藏旅游目的地发展。非生产性固定资产则主要通过旅游援藏主体为西藏旅游从业人员提供培养、管理和服务技能培训与咨询服务，间接推动西藏旅游目的地发展。

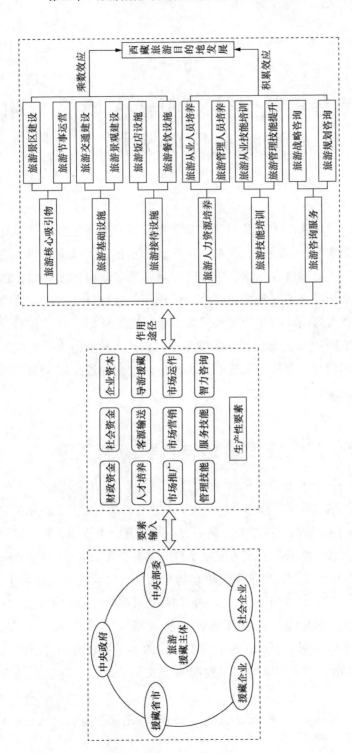

图 5－3 旅游援藏对西藏旅游目的地发展作用机理

第六章 突发事件对西藏入境旅游和旅游援藏影响分析

2008年3月14日，西藏自治区拉萨市发生少数不法分子打砸抢烧严重暴力犯罪事件，即"3·14"事件，严重扰乱了社会秩序，造成重大经济损失。事件发生后，中央和西藏自治区政府高度关注，迅速采取措施维护社会治安和稳定生产生活秩序。这次事件对西藏旅游业发展造成重大影响，直接导致入境游客量同比下降81.4%，旅游外汇收入同比下降77%。如何评估突发事件对西藏入境旅游发展影响和建立科学合理的突发事件响应机制，具有非常重要的理论意义和实践意义。

第一节 突发事件与危机概念厘清

近些年，学术界对突发事件的研究日益重视，对与突发事件相关的危机、紧急事件、事故、风险、冲突等方面的研究成果逐渐丰富。然而在旅游研究领域，危机几乎成为突发事件、灾害、紧急事件的代名词，因此笔者觉得有必要首先厘清突发事件与危机概念之间的联系和区别，进而回顾旅游目的地突发事件对入境旅游市场规模影响的研究成果。

首先，从词源角度分析，《辞源》中将"突""事件"和"危机"分别解释为卒然、历史上或现实生活中发生的不平常事情和潜伏的祸端。① 可以看出，"突发事件"是没有古典文献来源的，其语义结构

---

① 广东、广西、湖南、河南辞源修订组编：《辞源》（修订本），商务印书馆2009年版，第2539、132和476页。

是以"事件"为中心词，以"突发"为修饰成分的偏正结构词组①，演化成为我国当代词汇。因此，国内学者从多元视角给出定义。袁辉从系统论视角认为突发事件是在特殊情况下，由于系统内外部环境发生急剧变化，系统稳定性和可控性遭到破坏，系统行为出现异常情况而发生的一系列无秩序的意外事件。② 沈从赋从新闻传媒视角提出，突发事件是指突然发生并呈现为异常状态，大众对此缺乏准备却普遍予以关注的新闻事件。③ 秦启文、李明强和朱力等人分别在辨析相关概念的基础上给出了相应定义。④ 但是，"危机"在英文中对应的词为"Crisis"，它源于希腊词"Krisis"，意思为鉴别或判定，最初为医学用语，用来描述人濒临死亡、生死难料的病象。⑤ 韦伯斯特（Webster）从词本义出发将其定义为一个更好或更坏的转折点，一个决定的时刻，一段至关重要的时间，然后一个达到危急关头的情景。⑥ 米尔伯恩（Milburn）指出，危机就是一种情景状态，起于决策主体的根本目标受到威胁，在改变决策之间获得反映时间有限，其发生也出乎决策主体的意料。⑦ 巴顿（Barton）从静态视角认为，危机具有惊奇、对重要价值的高度威胁和需要在短时间内做出决定的特征状态。⑧ 斯格（Seeger）认为，它是一种能够带来高度不确定或者威胁，特殊的、不可预测的、非常规的事件。⑨ 罗森塔尔（Rosenthal）从动态角

---

① 赵廷彦：《风险社会视角下突发事件概念的解读》，《社会科学辑刊》2010 年第 5 期。

② 袁辉：《重大突发事件及其应急决策研究》，《安全》1996 年第 2 期。

③ 沈从赋：《突发事件中报道机制的科学调控》，《传媒观察》2003 年第 4 期。

④ 秦启文：《突发事件的管理与应对》，新华出版社 2004 年版，第 5 页；李明强：《透视混沌理论看突发事件预警机制的建设》，《湖北社会科学》2006 年第 1 期；朱力：《突发事件的概念、要素与类型》，《南京社会科学》2007 年第 11 期。

⑤ Coombs, W. T., "Attribution Theory as a Guide for Post – Crisis Communication Research", *Public Relations Review*, Vol. 33, No. 2, April 2007, pp. 135 – 139.

⑥ Webster, Noah, *Third New International Dictionary*, Cambridge: The Riverside Press, 1961, pp. 537 – 538.

⑦ Milburn, T. W., *The Management of Crises in International Crisis: Insights from Behavioral Research*, London: The Free Press, 1972, pp. 259 – 279.

⑧ Barton, L., *Crisis in Organization*, Cincinnati: Southwestern Publishing Company, 1993, p. 38.

⑨ Seeger, M. W., *Communication, Organization and Crisis*, London: Routledge, 1998, pp. 230 – 275.

度界定其为对一个社会系统的基本价值和行为准则产生严重威胁，并在时间压力和不确定性极高的情况下必须做出决策的事件。① 国内学者对危机概念进行相关界定，如张拥军将其解释为各种紧急意外发生的、对人员和组织有重大或潜在重大损害的突发事件。② 任生德等认为，它是能够潜在地给组织的声誉或信用甚至经济造成负面影响的事件或活动。③

其次，通过阅读国外相关文献发现，国外学者对突发事件概念的探讨通常与"危机"（Crisis）并列，且在阐释危机定义过程中叙述突发事件，这种思维方式对国内学者的研究产生了较大影响。基思（Keith）和杰弗里（Jeffrey）认为，突发事件实际上是人类社会才出现的一种情况，是只有人类这种生物才会面临的情况，人类所从事的各种活动导致了各种突发的危险对其生存与福利带来威胁。④ 柯迪（Coady）认为，突发事件是一种人们不可预料的情形，它往往对人类社会的道德伦理构架形成冲击。⑤ 布伦南（Brennan）则通过对 SARS 案例的分析，指出突发事件是一种人类需要调用非常规手段来应对的特殊情形，它需要人类打破以往的某些陈规，需要在社会机制上进行创新。⑥

纵观研究成果，可以看出，突发事件和危机首先都会产生负面影响，会给社会、组织或个人利益带来一定程度损害，其次都需要紧急响应和处理，从而有效控制并向正常状态发展。但两者之间差异也非常明显，具体表现在三个方面：一是突发事件强调即时性，而危机的概念强调即将到来的某种可能性或后果。二是突发事件相对于危机概念外延较窄，突发事件发展趋势具有危机性，在无法有效控制情景下等同危机事件。

---

① Rosenthal, U., *Coping with Crises: The Management of Disasters, Riots and Terrorism*, Springfield: Charles C. Thomas Pub Ltd, 1989, pp. 32 – 38.

② 张拥军：《危机防范与处理的可拓策划方法研究》，硕士学位论文，广西工业大学，2002年，第17页。

③ 任生德：《危机处理手册》，新世界出版社2003年版，第4页。

④ Hearit, K. M., Courtright, J. L., "A Social Constructionist Approach to Crisis Management: Allegations of Sudden Acceleration in the Audi 5000", *Communication Studies*, Vol. 54, No. 1, Jan. 2003, pp. 79 – 95.

⑤ Coady, C. A., "Terrorism, Morality and Supreme Emergency", *Ethics*, Vol. 114, No. 4, Aug. 2004, pp. 772 – 789.

⑥ Brennan, D., "What SARS Taught Businesses about Crisis Management", *Management Decision*, Vol. 42, No. 7, July 2004, pp. 822 – 836.

三是突发事件负面影响呈现出显性，而危机的负面影响呈现出显性和隐性。

第二节　突发事件对西藏入境
旅游发展影响分析

一　文献回顾

突发事件对入境旅游影响成为学术界关注的研究课题。国外学者桑塔纳（Santana）指出，突发事件对旅游业造成显性影响，而危机事件呈现出显性和隐性双重影响。[①] 海门斯（Haimes）分析了 2000 年巴布亚新几内亚国内骚乱和斐济军事政变对入境旅游市场规模的影响，得出入境游客数量分别同比下降 13.4% 和 28.3%。[②] 布雷克（Blake）通过建立可计量的一般均衡模型（CGE），分析了"9·11"恐怖事件对美国旅游业的影响，得出入境旅游市场需求量减少 158.9 亿美元，并提出政府目标津贴和减免税收是旅游业恢复发展的有效手段。[③] 马佐奇（Mazzorcchi）分析了地震对意大利入境旅游市场规模发展的影响及它们之间的相互联系。[④] 王宇山运用 ARDL 模型研究得出，任何影响旅游目的地安全的突发事件都会对入境旅游市场规模产生负面影响，保障旅游目的地安全和健康是发展入境旅游业的关键。[⑤]

国内学者李开宇、张艳芳通过突发旅游事件对入境旅游影响的时空分析，探讨了入境旅游业应对突发事件的空间管理措施。[⑥] 孙根年、

① Santana, G., "Tourism: Towards a Model for Crisis Management", *Tourism Management*, Vol. 47, No. 1, Jan. 1999, pp. 4 – 12.

② Haimes, Y., "Risk Filtering, Ranking and Management Framework Using Hierarchical Holographic Modeling", *Risk Analysis*, Vol. 22, No. 2, Feb. 2002, pp. 383 – 397.

③ Blake, A., Sinclair, M. T., "Tourism Crisis Management: US Response to September 11", *Annals of Tourism Research*, Vol. 30, No. 4, Aug. 2003, pp. 813 – 832.

④ Mazzocchi, M., Montini, A., "Earthquake Effects on Tourism in Central Italy", *Annals of Tourism Research*, Vol. 28, No. 4, Aug. 2001, pp. 1031 – 1046.

⑤ Wang, Yu-Shan, "The Impact of Crisis Events and Macroeconomic Activity on Taiwan's International Inbound Tourism Demand", *Tourism Management*, Vol. 30, No. 1, Jan. 2009, pp. 75 – 82.

⑥ 李开宇、张艳芳：《中国入境旅游受突发性事件影响的时空分析及其对策》，《世界地理研究》2003 年第 4 期。

周端娜、马丽君运用本底趋势线模型，分析了 2008 年五个重大事件对我国入境旅游市场规模的影响。[①] 王洁洁、孙根年分析了美国台海政策两面性及重大事件对美国与台海两岸旅游互动的影响，得出重大事件冲击下美国与台海两岸出入境旅游流涨落变化具有反对称性。[②]姜科定性研究了非常规突发事件对城市旅游和文化产业的影响，并以"5·12"汶川地震后的都江堰市为例进行了实证探讨。[③] 王晶晶、陈金华、郑向敏基于网络视域，构建了突发事件影响旅游目的地形象过程模型。[④]

通过综合研究成果可以发现，学者们侧重突发事件对入境旅游市场规模影响评估和机理的研究，但是对旅游目的地的政策响应演变特征和作用机制方面的研究尚存空白。基于此，本书以西藏 2008 年"3·14"事件为研究案例，尝试探究旅游目的地突发事件对西藏入境旅游市场规模影响程度、政策响应演变特征和作用机制。

二　研究数据来源与研究方法

（一）数据来源

研究数据来源于国家旅游局官方网站、西藏旅游电子政务网中的2005—2009 年西藏自治区月度入境旅游人数统计资料，《中国旅游统计年鉴》（2009—2010 年）关于西藏自治区旅游业相关文献资料。

（二）研究方法一：入境旅游人数 BP 神经网络模型

BP（Back Propagation）网络是一种按误差逆传播算法训练的多层前馈网络，其拓扑结构包括输入层、隐含层和输出层。[⑤] 本书建立了三层西藏入境旅游人数 BP 神经网络模型。该模型具体应用步骤为：

[①] 孙根年、周瑞娜、马丽君：《2008 年五大事件对中国入境旅游的影响——基于本底趋势线模型高分辨率的分析》，《地理科学》2010 年第 12 期。

[②] 王洁洁、孙根年：《美国台海政策的两面性与旅游互动的反对称性研究》，《思想战线》2010 年第 3 期。

[③] 姜科：《非常规突发事件对旅游城市的文化影响及其重建》，《管理世界》2009 年第 12 期。

[④] 王晶晶、陈金华、郑向敏：《网络视域下突发事件对旅游目的地形象的影响过程研究》，《中国安全科学学报》2010 年第 11 期。

[⑤] 魏海坤：《神经网络结构设计的理论与方法》，国防工业出版社 2005 年版，第 25—36 页。

第一步，运用 MATLAB 9.0 软件中的 prestd 函数对 2005—2007 年共计 3 年 36 个月的样本数据进行归一化处理。第二步，输入神经元数 3，输出神经元数 1，输入 p = [p (t-3) p (t-2) p (t-1)]′，输出神经元 t = [p (t)]，其中 t 是 2005 年 4 月至 2007 年 12 月入境旅游人数；同时，将 2005 年 4 月至 2006 年 12 年的第 1 组至第 21 组数据作为学习样本集，2007 年 1—12 月的第 22 组至第 33 组数据作为检验样本集。第三步，采用 net = newff (minmax (pn)，[8，1]，｛′tansig′ purelin｝，′traingdx′) 建立网络。最后，进行 BP 网络训练和仿真，网络训练采用 net = train (net，pn，tn)，网络训练次数初步设定 10000，训练目标设定为 0.015，学习速率设定为 0.01。网络仿真采用 an = sim (net，pn)，对 2008—2009 年两年 24 个月入境旅游人数进行拟合。同时，运用 MATLAB 9.0 软件中的 Neural Network Toolbox 工具箱，将第 1 组至第 21 组学习样本输入构建的 BP 网络进行训练，在经过 7554 步迭代后，误差可达到 0.014999，小于期望误差的目标值 0.015，表明网络训练收敛效果明显（见图 6 - 1），然后将第 22 组至第 33 组检验样本输入训练好的网络进行拟合，绘制出 BP 网络拟合结果图（见图 6 - 2），表明 BP 网络可信度显著。

同时，本书运用自回归移动平均（ARIMA）模型进行了预测，预测过程比较和结果详见附录。选取平均绝对百分误差（MAPE）和泰尔不等系数（μ）两个评价指标对其精确度进行比较，其中 BP 神经网络的平均绝对百分误差为 22.537，泰尔不等系数为 0.557，表明运用 BP 神经网络算法进行预测的精确度较 ARIMA 方法高，预测结果与实际情况更为吻合。

（三）研究方法二：认同度指数模型

旅游目的地突发事件对入境旅游的影响具有双重性，传统研究只重点关注其负面影响，而忽视了其在对入境旅游造成损失影响的同时也蕴含着发展机遇，危中有机。笔者认为应该辩证地分析其积极因素。与此同时，旅游目的地的旅游从业者在经营管理中直接面对入境市场，最能够直接感受到 "3·14" 事件对西藏入境旅游发展带来的影响。其影响认同度指数借助李克特五点式量表测量，其中 5 分表示非常

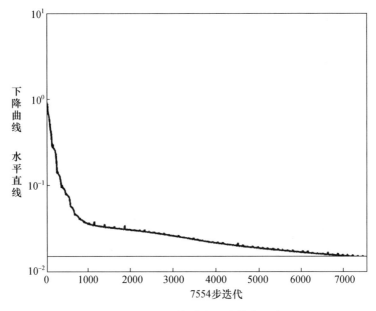

图 6 - 1　BP 网络训练误差性能示意

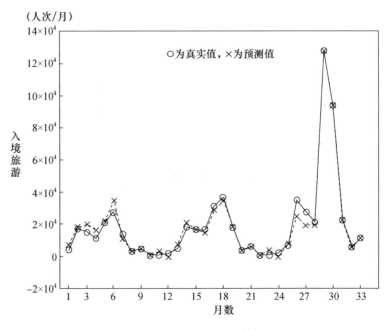

图 6 - 2　BP 网络拟合结果

同意，4 分表示同意，3 分表示一般，2 分表示不同意，1 分表示完全不同意，其表达式为：

$$S_j = \sum_{i=1}^{5} \frac{n_i}{N} m_i$$

在上式中，S_j 表示旅游从业者对第 j 个影响内容的认同度指数；m_i 表示旅游从业者对第 j 个影响内容在量表中的评分值（1—5 分，用 i 表示）；n_i 表示选择评分 m_i 的人数；N 表示填写有效问卷的总人数；n_i/N 表示选择评分 m_i 的人数占所有评分总人数的百分比。

三 突发事件对西藏入境旅游损失分析

突发事件对西藏入境旅游损失影响评估内容有事件影响周期、入境旅游人次损失量和入境旅游经济收入损失量。根据训练好的 BP 网络，计算出在没有发生突发事件情况下的西藏入境旅游人数 TP 值（见表 6 – 1），从而得出入境旅游人次统计值与 BP 拟合值的差额值 TD，同时根据表 6 – 1 中的数据，绘制出突发事件对西藏入境旅游影响周期图（见图 6 – 3）。图 6 – 3 中的 TD 曲线反映了突发事件对西藏入境旅游的影响程度，其中差额值 TD 曲线振幅高低表示影响强度，差额值 TD 曲线波动长度表示影响时长。

表 6 – 1　　　西藏 2008—2009 年月入境旅游 TS、TP 和 TD 值　单位：人次

2008年	3月	4月	5月	6月	7月	8月	9月	10月	11月	12月
TS	127	55	0	765	6062	15573	16300	11955	1340	10087
TP	12367	18875	37113	34473	36924	105920	92508	23364	2323	14475
TD	– 12240	– 18820	– 37113	– 33708	– 30862	– 90347	– 76208	– 11409	– 983	– 4388

2009年	1月	2月	3月	4月	5月	6月	7月	8月	9月	10月
TS	1650	3510	0	9050	8054	15216	42978	29949	26216	15454
TP	2347	6294	12623	21752	24544	38181	68698	91293	22541	14335
TD	– 697	– 2784	– 12623	– 12702	– 16490	– 22965	– 25720	– 61344	3675	1119

注：入境旅游人次损失量（TD）为突发事件发生后入境旅游人次统计值（TS）与 BP 拟合值（TP）的差值。

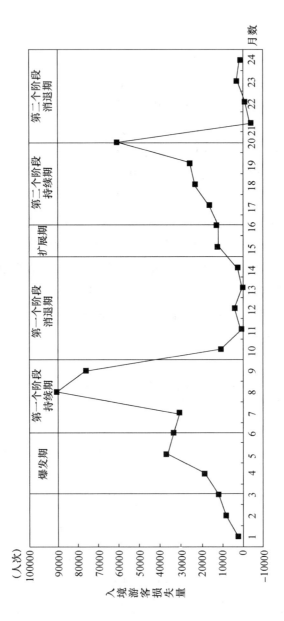

图 6 - 3   突发事件对西藏入境旅游影响周期示意

从图6-3可看出，2009年8月以后，入境旅游人次差额值开始出现正值且曲线在横轴附近震荡幅度小，说明突发事件对西藏入境旅游负面影响已经结束，这与实际情况相吻合。因此，突发事件对西藏入境旅游影响的周期为18个月，即从2008年3月至2009年8月。突发事件发生后，西藏入境旅游人次减少极为明显，从表6-1中可以看出2008年5月入境旅游人次为0，入境旅游处于停滞状态，6月入境旅游人次才逐渐增加，主要是由于西藏于6月25日正式恢复开放入境旅游市场，可以推断出此次事件对西藏入境旅游爆发期影响时长为3个月。另外，2009年3月西藏入境旅游人次为0，其原因在于"3·14"事件发生一周年，西藏为维护地区稳定禁止境外游客进入西藏，体现出突发事件对西藏入境旅游影响周期性明显。因此，突发事件对西藏入境旅游影响分为两个阶段，2008年3—5月为突发事件爆发期，6—9月为第一个阶段持续期，2008年10月至2009年2月为消退期，2009年3月为突发事件扩展期，4—8月为第二个阶段持续期，9—12月为第二个阶段消退期。

根据突发事件对入境旅游的影响周期，可以得出：入境客流总损失量为47.14万人次，其中2008年损失量为31.61万人次，2009年损失量为15.53万人次；同时，入境旅游经济收入损失量为2.15亿美元。

四 西藏入境旅游客源市场规模变化分析

西藏入境旅游客源市场主要由外国人、中国香港游客、中国澳门游客和中国台湾游客四大客源群体构成，并呈现出"外国游客为主体，港澳台为辅助"的特征。因此，突发事件对入境旅游客源市场规模影响评估为四大入境客源市场旅游人次和旅游经济收入变化情况。根据训练好的BP网络，计算出2008年3月至2009年12月四大入境客源市场月入境旅游人数TP和TD值（见表6-2）。

根据突发事件对入境旅游影响周期，突发事件对西藏入境旅游客源市场规模变化影响显著，入境旅游市场规模减小趋势明显。外国人入境旅游市场减少42.44万人次，其中，2008年减少27.93万人次，2009年减少14.51万人次。中国香港入境旅游客源市场减少1.49万人次，其中，2008年和2009年分别减少1.27万人次和0.22万人次。

表6-2   西藏2008年3月至2009年12月四大类客源
            市场月入境旅游 TS、TP 和 TD 值   单位：人次

年份	月份	外国人			中国香港游客			中国澳门游客			中国台湾游客		
		TS	TP	TD	TS	TP	TD	TS	TP	TD	TS	TP	TD
2008	3	115	11198	-11083	2	195	-193	4	390	-386	6	584	-578
	4	45	15443	-15398	2	686	-684	3	1030	-1027	5	1716	-1711
	5	0	34515	-34515	0	742	-742	0	742	-742	0	1113	-1113
	6	526	23703	-23177	115	5182	-5067	2	90	-88	122	5498	-5376
	7	5589	34043	-28454	149	908	-759	112	682	-570	212	1291	-1079
	8	14128	96092	-81964	468	3183	-2715	376	2557	-2181	601	4088	-3487
	9	14811	84057	-69246	480	2724	-2244	392	2225	-1833	617	3502	-2885
	10	11049	21593	-10544	315	616	-301	200	391	-191	391	764	-373
	11	1187	2058	-871	52	90	-38	30	52	-22	71	123	-52
	12	10022	14092	-4070	5	7	-2	0	290	-290	60	86	-26
2009	1	1597	2272	-675	17	24	-7	6	9	-3	30	43	-13
	2	3358	6021	-2663	50	90	-40	34	61	-27	68	122	-54
	3	0	11739	-11739	0	252	-252	0	252	-252	0	379	-379
	4	8621	20721	-12100	93	224	-131	88	212	-124	248	596	-348
	5	7308	21780	-14472	56	171	-115	0	491	-491	690	2103	-1413
	6	14294	35104	-20810	324	813	-489	0	764	-764	598	1501	-903
	7	40678	65036	-24358	1118	1787	-669	32	51	-19	1141	1824	-683
	8	29357	87663	-58306	252	768	-516	0	1826	-1826	340	1036	-696
	9	25920	22286	3634	126	108	18	0	524	-524	170	146	24
	10	15119	14024	1095	120	111	9	0	287	-287	215	199	16
	11	9414	12481	-3067	0	250	-250	0	250	-250	0	374	-374
	12	6783	7481	-698	1862	2053	-191	2754	3037	-283	2020	2228	-208

注：入境旅游人次损失量（TD）为突发事件发生后入境旅游人次统计值（TS）与BP拟合值（TP）的差值。

中国澳门入境旅游客源市场减少1.08万人次，其中2008年减少0.73万人次，2009年减少0.35万人次。中国台湾入境旅游客源市场损失量为2.12万人次，2008年和2009年分别减少1.67万人次和0.45万

人次。同时，可以计算得到四大入境客源市场旅游经济收入损失量，其中，外国、中国香港、中国澳门和中国台湾入境旅游市场经济损失量分别为 1.93 亿美元、683 万美元、493 万美元和 965 万美元。

第三节　突发事件影响的西藏入境旅游政策响应特征演变与作用机制

一　旅游政策响应与入境旅游人次变动关系

政策响应（Response）是指响应主体对突发事件做出反应，并根据事件的特征及时制定相关政策，从而有效控制事态并使事态向正常状态转化。[①] 可以看出，旅游目的地入境政策响应是入境旅游人次变化的主要驱动力，通过探讨突发事件周期影响的入境旅游人数变化的政策响应机制，可以分析旅游目的地政策响应与入境旅游人数变化之间的关系。

从表 6-3 可看出，2008 年 3 月至 2009 年 12 月，西藏旅游目的地采取的系列入境旅游政策与入境旅游人数变化之间存在宏观响应关系。突发事件爆发期阶段，旅游目的地基于稳定和安全因素考虑，采取限制入境旅游政策，使入境旅游人数从 127 人次降到 0 人次，旅游损失量由 12240 人次上升到 37113 人次，损失量增加 203.21%。在持续期阶段，旅游目的地采取救市政策响应，积极发展入境旅游业，使第一阶段入境旅游人数从 765 人次增加到 16300 人次，损失量降低 15.5%，第二阶段入境旅游人数从 9050 人次增加到 29949 人次，损失量降低 21%。在扩展期阶段，旅游目的地基于社会稳定和旅游业发展态势因素考虑，采取暂缓入境旅游政策，入境旅游人次从 3510 降低到 0，损失量增加 353.41%。在消退期阶段，旅游目的地采取创新政策响应，强劲发展入境旅游业，两个分阶段入境旅游人次损失量分别降低 75.60% 和 62.45%。

---

① 薛克勋：《中国大中城市政府紧急事件响应机制研究》，中国社会科学出版社 2005 年版，第 32—40 页。

表 6 - 3 入境旅游政策响应与旅游人数变化之间的关系

影响周期	相关政策响应	入境旅游人数变化
爆发期	《中华人民共和国突发事件应对法》 《西藏自治区旅游客运汽车实行行业归口管理后对进藏外国游客乘车管理的有关办法》	2008 年 3 月 127 人次降到 5 月 0 人次,损失量增加 203.21%
第一个阶段/第二个阶段持续期	《关于扶持"3·14"事件后受影响行业有关优惠政策》 《西藏自治区企业所得税税收优惠政策》 《西藏自治区人民政府办公厅关于做好增收节支工作的通知》 《西藏自治区旅游局关于组织奥运旅游的旅行社奖励政策》 《拉萨市关于促进旅游产业恢复发展的奖励办法》	2008 年 6 月 765 人次增加到 9 月 16300 人次,损失量降低 15.5%;2009 年 4 月 9050 人次增加到 9 月 29949 人次,损失量降低 21%
扩展期	《中华人民共和国突发事件应对法》 《西藏自治区人民政府关于建立健全城乡社会救助体系的意见》	2009 年 2 月 3510 人次降到 3 月 0 人次,损失量增加 353.41%
第一个阶段/第二个阶段消退期	《西藏自治区旅游局关于组织冬游西藏旅行社奖励政策》 《山南地区旅游局关于景区旅游优惠政策》	2008 年 10 月到 2009 年 2 月,损失量降低 75.60%;2009 年 9—12 月,损失量降低 62.45%

资料来源:笔者自行整理。

二 入境旅游政策响应演变特征分析

(一) 突发事件爆发期政策响应特征

突发事件发生后,西藏旅游目的地构建入境旅游政策响应机制,主要包括政府与旅游企业联动协防机制、入境游客安全救援机制、媒体信息长效沟通机制和入境游客进藏管理机制,政策响应主体涉及中央政府、西藏地方政府、旅游管理部门、旅游企业、旅游从业者和新闻媒体机构,其具体实施为:西藏自治区旅游局响应《中华人民共和国突发事件应对法》,启动应急预案,保障入境旅游者安全。同时强化入境旅游管理，恢复"旅藏确认函"三级审批制，实行入境旅游团队在藏旅行期间零报告制度，采取十人以上团队配备两名导游人员加强管理。这一阶段，西藏入境旅游政策响应特征为维稳限旅。

（二）突发事件持续期政策响应特征

持续期为 2008 年 6—9 月和 2009 年 4—8 月两个阶段，西藏旅游目的地构建了政府与旅游行业协作响应机制，响应主体涉及中央政府、西藏地方政府、地方旅游管理部门和旅游行业，通过加大旅游行业税收减免、优惠和奖励力度，加快旅游行业恢复入境旅游业务；调整入境旅游市场促销策略，重点路径依次为东南亚市场、日本市场、欧洲市场，最后北美市场；充分利用北京奥运会重大节事，创新入境旅游奖励政策。这一阶段，西藏入境旅游政策响应特征为救市兴旅。例如，拉萨市出台了《拉萨市关于促进旅游产业恢复发展的奖励办法》①，该奖励办法的主要措施有：

一是从 2008 年度旅游发展专项资金中安排 100 万元，设立恢复旅游市场奖励专项资金，100 万元资金奖励完为止。

二是对在拉萨市旅游局登记备案的区内旅行社和旅游企业，以及为拉萨旅游市场恢复做出积极贡献的海内外旅游组织进行奖励。

三是 2008 年 8 月 15 日至 12 月 31 日期间，市旅游局组织旅行社、旅游景区在境内外开展旅游促销活动，对旅行社、旅游景区给予人头差旅补贴；对组织入境旅游 20 人以上团队的旅行社给予每人 60 元补贴，对组织区外旅游 40 人以上团队的旅行社给予每人 30 元补贴。

四是针对市内国际旅行社 2008 年 8 月 5 日至 10 月 10 日由奥运会主办或协办城市招徕的入境游客，每招徕 1 人进藏旅游，奖励 100 元人民币。

五是对海内外旅行社在 2008 年 8 月 15 日至 12 月 31 日期间开展拓展客源市场的活动实行奖励政策，具体如下：

第一，设立组织"包机""专列"来拉萨旅游奖。鼓励海内外旅

---

① 《关于印发〈拉萨市关于促进旅游产业恢复发展的奖励办法〉的通知》，http：//www.xzta.gov.cn/zcfg/dfxfg/system/2008/08/5/000000942.html，2008 年 8 月 5 日。

行社组织"包机""专列"到拉萨旅游。引来一架海外客人旅游包机，奖励组团旅行社 5 万元人民币；外宾团包机人数不少于 100 人；每次组织专列超过 300 人来拉萨旅游，奖励旅行社 2 万元人民币；一次组织专列超过 600 人来拉萨旅游，奖励旅行社 5 万元人民币。

第二，设立拉萨旅游突出贡献奖（海外）。为提高拉萨市主要客源国和地区的旅行社为拉萨送客的积极性，2008 年度内凡向拉萨输送游客总数达 1000—2000 人的奖励 5 万元，超过 2000 人的奖励 10 万元。

第三，地接旅行社突出贡献奖（拉萨地区）。为调动拉萨地区国际国内旅行社吸引客源的积极性，将对地接社接待游客量进行年度排名奖励。对拉萨地区旅行社全年接待游客量在 3000 人以上的全市排名前六名的，分三档给予奖励。一等奖 1 名，奖励 5 万元；二等奖 2 名，奖励 3 万元；三等奖 3 名，奖励 1 万元。

第四，高端旅游商务会议奖。调动海内外组团社积极性，通过组织商务会议吸引高端客源来拉萨旅游。对 2008 年 8 月 15 日至 12 月 31 日期间，在拉萨会期不少于 2 天的并且参会人员不少于 100 人的（不包括会议工作及服务人员）给予一次性奖励 2 万元。

（三）突发事件扩展期政策响应特征

2009 年 3 月为突发事件扩展期，入境旅游政策响应机制由入境游客进藏管理机制和媒体信息及时沟通机制共同构成，响应主体涉及西藏地方政府、地方旅游管理部门、旅游企业和新闻媒体机构。西藏旅游目的地响应《中华人民共和国突发事件应对法》，贯彻落实《西藏自治区人民政府关于建立健全城乡社会救助体系的意见》，暂缓入境游客进藏旅游，并运用财政补贴政策为从事入境旅游行业的从业人员提供基本生活保障，保护入境旅游业发展基础。这一阶段，西藏入境旅游政策响应特征为强基保旅。

（四）突发事件消退期政策响应特征

消退期分为 2008 年 10 月至 2009 年 2 月和 2009 年 9—12 月两个阶段，入境旅游政策响应机制由入境市场奖励创新机制和品牌培育转型机制构成，响应主体涉及西藏地方政府、旅游企业和地方旅游管理部门。西藏旅游在入境旅游业恢复发展过程中，重点逐渐转向旅游品牌塑造，通过不断创新奖励入境旅游机制，培育冬游西藏品牌，全新塑造"高山、雪域、阳光、藏文化"旅游地形象。这一阶段，西藏入境旅游政策响应特征为品牌强旅。

三　入境旅游政策响应作用机制

突发事件发生后，西藏旅游目的地采取的系列入境旅游政策与入境旅游人数之间存在宏观响应关系，入境旅游人数呈现出周期性波动现象，其作用机制如何？笔者以西藏"3·14"事件为研究案例，尝试探究旅游目的地突发事件影响的入境旅游政策响应作用机制（见图6-4）。

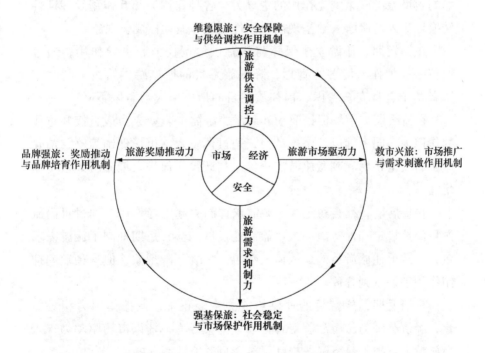

图6-4　旅游目的地突发事件影响的入境旅游政策响应作用机制

（一）核心作用因素

旅游目的地安全、市场和经济这三个核心要素在旅游目的地突发事件影响的入境旅游政策响应作用机制中起主导作用。安全因素是旅游目的地入境旅游发展的根基和保障，直接关系到目的地社会稳定、旅游者生命安全和旅游地形象，同时起着调控旅游目的地入境旅游供给的作用。市场因素是通过市场促销驱动和刺激旅游需求驱动发挥作用，入境市场促销策略调整和安全文明健康旅游形象重塑成为挽救市场重要驱动力，而入境旅游市场规模、安全顾虑、旅游行为和市场需求变化直接影响入境游客与效益增长。经济因素影响旅游目的地恢复力度、恢复时间、保障要素配置，成为旅游目的地入境旅游恢复与发展的重要作用因素。

（二）作用机制

旅游目的地安全调控力、市场驱动力和经济推动力是突发事件影响的入境旅游政策响应作用的主导力，各种作用力相互作用及周期性转换导致入境旅游人数呈现出阶段性演化和波动性成长现象。

在爆发期，旅游安全保障与旅游供给调控力起主导作用，通过调控手段加强入境游客管理，降低旅游目的地旅游供给量，同时旅游者基于自身安全考虑，前往旅游目的地入境人数急剧下降。

在持续期，市场促销驱动和刺激旅游需求驱动成为最直接和重要的作用力，同时辅以经济推动力，通过调整入境市场促销策略、消除旅游者安全顾虑和刺激旅游需求等系列政策，促进入境旅游人数不断增加。

在扩展期，社会稳定和旅游需求抑制力起主导作用，通过巩固旅游目的地稳定和保持前期入境旅游业发展态势，短期抑制了旅游需求量，导致前往旅游目的地入境人数再次呈现下降现象，但这种短期抑制作用很快得到释放。

在消退期，旅游目的地供给能力恢复正常，调控作用力相对弱化，经济奖励与旅游品牌培育推动成为主导力，辅以市场驱动力，入境旅游人数损失量下降，推动了旅游目的地转型发展。

笔者在厘清突发事件与危机概念基础上，通过构建入境旅游人数BP神经网络模型，以西藏2008年"3·14"事件为研究案例，尝试探究了旅游目的地突发事件对入境旅游市场规模影响程度、政策响应演变特征和作用机制，得到如下研究结论：

一是突发事件对西藏入境旅游影响周期为18个月，即从2008年3月至2009年8月，入境旅游人次损失量为47.14万人次，旅游经济损失量为 2.15 亿美元，其中外国人、中国香港、中国澳门和中国台湾入境旅游市场损失量分别为 42.45 万人次、1.49 万人次、1.08 万人次和 2.12 万人次，旅游经济损失量分别为 1.94 亿美元、683 万美元、493 万美元和 965 万美元。

二是在突发事件影响情景下，西藏旅游目的地采取的系列入境旅游政策与入境旅游人数之间存在宏观响应关系，入境旅游人数呈现周期性变动。

三是突发事件影响的入境旅游政策响应演变特征表现为维稳限旅、救市兴旅、强基保旅和品牌强旅，政策响应作用机制核心要素是西藏旅游目的地的安全、市场和经济。

第四节　突发事件之后西藏入境旅游发展的积极因素调查分析

问卷调查对象为 2010 年 11 月至 2011 年 12 月西藏民族学院举办的三期酒店管理培训班的学员①，他们主要在旅游集团、酒店、旅行社和旅游景区等部门工作，具有典型性和代表性，累计发放问卷 185 份，收回有效问卷 172 份，有效率为 92.97%。问卷统计资料显示，被调查对象年龄主要以 25—34 岁为主，比重为 53.5%；学历主要以中专、高中为主，比重为 57.6%，对问题能够有效作答从而保障问卷分析质量；职业结构既涉及高层管理者又兼顾基层服务人员，梯度合理（见表 6 - 4）。

从表 6 - 5 可以看出，突发事件之后西藏入境旅游的积极因素主要涉及四个方面：一是中央政府和地方政府增加对西藏发展入境旅游业的支持力度。"3·14"事件发生后，中央政府和地方政府采取了积极有效措施建设旅游目的地，具体包括：帮助企业恢复正常经营（4.43 和 4.28）、

---

① 调查问卷发放数量具体为：拉萨饭店 22 份，西藏大厦 44 份，西藏天海集团 104 份，新鼎酒店 15 份。

表 6 - 4 被调查旅游从业者基本情况 单位：个，%

项目	类别	样本数量	比重	项目	类别	样本数量	比重
性别	男	65	37.8	学历	初中及以下	43	25.0
	女	107	62.2		中专、高中	99	57.6
民族	汉族	55	32.0		大专	16	9.3
	藏族	117	68.0		本科	14	8.1
年龄	15—24 岁	21	12.2	职业结构	企业集团副总	3	1.7
	25—34 岁	92	53.5		总经理	9	5.2
	35—44 岁	57	33.1		副总经理	14	8.1
	45—64 岁	2	1.2		部门主管	31	18.0
月收入	1000 元及以下	22	12.8		部门领班	25	14.5
	1001—2000 元	132	76.7		服务人员	78	45.5
	2001—3000 元	18	10.5		其他	12	7.0

表 6 - 5 旅游从业者对突发事件之后积极因素的认同度指数

代码	指标	认同度指数
Q1	事件发生后，中央政府采取了积极有效措施帮助企业恢复正常经营	4.43
Q2	事件发生后，当地政府部门采取了积极有效措施帮助企业恢复正常经营	4.28
Q3	事件发生后，政府部门加大了对旅游业发展的支持力度	4.51
Q4	事件发生后，政府部门加大了旅游公共服务设施建设力度	4.41
Q5	事件发生后，政府部门积极加强旅游基础设施建设	4.16
Q6	事件发生后，旅游企业在经营中降低成本	3.22
Q7	事件发生后，旅游企业积极采用新的管理技术	3.16
Q8	事件发生后，旅游企业积极调整市场营销方式	4.17
Q9	事件发生后，旅游企业强化员工培训，提高员工服务技能	4.25
Q10	事件发生后，旅游企业积极开发新的旅游产品	4.21
Q11	事件发生后，旅游行业整体提高了服务质量	2.46
Q12	事件发生后，旅游行业联合开展市场营销	2.87
Q13	事件发生后，政府部门、旅游企业和企业员工提高了应对突发事件能力	3.45
Q14	事件发生后，西藏旅游形象得到重新塑造	3.72

加大旅游公共服务设施建设力度（4.41）、加强旅游基础设施建设（4.16）和旅游地形象塑造（3.72）。二是旅游企业应对突发事件能力得到提高，积极应对入境旅游市场变化。主要表现为：降低成本（3.22）、采用新的管理技术（3.16）、调整市场营销方式（4.17）、强化员工培训（4.25）、积极开发新的旅游产品（4.21）。三是旅游行业突发协防机制初步建立。突发事件发生后，旅游行业能够联合开展市场营销（2.87）、提高行业整体服务水平（2.46），但认同度指数偏低，说明西藏入境旅游应对突发事件协防机制构建亟待完善。四是旅游从业者提高应对突发事件能力（3.45）。

基于上述研究结论，得到如下启示：一是突发事件对旅游目的地旅游业发展的影响是共通的，即不论何种突发事件，旅游业的敏感性必然会使旅游目的地的旅游业发展受到一定的损失，尤其是西藏边疆地区旅游目的地发展旅游业需要稳定的社会环境，任何破坏边疆地区稳定的突发事件都会对其旅游业造成重大损失，并且在后续恢复建设过程中周期长、成本高。二是西藏旅游业遭受突发事件影响后，政府从安全、经济与市场三个方面所进行的努力与调控，为其他类同事件发生后政策响应提供了一定的借鉴经验。三是旅游目的地管理中对突发事件的处理，应随着事件产生与发展的时间延续，针对现实情况，有步骤有节律地进行维稳限旅、救市兴旅、强基保旅和品牌强旅的具体恢复工作，上述政策响应的时机把握对旅游目的地旅游业迅速恢复至关重要。四是辩证分析和科学评估西藏边疆地区旅游目的地突发事件对入境旅游的影响，充分利用事件蕴含的积极因素，最大程度降低负面影响，提升建设旅游目的地应对能力。五是西藏边疆地区旅游业发展应注重提高旅游行业整体协防突发事件能力。

第五节　突发事件对旅游援藏影响分析

旅游援藏受 2008 年"3·14"事件影响，对西藏旅游目的地发展的影响表现在两个方面：

一是旅游援藏供给能力指数由 2007 年的 0.549 下降至 2008 年的

0.535，降幅为 2.55%。旅游设施供给能力和旅游服务供给能力指数分别由 2007 年的 0.249、0.21 下降至 2008 年的 0.243、0.208，降幅分别为 2.4% 和 1.0%（见图 5－2）。以全国导游援藏工作为例，2007 年全国导游援藏人数为 70 人，来源地区为 27 个省市，带团数量为 1147 个，带团天数为 6644 天，接待人次为 12397，而 2008 年全国导游援藏工作没有开展。① 旅游援藏受突发事件影响，对西藏旅游目的地供给能力下降，对西藏旅游发展造成极为不利影响。

　　二是受突发事件影响，西藏旅游发展进程减缓。2006 年 7 月 1 日青藏铁路开通，标志着西藏旅游业进入新的发展时期。2007 年西藏旅游实现重大突破，全区接待国内外游客 402 万人次，实现旅游总收入 48 亿元，分别比 2006 年增长 60% 和 73.3%；其中，接待入境游客 36 万人次，创汇 1.32 亿美元，分别比 2006 年增长 132.5% 和 116.4%。2007 年西藏接待国内旅游者 366 万人次，实现国内旅游收入 38 亿元，分别比 2006 年增长 55.3% 和 66%。② 2008 年受"3·14"事件影响，西藏旅游发展环境遭到严重破坏，西藏旅游业受到重创，旅游迅猛发展势头遭受打击，2008 年西藏入境旅游人数仅为 67997 人次，与 2007 年相比下降 81.4%；实现旅游外汇收入 3112 万美元，与 2007 年相比下降 77%。③ 同时，面对"3·14"事件对西藏旅游发展造成的不利影响，旅游援藏在后期需要投入更多的成本恢复西藏旅游目的地发展能力，以保障西藏旅游实现快速发展。

　　① 陈天啸：《导游援藏政策研究》，硕士学位论文，湖南师范大学，2010 年，第 25 页。

　　② 中国旅游年鉴编辑委员会编：《中国旅游年鉴（2008）》，中国旅游出版社 2008 年版，第 291 页。

　　③ 中国旅游年鉴编辑委员会编：《中国旅游年鉴（2009）》，中国旅游出版社 2009 年版，第 311 页。

第七章　导游援藏工作研究

导游援藏工作是党中央、国务院交给旅游战线的一项光荣而艰巨的政治任务，也是一项长期的、艰巨的、需要各方共同努力才能完成的旅游援藏重大工程，不仅关系到西藏和我国旅游业的发展，更关系到西藏的稳定、民族的团结和国家的繁荣。① 国家旅游局自 2003 年开始，共组织了 14 批 742 名外语援藏导游员进藏工作。截至 2016 年，累计接待团队 10468 个，服务游客 114688 人次，带团天数达到 58502 天（见表 7 - 1），导游援藏工作在服务西藏旅游业发展方面取得了积极成效。基于此，笔者从导游援藏研究缘由、导游援藏研究概述、援藏导游员构成省际差异分析、导游援藏政策发展演变四个方面开展研究。

表 7 - 1　　　　　　　2003—2016 年导游援藏情况统计

年份	导游人数（人）	来源地区（个）	带团数量（个）	带团天数（天）	接待人数（人次）
2003	100	23	627	3650	6903
2004	70	23	957	6699	10047
2005	70	26	1028	7396	11519
2006	70	28	884	4283	8656
2007	70	27	1147	6644	12397
2009	35	16	439	2228	4257
2010	48	22	728	4206	3766
2011	68	27	780	4150	8371

---

① 中国旅游年鉴编辑委员会编：《中国旅游年鉴（2006）》，中国旅游出版社 2006 年版，第 81 页。

年份	导游人数（人）	来源地区（个）	带团数量（个）	带团天数（天）	接待人数（人次）
2012	30	24	272	1380	2669
2013	41	24	870	4124	13733
2014	49	27	980	4727	13034
2015	45	27	821	4265	9630
2016	46	25	935	4750	9706

资料来源：笔者自行整理，第6批导游援藏工作没有开展，故2008年数据缺失。

第一节　导游援藏研究缘由

胡锦涛分别于2002年10月和2003年1月就西藏导游问题先后做出两次重要批示。为做好导游援藏，国家旅游局根据西藏导游队伍现状，提出了标本兼治的导游援藏实施方案，争取用十年左右的时间，通过每年组织100名内地导游员开展援藏工作，既及时解决西藏旅游旺季小语种导游紧缺的问题，又能协助西藏自治区培养一支政治坚定、素质过硬的外语导游队伍。

2012年8月，国家旅游局和西藏自治区人民政府在拉萨市召开了全国旅游援藏工作座谈会，这是1994年7月中央做出全国支援西藏战略决策以来，从国家层面召开的第一次旅游援藏工作会议。会议的主要任务是深入贯彻落实党中央、国务院领导的重要指示和中央第五次西藏工作座谈会精神，研究部署全国旅游系统援藏工作，动员全国旅游系统进一步加大对西藏旅游业的支持力度，促进西藏旅游业又好又快发展。同时，旅游局与相关省（区、市）旅游部门一起，组织各方力量，做好八大重点工作，全力支持"十二五"期间西藏旅游业发展，其中导游援藏工作列入重点工作范围。国家旅游局继续开展导游援藏工作，将在2013—2022年期间，根据西藏实际需要，每年安排外语导游尤其是小语种援藏导游员进藏工作，并逐步推行导游援藏工作市场化运作机制。

由此可见，实施导游援藏工作是新时期旅游援藏工作的重要组成部分，是在特定历史条件下的一项特殊举措。这项任务所处的特殊历史时期有哪些时代特征？实施导游援藏有哪些现实意义？导游援藏工作已经实施了 14 年，其工作经验和运作规律值得总结和研究。

一 导游援藏实施的时代背景

2001 年 6 月中央第四次西藏工作座谈会确定了西藏新时期发展的任务是"一加强、两促进"，即加强经济建设，促进西藏经济从加速发展到跨越式发展，促进西藏社会局势从基本稳定到长治久安。同时指出随着综合实力的不断增强，国家可以通过各种方式来帮助西藏发展。在经济建设方面，明确提出："必须高度重视和切实加快发展旅游业，一定要把旅游业作为西藏的支柱产业。"在社会稳定方面，加强西藏与内地的社会经济文化交流。积极保护和开发各民族的文化资源，继承和发展各民族的优秀传统文化，并促进相互学习和借鉴，吸取新知识、树立新观念，增加各民族间的共性和社会主义的一致性，以不断巩固各民族的大团结。发展旅游业，找准了西藏产业发展新增长点，同时拉动导游服务旅游接待市场需求快速增长，有效推动导游援藏工作开展。

西藏旅游业快速发展带来的旅游人才不足问题凸显。1996 年西藏自治区将旅游业与农畜产品加工、民族手工业、矿产业、林产业、建筑建材业列入国民经济和社会发展五大支柱产业，确立了旅游业在西藏经济建设和社会发展进步中的战略地位。西藏旅游业总收入相当于国内生产总值（GDP）比重由 1998 年的 2.9% 上升至 2002 年的 6.1%（见表 7-2）。这时期西藏旅游总收入增长速度已经超过国内生产总值增长速度（2001 年西藏旅游业发展受美国"9·11"事件、尼泊尔王国皇室惨案事件影响，分别造成直接经济损失 184.20 万元和 1665 万元）[①]，尤其在 1999 年、2000 年和 2002 年，呈现出增速持续超越势头。

---

① 中国旅游年鉴编辑委员会编：《中国旅游年鉴（2002）》，中国旅游出版社 2002 年版，第 257 页。

表 7 - 2   1998—2002 年西藏旅游业发展规模与增长速度

年份	旅游业总收入（亿元）	同比增速（%）	国内生产总值（亿元）	同比增速（%）	旅游业总收入相当于 GDP 比重（%）
1998	2.65	1.92	91.50	18.46	2.90
1999	5.70	115.09	105.98	15.83	5.40
2000	6.75	18.42	117.80	11.15	5.70
2001	7.51	11.26	139.16	18.13	5.40
2002	9.88	31.56	162.04	16.44	6.10

资料来源：《西藏统计年鉴（2016）》。

同时西藏接待入境旅游者人数方面（见表 7 - 3），除了 2001 年受外界事件影响，1998 年以来年增速均超过 10%，2000 年达到 38.08%。接待外国游客方面，增长速度与入境旅游者人数增速趋同，1998 年以来增速均超过 10%，2000 年达到 35.94%。在西藏接待外国游客中，形成了以"欧洲为主体，亚洲与美洲为两翼"的总体格局（见图 7 - 1），其中欧洲入境游客国籍主要是英国、法国、德国和俄罗斯，美洲主要为美国和加拿大，亚洲包括日本、韩国、马来西亚、新加坡和泰国，大洋洲为澳大利亚。随着西藏旅游业的快速发展，其旅游人才数量和质量缺乏问题凸显，特别是导游人员不足，尤其是英语、日语、法语、德语、俄语、意大利语、西班牙语等语种导游的缺乏，制约了西藏旅游业快速发展的步伐。

表 7 - 3   1996—2002 年西藏接待入境旅游者人数和
外国人人数规模与增长速度

年份	入境旅游者人数（人次）	同比增速（%）	外国人人数（人次）	同比增速（%）
1996	75003	10.60	72580	10.93
1997	81800	9.06	73412	1.15
1998	96444	17.90	87039	18.56
1999	108224	12.21	98966	13.70
2000	149441	38.08	134539	35.94
2001	127148	-14.92	116440	-13.45
2002	142279	11.90	129617	11.32

资料来源：《西藏统计年鉴（2016）》。

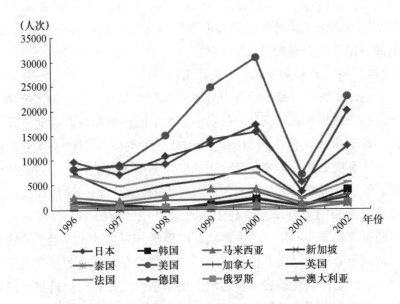

图 7 - 1　1996—2002 年西藏主要客源入境旅游者人数统计

资料来源:《中国旅游统计年鉴》(1997—2003 年)。

二　导游援藏实施的现实意义

(一) 有效缓解西藏旅游旺季导游供求矛盾

通过实地调研发现，西藏本土导游人员共有三种来源:一是考取全国导游资格证的导游人员，这类数量极少，以 2003 年西藏导游人员统计数据为例，2003 年西藏自治区共有导游员 582 人，取得全国导游员资格证书的有 164 人，比例为 28.18%，持外语导游资格证的有 96 人[①]，比例仅为 16.49%。二是西藏自治区各旅行社员工，持西藏区内临时导游证从事导游业务。三是在旅游旺季从社会临时招聘的人员，其中包括在家休假的学生群体。总体而言，西藏导游人员数量和质量难以满足西藏旅游业快速发展需要，通过开展导游援藏工作，有效缓解西藏旅游旺季 (每年 4 月中旬至 10 月下旬) 导游需求矛盾，使西藏导游人员数量短缺问题得到一定程度的缓解。通过在内地旅游企业选拔小语种导游人员进藏开展工作，增加西藏旅游接待市场小语

---

① 《何光暐接见百名援藏导游员座谈会上的情况介绍》，http://www.china.com.cn/chinese/TR - c/310757.htm，2003 年 4 月 10 日。

种导游服务供给，满足不断增加的外国游客入境旅游接待现实需要，提高旅游服务能力和质量。

（二）有效维护国家统一和民族团结

旅游旺季时，西藏本地外语导游缺 100 名左右，达赖集团妄图利用导游在西藏搞渗透活动，直接影响了西藏的稳定和旅游业的发展。[①]因此，旅游业在成为西藏国民经济和社会发展支柱型产业发展的同时，更为重要的是成为宣传社会主义新西藏的重要途径。通过旅游业发展，既能让外国游客感受到新西藏发展的巨变，同时又能让国内游客感受到西藏的独特文化，利于文化交流和民族团结。开展导游援藏，防范达赖集团利用导游在西藏从事渗透分裂活动，捍卫了国家统一。援藏导游员通过实际行动，向国内外游客介绍西藏的新变化和新发展，特别是向国外游客宣讲西藏发生的重大变化和历史进步，消除部分外国游客对西藏的误解和偏见。

（三）有效促进西藏与内地旅游合作

由于援藏导游员主要从内地旅游企业选拔，利于推进西藏与内地旅游企业间的合作与交流，主要表现在三个方面：一是充分利用原有业务渠道，为西藏旅行社拓宽客源市场，组织团队进藏，密切了两地旅行社间关系。二是带来了内地先进经营管理经验，帮助企业建章立制，促进受援旅行社提高管理水平。三是内地支援旅游企业充分利用其援藏经验用于西藏旅游产品开发和旅游市场开拓，促进支援企业丰富西藏旅游产品体系，进而增加企业经济收益。

三　导游援藏实施的资料积累

自 2003 年国家旅游局开展导游援藏工作以来，共组织了 14 批援藏导游员，其中有 13 批援藏导游员进藏开展导游援藏工作。这些实践工作为导游援藏研究积累了较为丰富数据资料，其中重要政策文件包括《关于 2004 年导游援藏工作的实施意见》《全国第八批（2010年）导游援藏工作实施意见》《全国第十一批（2013 年）导游援藏工作实施意见》《导游援藏工作管理办法（试行）》（见附录）。统计资

---

① 《何光暐接见百名援藏导游员座谈会上的情况介绍》，http：//www. china. com. cn/chinese/TR－c/310757. htm，2003 年 4 月 10 日。

料包括《援藏导游员带团数量、带团天数、服务游客次数（2003—2016 年)》《援藏导游员名额分配表（2010—2016 年)》。研究论文资料包括《导游援藏政策研究》和《导游援藏难点突破及政策选择》。这些资料为导游援藏研究提供了重要资料支撑。

第二节　导游援藏研究概述

结合《导游援藏工作实施意见》《导游援藏工作管理办法（试行)》和《援藏导游员名额分配》等资料，笔者主要对导游援藏政策实施本质、管理组织结构、运行机制三个方面进行探讨。

一　导游援藏政策实施本质

导游援藏政策制度安排起始于党中央的国家战略布局和严重的政治关切，本质上具有政治性特征[①]，主要体现在三个方面。

首先，导游援藏是由胡锦涛提出，国家旅游局贯彻落实，国家领导人政治关切直接推动导游援藏政策制定和实践持续开展。根据 2012 年全国旅游援藏工作座谈会要求，导游援藏工作将在此前基础上再延续 10 年，因此，导游援藏工作将由最初提出 10 年延伸到 20 年，政治关切是导游援藏工作持续开展根本动因。

其次，国家旅游局制定这项政策的基调为，"导游援藏工作是党中央、国务院交给旅游战线的一项光荣而艰巨的政治任务"，这就决定了导游援藏政策实施本质具有政治性，中央通过自己权威下达指令，各省市旅游局积极响应，确保了导游人力资源要素流向西藏，这种政治动员方式确保了任务能够顺利实施和最终完成。

最后，从国家旅游局领导出席援藏导游员的讲话中可以看出，政治性烙印极为鲜明。如"三个代表"重要思想、共产党员先进性教育活动、科学发展观等都在导游援藏工作中有所提及。2004 年 4 月，国家旅游局原副局长张希钦在全国援藏导游员誓师大会上的讲话，明确

---

① 陈天啸：《导游援藏政策研究》，硕士学位论文，湖南师范大学，2010 年，第 27 页。

表示开展导游援藏是新时期旅游援藏的重要任务，要从讲政治、讲稳定、讲大局的高度进一步认识做好这项工作的深远意义；提出要把开展导游援藏作为贯彻落实"三个代表"重要思想的实际行动，要求援藏导游员要以强烈的大局意识、全局观念和历史责任感对待该项工作，要做到政治上立场坚定、爱国爱藏、加强团结、忠诚可靠。①

2005年4月，原国家旅游局局长邵琪伟在全国第三批援藏导游员誓师大会上做了《从历史和发展的高度，深刻认识开展旅游援藏的深远意义，扎扎实实做好第三批导游援藏工作》讲话，指出开展旅游援藏工作，是旅游全行业认真实践"三个代表"重要思想，落实科学发展观，促进西藏经济繁荣和社会进步的具体行动。通过导游援藏，推进西藏旅游业发展，扩大就业渠道，是"始终代表中国先进生产力的发展要求"的具体体现；通过导游援藏，广泛传播西藏独特的民族文化，让更多的人了解西藏、认识西藏，是"始终代表中国先进文化的前进方向"的具体体现；通过导游援藏，帮助西藏农牧区人民脱贫致富，满足西藏人民群众日益增长的物质精神需求，是"始终代表中国最广大人民的根本利益"的具体体现。②

2012年8月，原国家旅游局局长邵琪伟在全国旅游援藏工作座谈会上发表讲话，再次提及做好旅游援藏工作是全国旅游系统的重要政治任务，要求全国旅游系统一定要毫不动摇、持之以恒地贯彻党中央、国务院关于新时期西藏工作的指导思想和方针政策，站在讲政治、顾大局的高度，全力做好旅游援藏工作，为促进西藏经济社会全面发展，促进西藏和谐稳定和民族团结贡献力量。③

二　导游援藏管理组织结构

根据《导游援藏工作办理办法（试行）》，导游援藏组织领导结

---

① 中国旅游年鉴编辑委员会编：《中国旅游年鉴（2006）》，中国旅游出版社2006年版，第81页。

② 《从历史和发展的高度，深刻认识开展旅游援藏的深远意义，扎扎实实做好第三批导游援藏工作》，http://www.cnta.gov.cn/xxfb/wxzl/201506/t20150625_430537.shtml，2006年6月23日。

③ 《国家旅游局局长邵琪伟在全国旅游援藏工作座谈会上发表讲话》，http://www.china.com.cn/travel/txt/2012-08/31/content_26390840.htm，2012年8月31日。

构为直线型（见图 7 – 2）。国家旅游局成立导游援藏工作领导小组，负责统一协调、管理导游援藏工作。领导小组下设导游援藏办公室，负责导游援藏工作的组织实施，成员由国家旅游局有关处室及相关省（市）旅游委（局）人教处、西藏旅游局有关处室的负责人组成。办公机构设在国家旅游局人事司人才开发处，西藏自治区政府和旅游委成立相应的导游援藏工作管理协调机构。由导游援藏任务相关省（市）旅游委（局）成立导游援藏协调小组，由局领导担任组长，负责本省（区、市）导游援藏的领导协调工作。西藏自治区旅游委导游援藏工作管理协调机构具体负责导游援藏工作的组织和实施，协调援藏导游员的调配和使用，处理导游援藏工作的日常事务。

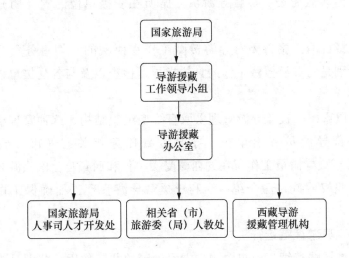

图 7 – 2 导游援藏组织领导结构

在管理责任方面，主要涉及援藏导游员派出单位、导游援藏任务相关省（市）旅游委（局）、援藏导游员工作所在的西藏受援单位和西藏自治区旅游委，它们各自管理责任如下。

派出单位对被推荐导游员的政治素质、业务能力、思想作风、健康状况要严格把关，确保选派人员质量；对导游援藏期间出现违法违纪现象，推荐单位要负推荐责任；在导游援藏期间对援藏导游员负有联系、教育和对其家庭给予关心的责任。援藏导游员的人事管理关系不变，完成援藏任务后仍回原单位工作。

援藏导游员原单位所在的省（区、市）旅游委（局），负责本省（区、市）导游援藏工作的组织领导与沟通协调工作，对选送导游员负有审核把关责任，并要负责导游援藏期间发生的特殊问题的后续处理工作。

受援单位主要承担对援藏导游员的日常管理工作，包括工作安排、学习培训、组织纪律、思想作风和业余生活等方面的全面管理；对其工作要大力支持，生活要热情关心，维护援藏导游员的正当权益，保证安全。如出现援藏导游员遭受伤害等情况，受援单位要积极采取措施，及时给予保护与救助，承担相应的管理责任，并及时报告西藏自治区旅游委。援藏导游员列席所在受援单位的党（团）组织活动。

西藏自治区旅游委对导游援藏工作在西藏的一切事务负全面责任，特别是对导游援藏工作的具体指导、检查以及与各受援单位的协调等。①

可以看出，援藏导游管理采取直线型组织结构，这种管理组织结构使援藏导游员派出单位、导游援藏任务相关省（市）旅游委（局）、援藏导游员工作所在的西藏受援单位和西藏自治区旅游委管理责任与职权明确，命令统一，利于援藏导游管理进而确保工作顺利实施。

三　导游援藏运行机制

导游援藏持续实施包含四个方面机制的共同作用，分别是驱动机制、推进机制、协商机制和保障机制。驱动机制是导游援藏形成和启动力量。推进机制是促进导游援藏顺利实施的推动力量，包含政府推进和企业推进。协商机制是对导游援藏实施过程中协调和会商各方责任主体关系的力量，决定其持续性和稳定性。保障机制是对导游援藏实施过程和效果提供保障力量。

---

① 中国旅游年鉴编辑委员会编：《中国旅游年鉴（2005）》，中国旅游出版社2005年版，第125页。

（一）驱动机制

导游援藏驱动机制包含内部驱动力和外部驱动力。内部驱动力是西藏旅游发展尤其是入境旅游小语种导游持续欠缺需要援助实施的力量。自 2010 年以来，西藏旅游接待人数和经济收入实现快速增长。从图 7 - 3 可以看出，西藏接待旅游者人数同比增长率年均超过 20%，2015 年同比增长近 30%，其中外国入境游客人数增速稳中有升，入境旅游外汇收入除 2012 年出现同比下降之外，其余年份都呈现同比上升趋势，2015 年同比增长 22.1% 。

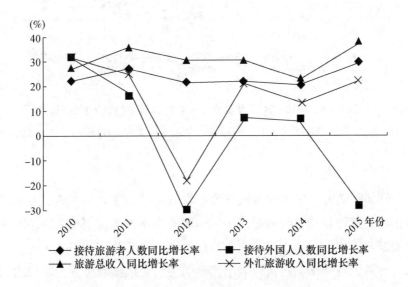

图 7 - 3　2010—2015 年西藏旅游发展同比增长率

资料来源：《中国旅游统计年鉴》（2011—2016 年）。

尤其是西藏传统入境旅游客源国日本、韩国、美国、加拿大、澳大利亚、英国、法国、德国、俄罗斯等国家进藏旅游人数呈现出稳中有增态势（见图 7 -4），直接导致对这些入境国家游客接待服务业需求量不断增大，然而目前西藏小语种导游人员数量仍难以有效支撑西藏持续增速的入境外国游客需要，这是导游援藏工作持续运行的内部驱动力。

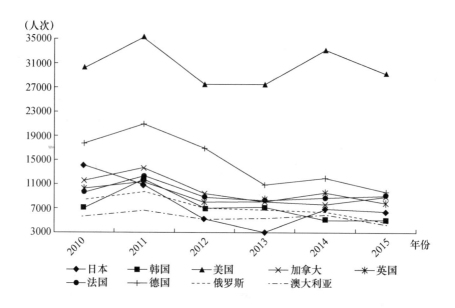

图 7 - 4　2010—2015 年西藏主要客源入境旅游者人数统计

注：2010—2015 年数据来源于《中国旅游统计年鉴》（2011—2016 年），详细数据见附
表 1 - 3。

外部驱动力是中央对西藏旅游业发展支援力量，主要起到宏观推
动作用。这种驱动力与新时期中央西藏工作座谈会密切相关。2003 年
导游援藏工作的开展直接与中央第四次西藏工作座谈会相关，它是国
家旅游系统贯彻落实这次西藏工作座谈会的直接推动工程。2012 年全
国旅游援藏工作座谈会确定了导游援藏工作持续推进到 2022 年，也
与中央第五次西藏工作座谈会提出西藏要建设"重要的世界旅游目的
地"和"做大做强做精特色旅游业"密切相关，也是全国旅游系统
贯彻落实中央第五次西藏工作座谈会会议精神的具体行动。

（二）推进机制

导游援藏的政府推进机制是国家旅游局通过行政命令、制定和执
行导游援藏相关的政策和规章管理办法，推动导游援藏工程持续实
施。显而易见，政府推进机制是导游援藏持续开展最重要、最直接的
推动力量，占据主导地位。

目前，政府推进导游援藏的方法包括行政方法和经济方法。中央

政府通过行政命令要求国家旅游局贯彻落实支援西藏世界旅游目的地建设，国家旅游局采取行政动员方式安排相关省市旅游委（局）开展导游援藏工作，这是导游援藏开展政府行政方法推进的重要方式。随着导游援藏工作持续开展，全国导游援藏工作领导小组制定和完善导游援藏管理制度，具体包括援藏导游员工作任务、选拔与选派、相关待遇及费用分担和时间安排。经济方法包括工资待遇和经济处罚，首先是保障援藏导游人员正常待遇，如进藏导游员除保留原单位基本工资和有关福利待遇外，援藏期间能够遵章守纪，认真履行岗位职责、圆满完成任务的，还可享受的待遇包括：由高原补贴、包干医疗费、伙食补贴和交通补贴构成的综合补贴；意外伤害和有关交通工具团体意外伤害保险；由受援单位按标准发放带团补贴，为进藏导游员开展导游援藏工作提供重要生活保障和收入来源。其次，对援藏导游员出现不服从管理、不认真履行岗位职责、违规违纪等行为，西藏自治区旅游委（局）援藏工作管理机构可一次扣发个人200—500元的高原补贴；对情节严重的，加大扣发补贴力度。

随着导游援藏工作深入推进，其工作市场化运作机制逐步推行。前期的援藏导游人员选拔主要是行政计划起主导作用，存在资源配置不合理、针对性不强等方面缺陷。从2012年开始，实施了由西藏旅游企业自行在内地选招援藏导游员的工作，西藏旅游企业在导游援藏市场化运作机制中发挥重要作用。自主选招援藏导游员，给了企业更多自主权，能有效满足其对人力资源需求，实现优质人力资源合理配置；同时，有针对性选招小语种导游人员，有利于西藏受援旅游企业核心竞争力提高和旅游业务升级。

（三）协商机制

导游援藏工作相关部门包括国家旅游局、西藏自治区人民政府、相关省市旅游委（局）、西藏自治区旅游委（局）、援藏导游员派出单位、援藏导游员受援企业。协商机制是导游援藏过程中协调和会商各方主体力量，确保工作开展具有持续性和稳定性。

从行政级别界定来看，国家旅游局是国务院直属机构之一，具有独立行政管理职能，西藏自治区人民政府是地方政府，双方在行政职能上具有上下级指导关系，但在行政级别上却具有同等行政级别。在导游援藏过程中，需要双方共同协商制定和完善相关方案，及时召开旅游援藏工作座谈会，为导游援藏顺利实施提供重要保障。其次是国家旅游局与相关省（市）旅游委（局）、西藏自治区旅游委（局）之间协调机制，国家旅游局成立导游援藏工作领导小组，负责统一协调、管理导游援藏工作，相关省（市）旅游委（局）成立导游援藏协调小组，西藏自治区旅游委（局）成立导游援藏工作管理协调机构。

（四）保障机制

导游援藏保障机制具体包括援藏导游员人事关系保障、资金投入保障和奖励晋升保障。

首先，援藏导游员的人事管理关系不变，完成援藏任务后仍回原单位工作。这样保障了援藏导游人员人事隶属管理关系没有发生变化，实现内地导游员在西藏异地工作，实现人事管理与岗位工作有效分离，降低了异地人事调动成本和规避相应管理风险，为援藏导游人员工作提供重要人事保障。

其次，国家旅游局资金投入为援藏导游员提供重要财力保障。国家旅游局为援藏导游人员承担的费用包括：一是援藏导游人员往返交通费用；二是援藏导游人员在藏工作期间综合补助，综合补助由高原补贴、包干医疗费、伙食补贴、交通补贴和生活津贴构成，其补助标准由每月 4200 元提高至 5200 元；三是为援藏导游人员购买最高保险金为 60 万元的意外伤害保险；四是承担集中培训、卧具购置、体检以及选拔慰问等相关费用。

最后，国家旅游局对每批援藏导游员进行择优表彰并给予导游员等级晋升和加分奖励。根据其工作表现，对援藏导游员授予"全国援藏导游员先进个人""全国援藏导游员西藏自治区先进个人""全国援藏导游员西藏自治区优秀个人"等荣誉奖励。自 2010 年起，对被评选为"全国援藏导游员先进个人"的导游员，予以奖励晋升导游等级，原导游等级工作时间须满两年，奖励晋升最高级别为高级，奖励晋升时效为参加导游援藏当年年底前，由各地旅游局（委）向国家旅游局申报。被评选为"全国援藏导游员西藏自治区先进个人"的导游员，在当年或第二年的导游等级考核中，可享受一次总分加 10 分的奖励。

第三节　援藏导游员构成省际差异分析

根据《全国援藏导游人员名额分配表（2010—2016 年)》数据资料，深入分析援藏导游员数量省际差异和语种省际差异。

一　援藏导游员数量省际差异

2010 年以来，全国共有七批援藏导游员进藏开展工作。2012 年以前是西藏旅游企业根据自身业务需要，向西藏自治区旅游局导游援藏管理部门报送所需导游人员语种及数量，西藏自治区旅游局导游援藏管理部门汇总后向国家旅游局上报，国家旅游局导游援藏管理部门将所需人员数量和语种进行分配，将分配名额下达给相关承担导游援藏任务的省（市)，由各相关省（市）旅游委（局）根据分配名额做好组织选拔工作。2012 年开始实施"西藏旅游企业自主招聘同时纳入援藏导游管理"导游援藏市场化运作。2010—2016 年共有来自全国 26 个省（市、区）的 334 名优秀外语导游员参加援藏工作（见表 7 - 4)，其中北京市选派导游员数量最多，达到 29 名，比例为 8.68%；其次是黑龙江省、陕西省和山西省，数量分别为 24 名、21 名和 21 名，比例分别为 7.19%、6.29% 和 6.29%；广东省、上海市各为 17 名，比例均为 5.09%；云南省、河北省、安徽省、天津市、贵州省和甘肃省数量均小于 10 名，比例较小。

表 7 - 4　2010—2016 年全国各省（市、区）援藏导游人员数量统计

单位：人

序号	省 （市、区）	2010 年	2011 年	2012 年	2013 年	2014 年	2015 年	2016 年	合计
1	北京	6	5	3	4	3	4	4	29
2	上海	6	4	1	2	1	2	1	17
3	天津	1	2	1	1	1	1	0	7
4	河北	2	2	1	1	1	1	1	9
5	山西	1	2	3	4	3	4	4	21

续表

序号	省 (市、区)	2010年	2011年	2012年	2013年	2014年	2015年	2016年	合计
6	辽宁	4	2	1	1	2	1	1	12
7	吉林	4	2	2	2	1	1	1	13
8	黑龙江	4	2	1	2	5	5	5	24
9	山东	3	4	1	1	3	0	2	14
10	安徽	1	2	1	1	1	1	1	8
11	江西	1	2	1	1	1	2	2	10
12	江苏	2	4	1	2	2	2	1	14
13	浙江	1	3	1	1	2	1	1	10
14	福建	1	3	1	1	2	1	1	10
15	湖北	1	2	1	0	2	2	2	10
16	河南	1	2	1	1	2	2	1	10
17	湖南	1	2	1	2	3	2	1	12
18	广东	2	5	1	1	3	2	3	17
19	海南	2	3	1	1	1	2	2	12
20	广西	2	3	2	2	2	3	2	16
21	四川	3	3	1	3	2	1	1	14
22	陕西	1	4	1	4	3	4	4	21
23	重庆	0	2	1	2	2	2	1	10
24	云南	0	3	1	1	2	1	1	9
25	甘肃	0	0	0	0	0	0	3	3
26	贵州	0	2	0	0	0	0	0	2

二 援藏导游员语种省际差异

从全国各省（市、区）援藏导游人员语种的分布来看（见表7－5），2010—2015年英语援藏导游员累计66名，日语导游员46名，德语导游员52名，法语导游员27名，俄语导游员25名，西班牙语导游员16名，朝鲜（韩）语和意大利语导游员各7名。

表 7 - 5　　　　　2010—2015 年援藏导游员语种分布统计　　　单位：人

序号	导游语种	2010 年	2011 年	2012 年	2014 年	2015 年	合计
1	英语	2	42	7	7	8	66
2	日语	20	6	4	8	8	46
3	德语	7	9	8	15	13	52
4	法语	4	7	5	5	7	27
5	俄语	6	4	2	7	6	25
6	朝鲜（韩）语	5	0	2	0	0	7
7	西班牙语	4	1	3	4	4	16
8	意大利语	2	1	0	4	0	7

注：2013 年数据缺失。

从援藏导游员地域分布看，北京市援藏导游员语种涵盖了英语、日语、德语、法语、俄语、朝鲜（韩）语、西班牙语和意大利语。全国省（市、区）援藏导游最多的语种为英语，数量少的语种为朝鲜（韩）语和意大利语。日语援藏导游员数量较多的省（市）为北京、辽宁和四川，德语和法语援藏导游员数量较多的省均为山西和陕西，俄语援藏导游员数量最多的省为黑龙江，朝鲜（韩）语援藏导游员主要集中在黑龙江、吉林、辽宁，西班牙语援藏导游员主要集中在北京、广东和广西，意大利语援藏导游员分布省（市、区）为北京、江苏、广东、广西和陕西（见表 7 - 6）。

表 7 - 6　2010—2015 年全国各省（市、区）援藏导游员语种地域分布

单位：人

序号	省（市、区）	英语	日语	德语	法语	俄语	朝鲜（韩）语	西班牙语	意大利语
1	北京	2	6	2	1	2	1	5	2
2	上海	5	1	3	3	0	0	1	0
3	天津	2	4	0	0	0	1	0	0
4	河北	5	0	0	2	0	0	0	0
5	山西	1	1	6	4	0	0	1	0
6	辽宁	1	5	1	0	2	1	0	0
7	吉林	1	4	0	0	2	3	0	0
8	黑龙江	1	0	0	0	14	2	0	0

续表

序号	省 （市、区）	英语	日语	德语	法语	俄语	朝鲜（韩）语	西班牙语	意大利语
9	山东	3	2	4	1	0	0	1	0
10	安徽	5	1	0	0	0	0	0	0
11	江西	3	4	0	0	0	0	0	0
12	江苏	2	1	3	3	1	0	0	1
13	浙江	2	0	4	1	0	0	1	0
14	福建	2	2	1	3	0	0	0	0
15	湖北	5	3	0	1	0	0	0	0
16	河南	6	0	2	0	0	0	0	0
17	湖南	3	4	1	0	0	0	0	0
18	广东	5	2	3	2	0	0	3	1
19	海南	5	0	0	0	4	0	0	0
20	广西	1	1	4	2	0	0	3	1
21	四川	2	5	3	0	0	0	0	0
22	陕西	0	0	6	4	0	0	2	1
23	重庆	3	0	4	0	0	0	0	0
24	云南	1	0	4	2	0	0	0	0

第四节　导游援藏政策发展演变

国家旅游局分别于 2004 年、2010 年和 2013 年制定了《全国导游援藏工作实施意见》，本书以这三次工作实施意见为依据，重点分析导游援藏在工作任务、选拔与选派、相关待遇与费用分担三个方面的政策演变。

一　导游援藏工作任务

《全国导游援藏工作实施意见》明确了导游援藏工作任务，即执行上岗带团、传帮带和推进合作与交流三项主要任务，不断开拓导游援藏业务，承担教育培训和帮助西藏有关部门开展旅游业务等工作。在工作时间上，2004 年和 2010 年政策规定援藏导游员赴藏工作时间为每年 4 月 15 日至 10 月 15 日，2013 年政策发生变化，工作时间变化为每年 4 月 15 日至 10 月 31 日，意味着从第十一批援藏导游员开始，进藏工作时间将延长半个月。

二　援藏导游人员选拔与选派

援藏导游人员选拔与选派政策变化具体体现在选拔条件、方式和程序方面（见表 7 - 7）。

表 7 - 7　　援藏导游人员选拔条件、方式和程序政策变化情况

类别	2004 年援藏导游工作实施意见	2010 年援藏导游工作实施意见	2013 年援藏导游工作实施意见
选拔条件	●政治素质好，忠于祖国，热爱民族事业； ●业务能力强，持有导游证，有 2 年以上导游或机关或教学工作经验； ●年龄在 45 岁以下，无任何急慢性疾病，能够胜任高原工作	●政治素质好，忠于祖国，热爱民族事业； ●业务能力强，持有导游证，有 2 年以上导游或机关或教学工作经验； ●年龄为 22— 40 岁，身体健康，无任何急慢性疾病，能够胜任高原工作； ●小语种导游选拔困难的，可以考虑由院校推荐选派持有导游证的外语专业学生，推荐的学生需与派出学校签订派出协议，并与旅行社签订正式劳动合同	●政治素质好，忠于祖国，热爱民族事业； ●业务能力强，持有导游证，有 3 年以上导游工作经验； ●年龄为 22—50 岁，身体健康，无任何急慢性疾病，能够胜任高原工作； ●小语种导游选拔困难的，可以考虑由院校推荐选派持有导游证的外语专业学生，推荐的学生需与派出学校签订派出协议，并与旅行社签订正式劳动合同
选拔方式	●省（市、区）旅游局（委）自主选拔，国家旅游局审批	●省（市、区）旅游局（委）自主选拔，国家旅游局审批	●省（市、区）旅游局（委）自主选拔，国家旅游局审核； ●西藏自治区旅游局组织相关受援企业自行选拔，各相关省（市、区）旅游局（委）审核，国家旅游局审批

续表

类别	2004 年援藏导游 工作实施意见	2010 年援藏导游 工作实施意见	2013 年援藏导游 工作实施意见
选拔程序	●对符合选拔与选派条件的人员，由所在单位选拔、体检，经省旅游局面试考核后上报国家旅游局批准	●对符合选拔条件的人员，由所在单位推荐，经省（市、区）旅游局选拔、体检、笔试、面试考核后上报国家旅游局批准； ●凡进藏后发现政治素质和业务能力不符合要求的，将由西藏自治区旅游局报国家旅游局审批后，予以退回	●各相关省（市、区）旅游局（委）制定本地援藏导游员选拔办法，按照国家旅游局制定的援藏导游员的分配名额和语种进行选拔； ●西藏自治区旅游局制定受援企业自行选拔援藏导游员办法，组织相关受援企业按照规定的自行选拔名额和语种进行选拔，并报相关省（市、区）旅游局（委）审核； ●各相关省（市、区）旅游局（委）将两种方式选拔的援藏导游员材料汇总，报国家旅游局审批； ●凡进藏后发现政治素质和业务能力不符合要求的，将由西藏自治区旅游局报国家旅游局审批后，予以退回

在援藏导游人员选拔条件方面，2004 年政策规定如下：一是政治素质好，忠于祖国，热爱民族事业；二是业务能力强，持有导游证，有 2 年以上导游或机关或教学工作经验；三是年龄在 45 岁以下，无任何急慢性疾病，能够胜任高原工作。2010 年选拔条件政策发生了变化，第一条和第二条与 2004 年政策规定相同，第三条变化为："年龄为 22—40 岁，身体健康，无任何急慢性疾病，能够胜任高原工作"，重新界定了援藏导游人员年龄下限。同时根据小语种导游员的实际情况，新增加了第四条，具体为："小语种导游选拔困难的，可以考虑由院校推荐选派持有导游证的外语专业学生，推荐的学生需与派出学

校签订派出协议，并与旅行社签订正式劳动合同。"2013 年的政策对 2010 年的规定进行了修改，第二条修改为"持有导游证，业务能力强，有 3 年以上导游工作经验"，要求工作经验由 2 年以上变化为 3 年以上；第三条修改为"年龄为 22—50 岁，身体健康，无任何急慢性疾病，能够胜任高原工作"，对援藏导游人员年龄上限进行了修改，上限到 50 周岁。

在援藏导游人员选拔方式方面，2003—2011 年都采取"省（市、区）旅游局（委）自主选拔，国家旅游局审核"一种方式，自 2012 年开始援藏导游人员选拔方式分为两种，一种是各相关省（市、区）旅游局（委）选拔，国家旅游局审批；另一种是西藏自治区旅游局组织相关受援企业自行选拔，各相关省（市、区）旅游局（委）审核，国家旅游局审批。

在援藏导游人员选拔程序方面，2004 年政策规定如下："对符合选拔与选派条件的人员，由所在单位选拔、体检，经省旅游局面试考核后上报国家旅游局批准。"2010 年国家旅游局对选拔程序进行了完善，具体为："对符合选拔条件的人员，由所在单位推荐，经省（市、区）旅游局选拔、体检、笔试、面试考核后上报国家旅游局批准。凡进藏后发现政治素质和业务能力不符合要求的，将由西藏自治区旅游局报国家旅游局审批后，予以退回。"可以看出援藏导游人员引进了退出机制。

三 援藏导游相关待遇与费用分担

2004 年的《导游援藏工作实施意见》规定，援藏导游员享有四个方面的待遇：一是保留原单位基本工资和有关福利待遇；二是援藏期间能够遵章守纪、认真履行岗位职责的，每月发放 4200 元综合补助，其中包括：高原补贴 2800 元、包干医疗费 1000 元、伙食补贴 300 元、交通补贴 100 元；三是享有在藏期间最高赔偿额 60 万元的团体意外伤害保险；四是由受援单位按标准发放带团补贴。费用分担方面，援藏导游人员原基本工资和福利待遇由其派出单位承担。在藏工作期间综合补助、团体意外伤害保险购买费用、援藏导游员的往返交通费、集中培训费用和购买卧具等用品费用均由国家旅游局承担，其中购买卧具等用品费用由国家旅游局按每人 500 元标准一次性补贴受援单位。在藏工作期间带团补贴由西藏受援旅游企业承担。

2010年的《导游援藏工作实施意见》规定援藏导游员享有待遇包括五个方面，新增一项待遇主要是对导游人员评优表彰奖励，即评选为"全国援藏导游员先进个人"的导游员，予以奖励晋升导游等级，原导游等级工作时间须满两年，奖励晋升最高级别为高级，奖励晋升时效为参加导游援藏当年年底前，由各地旅游局（委）向国家旅游局申报。被评选为"全国援藏导游员西藏自治区先进个人"的导游员，在当年或第二年的导游等级考核中，可享受一次总分加10分的奖励，由国家旅游局通报表彰。费用分担方面，援藏导游人员原基本工资和福利待遇由其派出单位承担。在藏工作期间综合补助、团体意外伤害保险购买费用、援藏导游员的往返交通费、集中培训费用、购买卧具等用品费用和体检费均由国家旅游局承担，其中购买卧具等用品费用由国家旅游局按每人500元标准一次性补贴受援单位。体检费根据各省（区、市）分配的进藏导游员名额，按每人600元体检费标准补贴各省（区、市）旅游局（委）。在藏工作期间住宿和带团补贴由西藏受援旅游企业承担。

2013年的《导游援藏工作实施意见》中援藏导游员待遇与费用分担方式发生了新的变化。第一，援藏导游人员在藏期间能够遵章守纪、认真履行岗位职责的，综合补助由每月4200元提高至5200元，其他补助项目和标准保持不变，新增补助项目为生活津贴，补助标准为1000元每月。综合补助费用分担方式更为具体和细化，其中高原补贴、包干医疗费、伙食补贴和交通补贴由国家旅游局拨付给西藏自治区旅游局导游援藏办公室，西藏自治区旅游局导游援藏办公室按月发放给援藏导游员。生活津贴由国家旅游局拨付给援藏导游员派出省（市、区）旅游局（委），在援藏导游员圆满完成援藏任务返回本省（市、区）后，省（市、区）旅游局（委）一次性发放。第二，西藏受援单位负责援藏导游员住宿、卧具的安排和发放带团补贴。第三，国家旅游局负责解决援藏导游员的往返交通费，在藏期间的高原补贴、包干医疗费、伙食补贴、交通补贴和生活津贴，购买援藏装备、意外伤害保险以及集中培训费用。根据分配的援藏导游员名额，按每人2000元（包括选拔、体检、慰问等费用）标准补贴相关省（市、区）旅游局（委）（见表7－8）。

表7－8　　援藏导游人员相关待遇与费用承担方式政策变化情况

费用承担主体	2004 年援藏导游相关待遇	2010 年援藏导游相关待遇	2013 年援藏导游相关待遇
国家旅游局	●往返交通费用 ●进藏工作综合补助（4200 元） ●购买在藏团体意外伤害保险 ●集中培训费用 ●购买卧具等用品费用（500 元）	●往返交通费用 ●进藏工作综合补助（4200 元） ●购买在藏团体意外伤害保险 ●集中培训费用 ●购买卧具等用品费用（500 元） ●体检费（600 元）	●往返交通费用 ●进藏工作综合补助（5200 元） ●购买在藏团体意外伤害保险 ●集中培训费用 ●选拔、体检、慰问等费用（2000 元）
援藏导游人员派出单位	●基本工资 ●原有福利待遇	●基本工资 ●原有福利待遇	●基本工资 ●原有福利待遇
西藏受援单位	●在藏工作期间带团补贴 ●提供住宿	●在藏工作期间带团补贴 ●提供住宿	●在藏工作期间带团补贴 ●提供住宿 ●购置卧具

第八章　旅游援藏典型案例分析

　　西藏旅游发展条件独特且空间分异显著，同时囿于精力和经费所限，笔者无法深入西藏每个地区开展深入调研，因此，基于自然和人文区域分异基础的典型案例，遵循"调研问题发现→问题专题研究→案例与理论互动→对策建议提出"研究路径，探讨旅游援藏对不同类型旅游目的地发展的影响途径、发展模式和作用机制。选取两个自然类型案例，分别为广东省对口支援林芝波密县米堆冰川旅游景区建设和地处陕西省咸阳市的西藏民族大学支援阿里地区普兰县霍尔乡玛旁雍错旅游发展项目；两个人文类型案例，分别为江苏省南京市对口支援拉萨市墨竹工卡县甲玛乡松赞干布出生地旅游景区和霍尔康庄园旅游发展、上海市对口支援日喀则市江孜县帕拉庄园旅游持续发展。

第一节　广东省对口支援林芝波密县米堆冰川旅游发展案例分析

　　广东省发挥经济总量和智力资源优势，制定了"十百千万"行动计划，旅游业成为对口援藏工作的重点，大力发展生态旅游，将林芝打造成西藏生态旅游中心和进藏旅游适应地。通过大量资金投入推动项目建设，这些项目涉及旅游交通建设、旅游景区基础设施建设、公共服务设施建设、城镇建设、旅游景区规划、人才培训、市场推广和旅游信息化建设等方面，为林芝旅游业的快速发展奠定了坚实基础。笔者选取广东省对口支援的林芝波密县米堆村米堆冰川旅游景区为案例地，探讨针对自然资源保护型旅游目的地的旅游援藏作用机制和适应性对策。

米堆冰川旅游景区所在的波密县距西藏自治区首府拉萨市 636 千米，距林芝市所在地巴宜区 234 千米，距林芝市米林机场 279 千米，距昌都邦达机场 360 千米。米堆冰川旅游景区位于林芝市与昌都市之间，距波密县城约 103 千米，离 318 国道约 10 千米，位于"精品 318 旅游线路"和"大香格里拉生态旅游圈"范围内。① 随着西藏高原生态旅游的持续升温、米堆冰川旅游景区交通和通信条件的改善，其旅游区位优势愈见明显，旅游发展速度持续加快。

一 米堆冰川旅游资源概况

米堆冰川位于青藏高原东南部岗日嘎布山区，地处喜马拉雅山、念青唐古拉山东段和横断山脉的交接处。② 它属于典型的现代季风型温性冰川，冰川由粒雪盆、冰瀑布、冰舌组成，其中冰瀑布位于海拔 4850—5100 米，冰面坡度为 25°—30°，冰舌段平均海拔约为 4000 米③，冰川长 10.2 千米，面积为 26.25 平方千米，冰川融水汇入帕隆藏布江。④ 米堆冰川类型齐全，尤以巨大的冰盆、众多雪崩、陡峭巨大的冰瀑布、消融区上游的冰面弧拱构造以及冰川末端冰湖为特点，2005 年被《中国国家地理》杂志评为中国最美的六大冰川之一。总体上看，米堆冰川旅游资源富于多样性，森林、雪山、冰川、冰湖等自然风光与民俗风情、特色建筑等人文资源交相辉映，相互融合，既有藏东南典型的生态环境，又体现了波密特色的人文气息，具有广阔发展前景。

（一）高品质的冰川旅游资源

米堆冰川是西藏最主要的海洋型冰川，其少见的冰川补给形式和随之形成的冰瀑，以及规模巨大的弧拱构造都是罕见的冰川奇观。米堆冰川主峰海拔 6800 米，但雪线海拔只有 4600 米，末端海拔只有

---

① 吴金岷、焦红：《波密县米堆村生态旅游开发的 SWOT 分析研究》，《森林工程》2013 年第 2 期。

② 徐鹏等：《树轮揭示的藏东南米堆冰川小冰期以来的进退历史》，《中国科学：地球科学》2012 年第 3 期。

③ 杨瑞敏等：《西藏东南部米堆冰湖面积和水量变化及其对溃决灾害发生的影响》，《地理科学进展》2012 年第 9 期。

④ 黄茂桓：《藏东南米堆冰川发现凹陷现象》，《冰川冻土》1993 年第 3 期。

2400 米，冰川下段已穿行于针阔叶混交林带。米堆冰川是西藏最重要的海洋型冰川，也是世界上海拔最低的冰川，米堆冰川所在的纬度为北纬29°，但冰川末端却比北纬近44°的天山博格多山的冰川还要低，在我国现代冰川中是较为特殊的，与喜马拉雅山东南段的气候有着密切的关系，其冰川旅游资源的特殊性和稀缺性成为米堆冰川发展旅游业的最大亮点。

（二）和谐的自然生态环境

米堆冰川除了地质构造、地理位置的特殊性，周边优质的生态环境未遭到破坏。洁白的冰川、茂密的森林、适宜的气候、成群的牛羊、古朴的藏式民居、雄壮的雪山，以及常年不离的攀羊、猴子等野生动物共同构成了一幅和谐美丽的生态画卷。同时冰川中的冰雪圈、岩石圈和生物圈（特别是人类活动）在很短的距离内和谐地组合在一起，成为人和自然和谐共处的一处典范。米堆冰川获得中国最美冰川之一的殊荣与这些良好的生态环境密切相关，从而提升了米堆冰川旅游景区的全国知名度，吸引了众多区内外游客。

（三）独具特色的波密地域文化

米堆冰川旅游景区所处的玉普乡米堆村，2014 年被国家民委命名首批"中国少数民族特色村寨"。[1] 米堆村古老的传说，独特的风土人情，美味的酥油茶，青稞酒，干牛、羊肉等，让游客体验不同的饮食习惯，给人以返璞归真、回归自然的原始享受。古朴的藏式民居，传统的锅庄舞、靴子舞、热巴舞等民族舞蹈及具有民族特色的手工艺品、民族饰品[2]，成为米堆冰川旅游景区的人文点缀，丰富了旅游景区特有的文化内涵。因此，米堆冰川旅游景区也成为展现波密地方传统民俗风情、地域文化的特色平台。

二 米堆冰川旅游景区发展优势条件分析

第一，旅游景区位于玉普乡米堆村，距离 318 国道仅 6 公里，距离波密县城 106 公里，94% 路程为沥青路面，旅游景区停车处至景区

---

① 《国家民委命名首批"中国少数民族特色村寨"》，http://www.seac.gov.cn/art/2014/9/26/art_31_215257.html，2014 年 9 月 26 日。
② 吴金岷、焦红：《波密县米堆村生态旅游开发的 SWOT 分析研究》，《森林工程》2013 年第 2 期。

最佳观景台完成简易步道及马道建设 5 公里，游客可进入性强。

第二，根据波密县旅游局近年来对该县非星级接待情况进行的统计显示：2006 年旅游接待人数 6.2 万余人，收入达 1500 万元。2007 年接待旅游人数 9.1 万人次，收入达 2730 万元，旅游接待人数同比上年增加 48%，旅游收入同比上年增加 82%。2009 年接待旅游 10.4 万人次，收入达 3363 万元，旅游接待人数同比上年增加 36%，旅游收入同比上年增加 43%。从以上数据可以看出，近年来进藏到波密县旅游的游客数量在逐年增长，为米堆冰川旅游发展带来巨大潜在客源。

第三，旅游景区开发的难度较小、投资少、见效快。旅游景区内的自然景观结合完美且知名度较高，具有较高的开发价值，为顺利开发提供了良好基础条件。此外，到了旅游淡季，通过不断的降雪，冰川颜色更为凸显，是观赏米堆冰川的最佳季节。通过旅游景区建设，带动旅游相关产业的发展，使当地群众从参与旅游并从中受益。

第四，波密县委、县政府、县旅游局于 2006 年开始多方协调各级部门，通过努力，在原有的狭窄简易公路基础上，重新维修了通往米堆村的村级道路。通过各种媒体广泛对外宣传，并且在广博会、厦洽会，上海、林芝地区大峡谷旅游文化节及西藏电视台进行了旅游推介，将米堆冰川风景区作为重点推介。县委县政府精心打造"藏王故里、冰川之乡"，经过努力，米堆冰川景区已初步建设成一个独具特色、观赏、科考、探险意味浓厚的原生态风景区。

三　广东省对口支援米堆冰川旅游景区发展概述

在广东省对口支援工作队推动和波密县政府高度重视下，2006 年波密县委、县政府投入 550 余万元开发米堆冰川旅游景区，维修了 318 国道至米堆村 6 公里的四级沙石路面，修建了景区大门、售票房、道路整治、过河桥涵、停车场、垃圾箱等项目。

2007 年 5 月，米堆冰川旅游景区正式运营，当年即接待西藏区内外游客 10000 多人次，旅游景区门票等收入达 50 多万元。米堆冰川旅游景区的顺利运营标志着波密县"只有旅游资源却没有旅游收入"时代的终结，拉开了波密旅游业发展的序幕。2008 年西藏宏绩事业有限公司下属的格拉丹东旅游开发有限公司就米堆冰川旅游景区开发签订了正式合同。2015 年波密县玉普乡米堆村特色村寨项目建设完工，该项目总投资 120 万元（国家投资 100 万元，群众自筹 20 万元），项目内容包括扶持两户特色养殖户、10 户藏家乐家庭旅馆及特色门牌制作，修建 1500 平方米的文化广场及停车场，项目受益群众达 40 户、129 人。①

根据最新收集资料，2016 年 1—9 月，米堆冰川旅游景区共接待游客 99666 人次，旅游总收入达 4156050 元；旅游景区内米堆村村民参与旅游发展获取经济收入的途径是，旅游公司根据门票收入情况每年分红给村集体 12.5 万，村民主要为游客提供马匹沿着马道直达旅游景区观景台的牵乘服务，收费为 100 元/人，同时村民已经建成了 15 家家庭旅馆、12 家农家乐，家庭旅馆收费标准为 30 元/晚。

四　米堆冰川旅游景区发展面临的挑战

根据搜集整理的资料，波密县 1955—2008 年的年均气温呈逐渐上升趋势，尤其是 5 月、6 月、7 月和 8 月气温上升趋势明显，米堆冰川正在逐年地缩小退后，冰川持续的退后和变薄，对米堆冰川旅游景区可持续发展造成三个方面影响。

（一）气候变暖影响旅游景区旅游资源的数量和质量

米堆冰川集原始森林、雪山、冰瀑布、冰洞、冰湖等自然风光与民俗风情、特色建筑、地方文化景观为一体，对游客具有极大吸引力。然而，面对全球气候变暖影响，冰川消融不仅会导致雪线升高，也会极大影响冰川自身的美观。与此同时，米堆冰川消融还会导致一些自然灾害的发生，如雪崩、冰湖崩溃、泥石流，对米堆冰川旅游资源和生态环境破坏极大。

（二）气候变暖影响旅游景区客源市场分流

米堆冰川旅游景区周边旅游地将会吸引一部分原旅游地的客流，使原旅游地客源被分流，引发传统旅游地客源市场的萎缩。随着气候变暖的加剧，西藏部分地区的气候会与米堆地区相似。按就近原则，一部分原打算前往波密的游客将以周边相似冰川为目的地，米堆冰川的客源市场就会被分流。从旅游产业经济效益的角度看，全球气候变

---

① 《波密县米堆村特色村寨项目建设完工》，http：//www. xzbm. gov. cn/cgjj_3558/201512/t20151220_989007. html，2015 年 12 月 20 日。

化对旅游客流的影响，体现在全球气候变化导致的客流的减少，从而影响米堆冰川旅游景区经济效益。

（三）气候变暖影响旅游景区农牧民生计

气候持续变暖，除冰川融化量增大外，冰川内部温度升高会导致冰体流动加速，甚至可使冰川解体。一方面，对依赖米堆冰川旅游景区米堆村社区居民造成重要影响，会减少他们的旅游经济收入，降低他们的生活水平和质量。另一方面，他们也会受到冰川消融的影响，冰川强烈融化还会导致一些如冰湖溃决、冰川泥石流等自然灾害的发生，对他们未来的生存环境造成重大影响。

五　广东省对口支援波密县米堆冰川旅游景区发展作用机制分析

从该案例中可以看出，广东省对口支援工作不仅为受援地西藏波密县带来了资金、项目和人才，也为波密旅游发展带来了先进经验、市场信息及社会网络，还广泛地通过政府关系、部门关系的运作，大力开展招商引资与组团观光等工作[①]，形成了推动波密县米堆冰川旅游景区旅游业可持续发展的重要力量，这些都成为米堆冰川旅游景区发展的外在驱动力。同时，波密县政府、玉普乡政府和米堆村村委会充分认识到米堆冰川旅游资源的垄断性，对游客具有巨大吸引力，可发展旅游业进而带动地方发展。通过地方财政资金投入、基础设施建设、接待设施建设等方式支持米堆冰川旅游景区发展，在旅游景区运作上引进企业进行资源开发并通过利益分红保障景区内村民收入，积极引导景区内村民参与旅游业发展，通过发展旅游业实现脱贫致富，这些构成旅游景区发展的内在驱动力（见图8-1）。在内外驱动力的共同作用下，广东省对口支援影响下的米堆冰川旅游景区快速发展，成为藏东地区重要旅游节点和波密县旅游发展名片。

六　广东省对口支援米堆冰川景区旅游发展适应性对策

综合实地调研访谈和气温资料分析，气候变化影响下的米堆冰川进一步消退不可避免，这必将对米堆冰川景区旅游造成不利影响。笔者认为，旅游援藏作用下米堆冰川旅游景区发展要做到防患于未然，

---

① 吴金岷、焦红：《波密县米堆村生态旅游开发的SWOT分析研究》，《森林工程》2013年第2期。

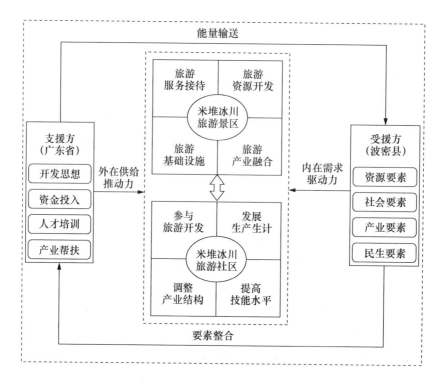

图8-1　广东省对口支援波密县米堆冰川旅游景区发展作用机制

做好米堆冰川旅游发展应对全球气候变暖的适应机制。一是完善米堆冰川旅游景区规划，依法促进核心敏感区保护。二是优化旅游景区布局，突出冰川生态性保护。三是实施冰川动态监测公开对外旅游信息，借鉴云南玉龙雪山旅游景区管理经验，加强与国内知名科研机构合作，完善景区游客接待人数和冰川变化旅游信息制度。四是整合区域旅游资源，减轻旅游景区承载力。加强与东面然乌湖旅游景区和西面易贡国家地质公园的合作。米堆冰川紧邻然乌湖，在地质构造上和其连成一体，在景观上和然乌湖也具有互补作用，而且然乌湖是目前从昌都进入西藏拉萨方向游客的重要旅游目的地，米堆冰川旅游景区可以与其进行联合促销。米堆冰川属于印度洋水汽造成的海洋性冰川群，在大尺度地理环境上和易贡地质公园同属一个整体，而易贡国家地质公园是游客从拉萨方向进入波密的第一站，应充分发挥然乌湖和易贡国家地质公园两个品牌综合吸引力。

第二节　西藏民族大学支援阿里地区玛旁雍错旅游项目发展案例分析

2011 年西藏自治区开展了创先争优强基惠民活动，位于陕西省咸阳市的西藏民族大学积极响应自治区政府要求前往阿里地区普兰县和改则县开展强基惠民工作，其中西藏民族大学驻普兰县霍尔乡贡珠村驻村工作队支援建设村办旅馆旅游发展项目，该项目依托著名自然保护型旅游景区"神山"冈仁波齐和"圣湖"玛旁雍错。2015 年 10 月，笔者前往西藏阿里改则县开展为强基惠民驻村工作，对该项目建设后期运营进行跟踪调研，探索依托自然资源保护型旅游目的地的旅游援藏项目经营模式变迁。

普兰县霍尔乡贡珠村紧邻久负盛名的国际旅游目的地"圣湖"玛旁雍错和"神山"冈仁波齐。据统计，2010 年两大旅游景区接待游客有 4 万余人，每年游客呈现逐年增加态势，旅游业发展潜力巨大。同时，贡珠村人口达 1098 人，产业结构十分单一，99％的村民从事传统的畜牧业，主要收入来源为出售活畜、畜牧产品，几乎无人参与旅游经济。旅游资源丰富、旅游经济发展潜力大与当地群众参与旅游发展程度低的矛盾十分突出。目前，霍尔乡旅游服务业包括餐饮、住宿、购物等，发展还处于低端状态，特别是住宿服务条件和水平低下，没有一家宾馆，但这也意味着引导牧民群众参与旅游经济以增加群众收入的前景广阔。

2010 年贡珠村建成 11 间藏式旅馆，由于资金匮乏而闲置至今，致使贡珠村唯一的村办产业未产生任何经济效益。为进一步依托好当地旅游资源和增加闲置资源利用率，造福牧区百姓，西藏民族大学工作队在自治区旅游局、阿里地区旅游局及普兰县旅游局的大力帮助下，结合贡珠村实际，计划在贡珠村村委所在地霍尔乡乡镇发展村办旅馆旅游项目。

一　村办旅馆旅游项目基本情况

（1）项目内容：贡珠村 11 间村办旅馆项目包括基建项目和配套设施建设项目。前者包括旅馆院墙、门面地面硬化、旅馆大门等。后者包括购买地毯、床、被褥、桌椅、电视、电力设施等。

（2）项目主管部门：阿里地区"强基础惠民生"活动办公室。

（3）法定代表人：阿里地区普兰县霍尔乡贡珠村村委会。

（4）项目负责人：西藏民族大学驻贡珠村工作队。

二　村办旅馆旅游项目建设的必要性和可行性分析

（一）项目建设的必要性分析

第一，项目所在地虽依托国际旅游目的地，但是由于缺乏资金，当地的旅游基础设施建设十分落后。目前，霍尔乡仅有 10 多家条件简陋的家庭旅社，旅游服务基础设施特别是游客住宿服务的落后，使霍尔乡及当地牧民群众失去了借旅游经济东风的大好形势。建好宾馆、留住游客才能带动游客在当地消费，提高牧民群众收入。

第二，贡珠村产业结构单一，牧民收入低下。凭借贡珠村得天独厚的旅游区位优势，发展旅游服务业（住宿、餐饮）是增加牧民收入、改变当地传统单一产业结构的最好途径。

第三，以项目带动牧民增收，使群众参与到市场经济的经营活动中来。本项目建成经营运行后，可起到以点带面的示范效应，引导牧民群众转变理念，实现增收致富。

（二）项目建设的可行性分析

第一，交通区位优势，游客可进入性强，能够聚集物流和游客流。项目建在霍尔乡乡镇所在地，紧邻 219 国道，交通极为便利。

第二，旅游区位优势，依托"神山"冈仁波齐和"圣湖"玛旁雍错两大国际著名旅游景区，适合发展旅游服务业。项目建设所在地距"圣山"冈仁波齐旅游景区 40 千米，距"圣湖"玛旁雍错旅游景区仅 16 千米，旅游服务业发展空间广阔。

第三，客源市场优势，经济效益有充足保障。霍尔乡临近"圣湖"玛旁雍错和"神山"冈仁波齐，春、夏、秋三季气候宜人，每年都吸引着众多的朝圣者、科考、探险、自驾车、摄影爱好、骑自行车、徒步游客路过或停留此地，项目建成后客源市场充裕，旅游经济效益有充足保障。

第四，各级党委、政府政策全面支持。因地制宜，发展特色经济是西藏自治区各级党委、政府的一贯方针，依靠本地特色资源，发展旅游经济得到当地各级党委、政府的大力支持。

第五，集中建设、经营，节省运营、人力成本。贡珠村已建成旅社 11 间，只需投入足额经费，建成配套设施，便可有望在 2012 年 5 月开张营业。

第六，施工建设有保证。国道过境，物资运输便利。周边基建项目多，技术工人往来频繁，工人有保障。

三　村办旅馆旅游项目投资估算与资金筹措

（一）项目投资估算编制依据及说明

（1）项目工程量依据各专业设计提供的土建工程量表，机电设备、器材目录等资料设备购置费用根据出厂价估算。

（2）估算指标依据《给排水工程概预算与经济评价手册》《全国市政工程投资估算制表》《建设项目经济评价方法与参数》及《建筑工程综合价目表》并结合市场实际情况编制。

（3）材料价格采用西藏自治区建设工程材料信息价，不足采用市场价。

（4）项目建设用地由普兰县霍尔乡提供，征地费用不列入投资。

（二）项目资金筹措方式

该项目总投资为 14.8 万元（见表 8－1），资金来源如下：一是申请西藏自治区投资 10 万元，占总投资的 67.6%；二是自筹自费为西藏民族大学强基惠民办实事经费 4.8 万元，占总投资的 32.4%。

表 8－1　　　　　　村办旅馆旅游项目建设投资估算

类别	项目	单位	数量	单价（元）	金额（元）
基建	旅馆大门	个	1	5000	5000
配套设施	旅馆地毯	块	11	1500	16500
	旅馆单人床	张	33	1500	49500
	旅馆被褥	套	66	500	33000
	旅馆桌椅	套	11	1000	11000
	旅馆电视	台	11	3000	33000
共计					148000

四　村办旅馆旅游项目实施与管理

（一）项目建设实施计划

根据项目建设性质和内容，并结合项目所在地气候特点，本项目建设期计划安排 6 个月的时间，即 2011 年 11 月至 2012 年 7 月，具体实施进度计划安排如下：

（1）2011 年 11—12 月：项目前期准备阶段，完成项目前期准备工作，包括项目可行性研究报告的编制，项目申报、项目选址范围确定和部分设计等工作。

（2）2012 年 4—5 月：旅馆基础配套设施施工阶段。建设项目中 11 间旅馆完成配套设施的采购及配备任务，5 月份正式开张营业，项目开始运营。

（二）项目建设管理

该项目在建设过程中，严格按照国家建设程序办理，实行工程质量领导负责制度、项目法人责任制度，由项目法人对项目的策划、资金筹措、建设实施、生产经营和竣工验收，实行全过程负责，以确保项目的顺利实施和工程质量。

五　村办旅馆旅游项目效益分析

（一）经济效益

预计村办旅馆建成投入使用后，年营业总额可实现 30 万元左右。其中，人员工资及其他营运成本 10 万元左右，纯利润有望达到 20 万元左右。宾馆所有权和经营权归贡珠村所有，经营收益采用分红和基金形式，一是可以直接提高村民收入，二是可以用于贫困家庭补助、补贴。

（二）社会效益

第一，带动贡珠村牧民就业和创业。设施投入使用可立刻解决 20 人左右的就业岗位，以后可以逐年进行轮换和增加人数。

第二，改变贡珠村单一畜牧业的产业结构，为当地产业结构调整探好路、带好头、起好步。

第三，有利于当地文化保护和传承，该项目建筑为藏式风格，建筑结构简单大方，民族文化特色鲜明，与周边玛旁雍错、冈仁波齐两大著名景区融为一体，利于民族文化保护与传承。

（三）生态效益

项目建筑为藏式风格，建筑结构简单大方，民族文化特色鲜明，与周边玛旁雍错、冈仁波齐两著名景区融为一体，为当地秀美环境增资添彩。另外，宾馆建成后，配有垃圾箱、垃圾清运车等卫生环保设施，将以严格的卫生环保标准科学管理，不会对周边生态环境造成任何损害。同时，设施建成以后，将对霍尔乡小城镇建设和当地旅游资源科学合理开发产生积极深远的影响。

（四）政治效益

一是民生问题是关系广大牧民群众切身利益的大事，打造旅游服务项目提高牧民收入，改善牧民生活水平，将党的关怀和温暖以最直接、最直观、最生动的形式送到每个牧民家庭，对于提高群众对于党和国家的认同感具有重要作用。二是边疆稳定和繁荣离不开世代扎根这片土地的牧民群众，帮助群众提高生产生活和健康水平是稳定边疆的必要措施。

六 村办旅馆旅游项目经营模式变迁

西藏民族大学支援阿里地区普兰县霍尔乡贡珠村村办旅馆旅游项目，该项目依赖于自然资源保护型旅游景区的发展。这种援建模式属于典型的"交支票工程"，项目主要依靠支援方（西藏民族大学）提供相应建设资金，受援方（贡珠村村委会）负责项目审批、施工和后期管理，项目施工监管和竣工验收由支援方和受援方共同进行。项目建成后，该项目所有权、管理权和经营权归属霍尔乡贡珠村村委会所有。

该项目于 2013 年 12 月正式对外营业，运营起步阶段发展缓慢，由于贡珠村村委会领导班子缺乏管理经验、村民餐饮制作技能不高、住宿接待服务技能欠缺，导致该项目远没有达到预期设定目标。为了使项目经营发展，2015 年霍尔乡贡珠村村委会决定将该项目进行整体对外租赁，实现所有权、管理权和经营权分离，其中所有权和管理权归尔乡贡珠村村委会，经营权交给第三方企业。这种支援项目经营模式实现所有权、管理权和经营权统一向分离的演变，主要有三个方面特征：一是第三方（企业）市场化经营援建项目；二是租赁企业长期进行该项目经营，并获得使用和收益权利，同时向贡珠村村委会缴纳租赁费，项目所有权代表是贡珠村村委会，对企业经营活动进行监督管理；三是贡珠村村委会和第三方租赁企业各司其职，相互制约（见图 8－2）。通过跟踪调研和资料分析，该项目实行新的经营管理模

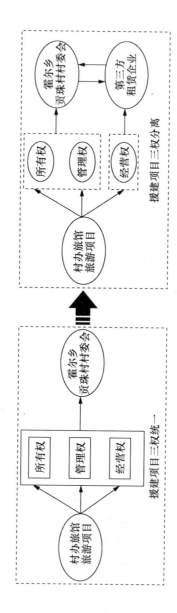

图 8 - 2 村办旅馆旅游项目经营模式变迁

式后，经营管理水平比以前有了较大改进，增加了村集体经济收入，集体经济收益采取分红形式增加了村民收入，同时提升了霍尔乡旅游服务接待水平，产生了较好的社会效益、经济效益和政治效益。

另外通过调研发现，在藏援建旅游项目不管是采取"交钥匙工程"还是"交支票工程"，都不同程度地存在项目建成后闲置的问题，成为一种摆设工程，极容易造成旅游项目"重建设、轻管理、无效益"现象出现，从而导致投入项目大量的人力、物力和财力浪费，这与援建项目后期无效管理有直接关系。一方面，受援方参与援建项目管理积极性不高、管理水平较低以及管理责任主体不明确。另一方面，支援方将项目建成交付给受援方，意味着该项目竣工，援建任务完成，而没有将项目后期运营管理进行综合考量。本案例中，援建旅游项目实现所有权、管理权和经营权分离实践，为类似项目后期有效运营管理提供有益参考和借鉴，从而使投入大量援藏资源建成的项目能充分发挥其应有的效益，真正能达到预期目标。

第三节　江苏省支援墨竹工卡甲玛乡松赞干布出生地旅游景区和霍尔康庄园旅游发展案例分析

江苏省在旅游援藏过程中注重发挥自身经济优势和智力资源优势，加大支援拉萨旅游文化产业发展力度，重点支援拉萨市政府新成立的国有企业——拉萨布达拉旅游文化集团公司，在加大旅游基础设施项目投资力度同时，积极将西藏旅游线路向本省客源市场进行推介，逐渐形成了包括资金、项目、智力、市场等多层次、宽领域的支援工作格局，与北京市一起共同推动拉萨市旅游业快速发展。

墨竹工卡县甲玛乡松赞干布出生地旅游景区由南京市对口支援建设项目，投入资金3500万元，先后制定实施了"甲玛旅游景区开发建设规划"，建设了旅游景区入口大门、松赞干布纪念馆，并进行吐蕃时期古城墙保护、庄园遗址恢复、松赞拉康维修等工作，对众多旅游项目进行保护性开发，该旅游景区于2008年6月开工建设，2010

年 8 月正式对外营业。霍尔康庄园是南京市第六批重点援建的旅游发展项目之一，援藏总投入 3207 万元，主要建设庄园主生活区、手工艺作坊及购物区、休闲娱乐区和原著居民展示区，同时结合国家农牧民安居工程建设，采取补贴农户的方式，对庄园内村落住房进行了搬迁改造，全部采用藏式风格建设。霍尔康庄园建设成为集西藏贵族生活展示、新型休闲娱乐、藏民族厚重历史文化体验于一体的多功能、综合型旅游发展项目。笔者分别于 2012 年 8 月、2014 年 7 月、2015 年 7 月、2016 年 2 月和 2017 年 2 月五次对两处旅游景区开展了连续跟踪调研，重点探讨旅游援藏作用下，旅游发展对景区所在的龙达村和赤康村社会文化变迁和地方民俗文化精英与文化传承保护两个主要问题。

一　旅游援藏作用下的乡村社会文化变迁研究

通过采取问卷调查和深度访谈形式（问卷发放具体情况见第三章），主要分析旅游援藏影响下，松赞干布出生地和霍尔康庄园两大景区旅游发展对龙达村和赤康村在人口、社会结构、价值观念和生活方式、语言四个方面社会文化的变迁情况。

（一）调研案例地龙达村和赤康村概况

江苏省南京市援藏的甲玛乡松赞干布出生地旅游景区地处龙达村，它位于墨竹工卡县甲玛乡，距墨竹工卡县以西约 8 千米，距离拉萨市约 60 千米，平均海拔 3850 米，龙达村下辖五个自然小组，分别为龙达组、达夏组、岗果组、奴如久组和奶那果组，其耕地面积为 2756.03 亩，林地面积为 500 亩，草场面积为 30617 亩。2012 年，龙达村有 232 户、1230 人，农村经济总收入为 1023.57 万元，农牧民年均纯收入为 7238.9 元，现金收入为 5515.14 元，农作物产量为 665.72 吨，牲畜存栏为 2896 头（匹、只），村民经济收入来源于农牧业、运输业和务工。

赤康村位于墨竹工卡县甲玛乡，距县城西南约 10 千米，距离拉萨市约 60 千米，平均海拔 3850 米。该村位于拉萨河谷冲积平原，处于雅鲁藏布江支流拉萨河下游，发育有宽广的河谷平原和河谷盆地。气候属于温带半干旱季风性气候，年平均气温为 7.5℃，最冷月平均气温为 -1℃，最暖月平均气温为 14℃，无霜期 3 个月左右。年日照平均时数 2750—3000 小时。气候具有如下特征：气温较低、长冬无夏，春秋相连，四季不明，日温差大，年温差小；干湿季分明，冬季干燥，多大风，水热同步，多夜雨；日照充足，辐射强烈；冬无严寒，夏无酷热；气压低，含氧量较少等。赤康村下辖四个自然小组，分别为赤康组、帮那组、布拉组和仁青岗组。2015 年，赤康村有 351 户、1511 人，耕地面积为 3201.56 亩，草场面积为 57463 亩。

赤康村历史悠久，2013 年 5 月被列入全国第二批传统村落名录。① 霍尔康庄园遗址是历史见证者，至今保存有较为完好的古墙面与建筑，整座庄园共占地约 75 亩，庄园内除了霍尔康家族成员的生活起居场所，还包括一座家族寺庙，以及大面积的绿化地带，庄园里面甚至还建有高达 8 米、宽 3 米的城墙与碉楼。霍尔康庄园里的家族寺庙被称作热杰林寺，它始建于公元 1206 年，距今已有 800 多年的历史，"文化大革命"期间曾被当作粮仓，得以完整的保存至今，其建筑占地面积 788.23 平方米，建筑面积 1006.39 平方米。该寺原属噶当教派，清朝时改奉格鲁教派。历史上该寺称环绪寺庙，这里曾经有一万个喇嘛居住在该寺，因而该寺和该村都取名为赤康，后来该寺被毁，由霍尔康贵族的后裔阿沛·阿旺晋美的父亲带人维修，因此，也有人称此拉康为阿沛拉康。目前，该拉康主要供有一座合金制成的高约 3 米的十一面千手千眼观音菩萨像、镀金的释迦牟尼佛像、噶当教派佛塔和用黄金等多种珍宝材料手写的《甘珠尔》等佛经，经堂内还有许多珍贵的壁画，还有赞普松赞干布出生时，宫殿旁边神泉中出现的刻有"六字真言"的自然石刻等文物。

霍尔康庄园中最醒目的建筑，是热杰林寺的创始人卓贡桑杰翁的灵塔。从外观来看，这座灵塔与西藏其他寺庙里的完全不同，它就像一个白色的蒙古包，这也体现了霍尔康庄园主人作为蒙古族后裔的历史渊源。此外，诸如霍尔康家族古戏台、阿沛·阿旺晋美故居、"冰雹喇嘛"作法场所。在庄园内，还能见到部分新修建筑，其中最为恢宏的是 2011 年由南京市援建落成的"万户府"，该建筑不但完整地复

① 《第二批列入中国传统村落名录的村落名单》，http://ctcl.likefar.com/newsview/12.html，2014 年 3 月 31 日。

原了旧时"万户府"的原貌,内部装潢更是别出心裁,另外新建的还有庄园内的综合服务区与接待游客的客栈。

(二)旅游发展影响的人口变迁分析

　　龙达村68.4%的人认为旅游业发展之后,外来人口显著增多。近60%的人赞同当地人口与外来人口交往显著增多。在"对外面世界的了解显著增加"的问题上,持肯定态度的人占48.8%,选择"不确定"的占41.7%。64.7%的人认为旅游开发后,当地存在较为严重的季节性从业变动问题。46.5%的人认为居民区是向旅游景区周边集中,但选择"完全不同意""不同意"和"不确定"选项的比例累计为53.5%,表明旅游业发展并没有让所有居民向旅游景区周边集中发展。赤康村81.8%的人认为旅游业发展后外来人口显著增多。58.3%的人赞同当地人口与外来人口交往显著增多。64.1%的人认为对外面世界的了解显著增加。66.3%的人认为旅游开发后,当地存在较为严重的季节性从业变动问题。对于"现在的居民点更往一些旅游景区周边集中"选项,统计情况与龙达村相似,选择"完全不同意""不同意"和"不确定"选项的比例累计为45.8%(见表8-2)。

表8-2　　　旅游发展影响的龙达村和赤康村人口变迁统计　　　单位:%

选 项	完全同意		同意		不确定		不同意		完全不同意	
	龙达	赤康	龙达	赤康	龙达	赤康	龙达	赤康	龙达	赤康
旅游业发展后,外来人口显著增多	40.5	40.9	27.9	40.9	25.2	16.5	3.8	0.9	2.5	0.9
当地人口与外来人口交往显著增多	26.8	20.9	32.9	37.4	25.6	36.5	11.0	2.6	3.7	2.6
对外面世界的了解显著增加	15.5	21.1	33.3	43.0	41.7	28.1	1.2	3.5	8.3	4.3
旅游开发后,当地存在较为严重的季节性从业变动问题	51.8	19.2	12.9	47.1	28.2	26.0	4.7	7.7	2.4	0.0
现在的居民点更往一些旅游景区周边集中	18.6	29.2	27.9	25.0	29.1	37.5	3.5	3.1	20.9	5.2

（三）旅游发展影响的社会结构变迁分析

龙达村有44.3%的人认为旅游业发展后，当地社会治安事件数量有显著增多。55.3%的人认为旅游业发展以后，女性的就业机会增加。在实地调研中发现，龙达村的索朗拉姆就是其中的一位女性代表，除了从事传统产业，她还利用旅游旺季在旅游景区门口卖纪念品和承担松赞干布纪念馆讲解工作。对于旅游业发展后，居民的日常生活环境（如村容村貌、生活节奏、出行方式等）是否有所改变，邻里、亲戚关系跟以前相比是否有所疏远，是否传统的大家庭越来越少（三代或以上），小家庭越来越多（两代人）这些问题，村民选择"不确定"选项的比例较大。赤康村有62.9%的人认为旅游业的发展使当地的社会治安事件数量显著增加。60.6%的人认为旅游业的发展增加了女性的就业机会。61.5%的人赞同旅游业的发展使当地居民的日常生活环境有所改变。在"旅游业发展后，邻里、亲戚关系跟以前相比有所疏远"问题上，选择"完全不同意""不同意"和"不确定"选项的比例累计高达72.9%。在"旅游业发展后，传统的大家庭越来越少，小家庭越来越多"问题上，选择"不确定"选项的比例较大，为50.6%（见表8-3）。

表8-3　旅游发展影响的龙达村和赤康村社会结构变迁统计　　单位:%

选　项	完全同意		同意		不确定		不同意		完全不同意	
	龙达	赤康	龙达	赤康	龙达	赤康	龙达	赤康	龙达	赤康
旅游业发展后，当地社会治安事件数量有显著增加	17.9	16.2	26.4	46.7	21.7	33.3	32.1	0.0	1.9	3.8
旅游业发展后，女性增加了就业机会	22.4	14.7	32.9	45.9	27.1	29.4	15.3	8.3	2.3	1.7
旅游业发展后，当地居民的日常生活环境有所改变	26.7	14.6	15.1	46.9	44.2	34.4	10.5	2.1	3.5	2.0
旅游业发展后，邻里、亲戚关系跟以前相比有所疏远	14.1	8.7	9.4	18.4	57.6	42.7	11.8	22.3	7.1	7.9
旅游业发展后，传统的大家庭越来越少，小家庭越来越多	18.6	19.1	19.8	15.7	53.5	50.6	5.8	12.4	2.3	2.2

（四）旅游发展影响的价值观念和生活方式变迁分析

旅游发展对价值观念和生活方式的影响具体体现在衣食住行、传统礼仪和民俗活动、宗教信仰、传统文化和节日四个方面。

在衣食住行方面，龙达村 74.4% 的人平时主要穿传统藏服，82.6% 的人喜欢的穿着方式是藏服。73.2% 的人平时的主要食物是糌粑酥油等传统藏餐。在"旅游业发展后，日常主要食物跟以前比有较大的变化"选项中，54.6% 的人选择"同意"，还有 45.4% 的人选择"不同意"，说明旅游发展对龙达村村民的食物结构并没有产生大的影响。在传统饮食习惯方面，89.5% 的人一直都喜欢藏族传统饮食习惯。在藏式建筑风格方面，66.3% 的人一直喜欢传统藏式建筑风格。赤康村 85.6% 的人平时主要穿传统藏服，96.6% 的人喜欢的穿着方式是藏服。98.3% 的人平时的主要食物是糌粑酥油等传统藏餐。在"旅游业发展后，日常主要食物跟以前比有较大的变化"这一选项中，67% 的人选择"同意"，选择"不同意"和"完全不同意"的比例累计为 33%。在传统饮食习惯方面，97.3% 的人一直都喜欢藏族传统饮食习惯。在藏式建筑风格方面，94% 的人一直喜欢传统藏式建筑风格（见表 8-4）。

表 8-4　　旅游发展影响的龙达村和赤康村衣食住行变迁统计　　　单位:%

选　项	完全同意		同意		不确定		不同意		完全不同意	
	龙达	赤康	龙达	赤康	龙达	赤康	龙达	赤康	龙达	赤康
平时的主要穿着是传统藏服	54.7	45.8	19.7	39.8	23.3	10.2	2.3	2.5	0.0	1.7
喜欢的穿着方式是藏服	58.1	76.3	24.5	20.3	11.6	1.7	5.8	0.8	0.0	0.9
平时的主要食物是糌粑酥油等传统藏餐	52.3	67.8	20.9	30.5	19.8	1.7	7.0	0.0	0.0	0.0
旅游业发展后，日常主要食物跟以前比有较大的变化	19.7	35.6	34.9	31.4	40.7	0.0	4.7	31.3	0.0	1.7
一直喜欢藏族传统饮食习惯	46.5	62.8	43.0	34.5	9.3	1.8	1.2	0.9	0.0	0.0
一直喜欢传统藏式建筑风格	27.9	47.4	38.4	46.6	31.4	4.3	2.3	1.7	0.0	0.0

在传统礼仪方面，龙达村75.6%的人认为如果家里接待游客，会按照藏族传统礼仪为他们服务。有关藏式婚礼的调查显示：62.8%的人一直喜欢传统的藏式婚礼，选择"不确定"的比例为33.7%。61.2%的人同意现在当地群众结婚仍然采用藏式婚礼，选择"不确定"的比例为35.3%。在民俗活动方面，近2/3的人经常参与一些藏族的传统民俗活动。67.1%的人认同"在旅游接待中，参与表演藏族传统民俗文艺活动时很自豪，很骄傲"，但是选择"不确定"的人数比重接近1/3。对于"在旅游接待中，某些藏族传统民俗类的表演项目程序和内容越来越简化"和"在旅游接待中，某些原来只在特定日期开展的藏族传统民俗活动会经常性反复表演"两个选项，选择"完全同意"和"同意"的累计比例分别为54.1%和46%，选择"不确定"的比例分别为40%和44.9%。通过数据统计可以得出，龙达村村民认为旅游发展对传统礼仪变化的影响存在不确定性，这一方面与所在松赞干布出生地旅游景区的发展程度有重大关系，另一方面与当地民俗活动和旅游发展融合的程度密切相关。

赤康村91%的人认为如果家里接待游客，会按照藏族传统礼仪为他们服务。藏式婚礼的调查显示：93.2%的人一直喜欢传统的藏式婚礼。86.8%的人同意现在当地群众结婚仍然采用藏式婚礼。在民俗活动方面，91%的人经常参与一些藏族的传统民俗活动。92.1%的人认同"在旅游接待中，参与表演藏族传统民俗文艺活动时很自豪，很骄傲"。对于"在旅游接待中，某些藏族传统民俗类的表演项目程序和内容越来越简化"和"在旅游接待中，某些原来只在特定日期开展的藏族传统民俗活动会经常性反复表演"两个选项，选择"完全同意"和"同意"的累计比例分别为44.7%和44.8%，选择"不确定"的比例分别为42.9%和45.8%。通过数据统计可以得出，赤康村与龙达村相同之处在于，村民认为旅游发展对传统礼仪变化的影响存在不确定性，这与援建旅游景区后续发展带动作用不强存在密切关系。不同之处在于村民在旅游接待中，参与表演藏族传统民俗文艺活动时的自豪感高（见表8-5）。

表 8-5 旅游发展影响的龙达村和赤康村传统礼仪和民俗活动变迁统计

单位:%

选 项	完全同意		同意		不确定		不同意		完全不同意	
	龙达	赤康	龙达	赤康	龙达	赤康	龙达	赤康	龙达	赤康
如果家里接待游客,会按照藏族传统礼仪为他们服务	37.2	40.5	38.4	50.5	23.2	6.3	1.2	0.9	0.0	1.8
一直喜欢传统的藏式婚礼	31.4	46.2	31.4	47.0	33.7	4.2	3.5	0.9	0.0	1.7
现在当地群众结婚仍然采用藏式婚礼	29.4	46.5	31.8	40.4	35.3	10.4	3.5	1.8	0.0	0.9
经常参与一些藏族的传统民俗活动	48.2	43.2	18.8	47.8	30.6	4.5	2.4	3.6	0.0	0.9
在旅游接待中,参与表演藏族传统民俗文艺活动时很自豪,很骄傲	31.7	53.9	35.4	38.2	30.5	5.9	1.2	1.0	1.2	1.0
在旅游接待中,某些藏族传统民俗类的表演项目程序和内容越来越简化	17.6	15.2	36.5	29.5	40.0	42.9	4.7	9.7	1.2	2.7
在旅游接待中,某些原来只在特定日期开展的藏族传统民俗活动会经常性反复表演	14.9	16.8	31.0	28.0	44.9	45.8	9.2	9.4	0.0	0.0

　　在宗教信仰方面,调查数据显示,龙达村和赤康村近90%的人将藏传佛教作为基本信仰,80%的人一直很尊敬当地的喇嘛,75%的人会经常参与一些日常宗教活动。这表明藏传佛教在村民生活信仰中的重要性,同时也说明旅游发展对他们的宗教信仰并没有产生太大的影响。

　　在传统文化和节日方面,龙达村60.4%的人认为对藏族的一些传说、民间故事等传统文化十分了解,近40%的人则表示不是十分了解其传统文化。近90%的人认为藏族的一些传统节日(雪顿节、藏历新年等)十分重要。96.6%的人一直以藏族传统文化为荣。对于"现在汉族的一些传统节日(中秋节、春节等)也受到了欢迎"选项,认同比例为 58.2%，"不确定""不同意"和"完全不同意"的比例累计达 41.8%。对于"国外的一些节日（圣诞节、情人节等）偶尔也会参与"选项，认同比例为 46.5%，"不确定""不同意"和"完全不同意"的比例累计达 53.5%。这表明，在旅游发展作用下，相较于汉族传统节日和国外节日，村民更加注重对本民族传统文化认同且具有很高的自豪感。赤康村 88.5% 的人认为对藏族的一些传说、民间故事等传统文化十分了解。99.1% 的人认为藏族的一些传统节日（雪顿节、藏历新年等）十分重要。98.2% 的人一直以藏族传统文化为荣。对于"现在汉族的一些传统节日（中秋节、春节等）也受到了欢迎"选项，认同比例为 49.1%，"不确定""不同意"和"完全不同意"的比例累计达 50.9%。对于"国外的一些节日（圣诞节、情人节等）偶尔也会参与"选项，认同比例为 24.1%，"不确定""不同意"和"完全不同意"的比例累计高达 75.9%。从调研结果可以看出，赤康村与龙达村相似，都表现出在旅游发展作用下，村民更加注重对本民族传统文化的认同且具有很高自豪感（见表 8-6）。

表 8-6　旅游发展影响的龙达村和赤康村传统文化和节日变迁统计　单位:%

选　项	完全同意		同意		不确定		不同意		完全不同意	
	龙达	赤康	龙达	赤康	龙达	赤康	龙达	赤康	龙达	赤康
对藏族的一些传说、民间故事等传统文化十分了解	20.9	31.0	39.5	57.5	39.6	10.6	0.0	0.0	0.0	0.9
藏族的一些传统节日（雪顿节、藏历新年等）十分重要	47.7	66.1	41.9	33.0	10.4	0.9	0.0	0.0	0.0	0.0
现在汉族的一些传统节日（中秋节、春节等）也受到了欢迎	16.3	17.3	41.9	31.8	39.5	34.6	2.3	11.8	0.0	4.5
国外的一些节日（圣诞节、情人节等）偶尔也会参与	16.3	10.2	30.2	13.9	47.7	42.6	2.3	22.2	3.5	11.1
一直以藏族传统文化为荣	41.9	56.1	54.7	42.1	1.1	0.9	2.3	0.0	0.0	0.9

从旅游发展对龙达村和赤康村的衣食住行、传统礼仪和民俗活动、宗教信仰、传统文化和节日四个方面变迁的统计数据可以看出，在旅游援藏作用下，松赞干布出生地和霍尔康庄园的旅游发展对两个村村民的价值观念和生活方式的影响较小。他们平时主要穿藏服，并且喜欢藏服这样的穿着方式。旅游发展后，尽管日常主要食物跟以前相比有较大改变，但仍然是糌粑酥油等传统藏餐，而且也喜欢这样的饮食习惯。在建筑风格上，他们也是一直喜欢传统藏式风格。同时，旅游发展对他们的宗教信仰并没有产生影响，藏传佛教是基本信仰，喇嘛在当地人的心目中仍然很重要。旅游发展促使其更加重视传统文化和传统节日，更加重视和热爱藏族传统礼仪，他们会经常参与一些传统民俗活动的表演，并感到自豪。

（五）旅游发展影响的语言变迁分析

在语言掌握情况方面，龙达村96.6%的人的藏语听说都没问题，能简单交流、知道一些词语但不能交流的人各占1.7%。普通话不会的人占48%，听说没问题和能简单交流的人各占22%，知道一些词语但不能交流的占8%。汉语方言不会的人占74.2%，知道一些但不能交流的占14.6%，听说没问题和能简单交流的比例很低，各占5.6%。英语或其他外语不会的人的比例为93%，能简单交流的占1.2%，知道一些但不能交流的占2.3%，听说没问题的占3.5%。可见，龙达村当地人都会藏语，藏语听说都没问题，但是相较于藏语，会普通话的人很少，更不用说汉语方言和英语及其他外语了。当地居民日常交流主要是用藏语，占88.37%，其次是藏语夹杂汉语，占8.14%，汉语交流的占3.49%。

赤康村92.37%的人的藏语听说都没问题，能简单交流的占6.78%，知道一些词语但不能交流的占0.85%。普通话不会的人的比例为25.43%，听说没问题和能简单交流的分别占22.03%和36.44%，知道一些词语但不能交流的占16.10%。汉语方言不会的人占63.57%，知道一些但不能交流的占15.25%，听说没问题和能简单交流的比例很低，分别占5.93%和15.25%。英语或其他外语不会的人的比例为66.10%，能简单交流的占4.24%，知道一些但不能交流的占18.64%，听说没问题的占11.02%。数据表明，赤康村当地人都会藏语，藏语听说都没问题。会普通话的人的比例较高，接近60%。但是，不说汉语方言、英语或其他外语的人的比例较高。当地居民日常交流主要是用藏语，占92.4%，其次是汉语交流，占4.8%，藏语夹杂汉语占2.9%（见表8-7）。

表8-7　　　龙达村和赤康村语言掌握情况统计　　　单位:%

选项	听说都没问题		能简单交流		知道一些词语，不能交流		不会	
	龙达	赤康	龙达	赤康	龙达	赤康	龙达	赤康
藏语	96.60	92.37	1.70	6.78	1.70	0.85	0.00	0.00
普通话	22.00	22.03	22.00	36.44	8.00	16.10	48.00	25.43
汉语方言	5.60	5.93	5.60	15.25	14.60	15.25	74.20	63.57
英语或其他外语	3.50	11.02	1.20	4.24	2.30	18.64	93.00	66.10

随着旅游业的发展，外来人口增多，村民与游客的交流也会不断增加。村民只懂藏语，会用汉语、英语或其他外语与游客交流的人少，这样会阻碍正常的交流，交流有了障碍，不利于旅游业的发展。旅游业的发展使外来词汇不断涌入，尽管村民对普通话、汉语方言、英语或其他外语语言掌握的情况不是很好，但是他们非常希望能与外来游客流利交流，这种语言交流渴望在龙达村和赤康村都普遍存在（见图8-3）。

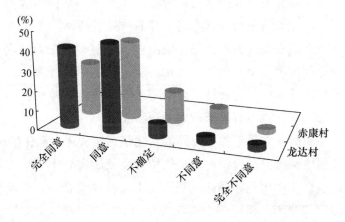

图8-3　龙达村和赤康村对旅游发展中语言交流重要性的认同

（六）旅游发展影响的社会文化变迁调研结论

通过分析江苏省南京市对口支援墨竹工卡县甲玛乡松赞干布出生地和霍尔康庄园两大景区的旅游发展对龙达村和赤康村在人口、社会结构、价值观念生活方式、语言四个方面社会文化变迁情况的影响，得到以下结论：

第一，旅游业的发展带来了外来人口的增多，同时当地存在较为严重的季节性从业变动。但是，村民并没有因为旅游业发展而向旅游景区周边集中发展。

第二，旅游发展影响下的社会结构变迁呈现两个特征，在经济利益分配和女性发展地位两个方面，多数人认为外来经商人员从旅游中获取了大多利益，只有少数村民获取了利益；同时，旅游业发展为女性提供了就业机会，女性也有机会走出家庭从事其他行业的工作。但旅游发展对居民的日常生活环境（如村容村貌、生活节奏、出行方式等）是否有所改变，邻里、亲戚关系、传统大家庭结构等方面的影响变迁并不明显。

第三，旅游发展影响下的居民生活方式和价值观念变迁程度小，在服饰、饮食、建筑风格、传统礼仪和节日没有产生大的影响。但是，旅游发展促使其更加重视传统文化和传统节日，重视和热爱藏族传统礼仪，平时经常参与一些传统民俗活动的表演，增加了本民族自豪感。

第四，旅游发展对其宗教信仰没有产生影响，藏传佛教仍是当地居民信仰，大多数居民会经常参与一些日常宗教活动。

第五，在语言变迁方面，随着旅游业的发展，外来人口增多，当地村民与外来游客的交流也相应增加，旅游业发展使外来词汇不断涌入。虽然村民运用汉语普通话、外语等语言沟通存在障碍，但是他们非常希望能够与外来游客进行流利的语言交流。

二　旅游援藏作用下的地方民族文化精英与文化传承保护研究

在案例地调研中发现，地方文化精英在旅游发展中文化传承与保护中扮演着重要的角色，因此，基于地方文化精英视角，以西藏非物质文化遗产"甲玛谐钦"为个案较为全面、立体地呈现地方民俗文化精英在民族文化保护中的作用研究。

精英理论的奠基人之一帕累托认为精英是指最强有力、最生气勃勃和最精明能干的人。① 而在中国，相关学者结合社会实际，对"精英"概念进行了重新诠释。项辉认为中国乡村精英应该指这样的一种社区成员，他们在某些方面拥有比一般成员更多的优势资源，并利用资源取得了成功，为社区做出了贡献，从而使他们具有了某种权威，能够对其他成员乃至社区结构产生影响。② 还有一部分学者从个人能力方面来界定乡村精英，吕世辰认为农村精英指的是农村中在村民中有威望、有影响力和号召力的人。③ 笔者认为精英主要是指拥有较多传统文化或地方性知识等文化资源，并利用这些资源服务于乡土社会，获得他人赞许和认可，具有较高威望的人士。

曹玮认为自 20 世纪 80 年代以来，民间祭祀的复兴运动得到当地更多人的关注，特别是作为地方特色文化项目被政府重视并对外宣传时，越来越多的地方人士参与到民间祭祀仪式之中，将其作为一项地方性事业来推动，民间祭祀仪式的规模、内容、程式等方面也相应地发生着变化。他着重分析了在民间祭祀得到重视的同时，其变化的民间推动力量，以及民间祭祀本身如何在这种推动力量中变革，探讨了地方民俗精英如何在民间祭仪复兴中发挥主导作用。④ 吴晓娟仔细分析了地方民俗精英在云丘山传统庙会重构中所发挥的作用，以及地方民俗精英运作下云丘山中和节的现行发展，认为在非物质文化遗产保护的大背景下地方民俗精英参与传统节日的复兴应该积极发挥主导作用。⑤ 毛巧晖借鉴史学的社会分层模型，认为地方民俗文化精英主要指某一区域民俗活动中，在本区域有名声、有影响的组织参与者以及

① ［意］帕累托：《普通社会学纲要》，田时纲译，生活·读书·新知三联书店 2001 年版，第 298 页。

② 项辉：《乡村精英格局的历史演变及现状——"土地制度—国家控制力"因素之分析》，《中共浙江省委党校学报》2001 年第 5 期。

③ 吕世辰、胡宇霞：《农村精英及其社会影响初探》，《山西师大学报》（社会科学版）2003 年第 1 期。

④ 曹玮：《地方民俗文化精英与民间祭祀的复兴：以当代天水伏羲庙民间祭仪为例》，硕士学位论文，华东师范大学，2010 年，第 4—5 页。

⑤ 吴晓娟：《地方民俗文化精英与传统节日的复兴和重构——以山西乡宁云丘山中和节为例》，硕士学位论文，山西师范大学，2014 年，第 3—4 页。

与地方权力机构可以联系、沟通的民俗活动参与者，他们在当前"非遗"这一大语境中，积极活跃，成为民族文化保护中特殊的角色，在民族文化保护这一体系中发挥着重要的作用与意义。① 杨洪林和姚伟钧将非物质文化遗产传承放在中国现代社会历史背景下思考，从乡村文化精英这一非物质文化遗产传承主体的历史变迁，以及实施代表性传承人制度以来乡村文化精英的流动等方面来审视保护工作的得失，并提出相关建议，以促进保护工作走向深入。② 邱玮认为在现代旅游开发场域中，地方精英作为一种内源性的社会力量，在内外因素推动下得以恢复和发展，能带领社区村民进入文化自觉阶段，在地方旅游开发中发挥重要作用。③

（一）"甲玛谐钦"历史和发展现状

"甲玛谐钦"又称为"勉鲁"（音译，也译作"美鲁""敏鲁"），是甲玛乡人的传统歌舞。在其发展的各历史阶段中，演出形式也有不同程度的变化，名称也各有不同。其最初称"谐玛"，由16名女子参与演出，后来发展为"谐巴谐玛"，由男女各16名演员共同演出，如今，这一艺术形式被称为"谐钦"，由16人以上演出，根据不同的演出内容，背景音乐和演员的着装、步调、演唱形式都各有不同，使演出的内容更加宽泛，具有很高的观赏性。"谐"是藏语中歌舞的意思，"钦"则是盛况或隆重的意思，"谐钦"即迎请上层人士等盛大庆典场合表演的一种歌舞。它具有悠久的历史、丰富的内涵以及浓郁的地方特色，被称为"古老的宫廷舞蹈"，这种表演形式广泛流传于拉萨、山南、日喀则、阿里等地区，而且在继承和发展过程中，已形成一种独具本地特色的歌舞表演艺术。

随着时间的推移，整个甲玛乡能够唱念"甲玛谐钦"词曲的老人只有10名左右，且平均年龄都在70岁以上，有的甚至已达90岁高

---

① 毛巧晖：《地方民俗文化精英与民族文化传统的保护——以湖北鹤峰山民歌的传承为例》，《广西民族师范学院学报》2012年第5期。

② 杨洪林：《乡村文化精英与非物质文化遗产保护》，《江西社会科学》2011年第9期。

③ 邱玮：《旅游开发中的地方精英——云南大理诺邓白族村的个案研究》，硕士学位论文，云南大学，2008年，第53页。

龄。"甲玛谐钦"文化面临着濒临失传的境地。昔日，那深沉的歌声似乎将要隐匿，那稳健的步伐也似乎将被淹没在岁月的尘埃里。它曾是盛大庆典场合中必不可少的表演项目，它曾唱响甲玛乡人对自然、英雄和民族团结的赞歌。然而经历了 1300 多年的时空变换，能传唱它优美旋律的只有 10 人左右。据了解，当前"甲玛谐钦"表演者的平均年龄都在 40 岁以上，年龄偏大，而且文化程度普遍不高。而年轻人对于传统文化的感性认识不足，继承发展的意愿不太强烈，他们更希望能够走出去，加之"甲玛谐钦"对继承人本身歌舞要求较高，导致"甲玛谐钦"面临继承人缺失的尴尬局面。尽管文化职能要求政府必须对文化的发展起到重要作用，但是政府职能的实现本身又具有一定的滞后性，而且不排除政府官员为了经济发展而忽略文化发展，这就造成了"甲玛谐钦"濒临断绝失传的危局。为了保留民族文化的火种，守护民族的精神家园，进一步抢救、传承和开发"甲玛谐钦"文化遗产工作已经刻不容缓。

通过调研得知，"甲玛谐钦"最初是由央吉、卓玛玉杰、乌金、次仁扎西、白姆、洛桑次仁等村民自发组织演出，也仅仅是在大型节日上进行表演庆祝。后经甲玛乡小学原校长次仁申请，"甲玛谐钦"于 2008 年、2012 年相继被纳入墨竹工卡县级和拉萨市级非物质文化遗产。在索朗多吉的组织和带领下，2012 年 12 月 10 日，成立了名为"甲玛赤康雪业余文艺队"的民间艺术团，聘请村里能够表演这种歌舞的、年过七旬的老者为这支业余文艺队的艺术指导。在大家的共同努力下，"甲玛谐钦"的演出逐渐恢复，并且整理了 19 首濒临失传断绝的歌舞唱词。2013 年，在当地政府的大力支持下，他们专门建成了"甲玛谐钦"的传习馆，组织年轻人进行集中学习。"甲玛谐钦"于 2013 年被纳入西藏自治区非物质文化遗产项目考评范围，2014 年 5 月，"甲玛谐钦"顺利通过考评，正式成为西藏自治区级非物质文化遗产，受到了来自社会各界更多的关注。

（二）民俗文化精英代表人物——"西藏自治区级非物质文化遗产'甲玛谐钦'传承人索朗多吉"简况

索朗多吉，男，52 岁，藏族，西藏自治区墨竹工卡县甲玛乡赤康村人，小学学历，现为甲玛乡谐钦艺术团负责人，西藏自治区非物质文化遗产传承人。2009 年返回赤康村，2010 年开办了甲玛赤康雪农牧度假村并正式对外营业，同时带头开展了对逐渐消逝的"甲玛谐钦"保护传承工作。2012 年 12 月，成立了甲玛赤康雪业余文艺队，逐渐恢复了"甲玛谐钦"的演出，并且收集整理了 19 首濒临失传断绝的歌舞唱词。2014 年 6 月 14 日，索朗多吉率领艺术团成员参加西藏自治区第九届非物质文化遗产的汇报演出，同时西藏自治区政府副主席给索朗多吉颁发了自治区非物质文化遗产传承人的证书。

（三）民俗文化精英代表人物——甲玛乡中心小学原校长次仁简况

次仁，男，45 岁，藏族，大学本科学历，曾任西藏自治区墨竹工卡县甲玛乡中心小学校长，甲玛乡旅游发展咨询顾问，其率先对"甲玛谐钦"进行传承保护。2008 年，带领赤康村村民申请立项了墨竹工卡县级非物质文化遗产。2011 年荣获西藏自治区"两基"工作先进个人，2012 年又带头申请立项了拉萨市市级非物质文化遗产，2012 年 12 月，与索朗多吉成立了"甲玛赤康雪业余文艺队"并担任指导顾问。

（四）民俗文化精英在传统文化保护中的作用分析

针对地方传统文化保护及传承所涉及的 8 个问题进行数据统计对比分析，将问卷分为两组，一组为文化精英组 2 人（索朗多吉和次仁），另一组是对比组 30 人（普通村民）。问题选项答案"完全同意"赋值为 1，"同意"赋值为 2，"不确定"赋值为 3，"不同意"赋值为 4，"完全不同意"赋值为 5。从表 8 - 8 可以看出，精英组和对比组都认为自身有保护和继承本民族的优秀传统文化责任，都完全同意"加强对游客的引导和监督有助于保护乡村传统文化"和"村民的责任感和使命感，在民族文化的保护与传承中起到非常关键的作用"，表明其对于自己本民族的文化有着深厚的认同感和归属感，虽然认为保护和继承本民族的优秀传统文化应由政府统一规划，但是自己作为本村的村民，自己的责任感和使命感也应该在民族文化的保护与传承中发挥着积极主动的作用。

表 8 - 8　地方民俗精英和普通农牧民对传统民族文化保护与传承的认知对比

序号	选项	精英组	对比组
1	保护和继承本民族的优秀传统文化应由政府统一规划，与村民关系不大	4	4
2	加强对游客的引导和监督有助于保护乡村传统文化	1	1
3	村民的责任感和使命感，在民族文化的保护与传承中起到非常关键的作用	2	2
4	政府修建博物馆有利于促进民族文化的保护与传承	2	3
5	加强对青少年的教育是保护及传承民族优秀文化的当务之急	2	3
6	当前，政府成立一些民间团体或专门组织对保护和传承本村民族文化作用不大	5	2
7	当前，政府通过赞助一些文化传承人对保护和传承本村民族文化作用不明显	4	3
8	当前政府出台的有关文化保护及传承的相关政策法规会影响到你的经济利益	2	3

在"当前，政府成立一些民间团体或专门组织对保护和传承本村民族文化作用不大"和"当前，政府通过赞助一些文化传承人对保护和传承本村民族文化作用不明显"两个选项中，普通村民都普遍持认同意见，但是地方民俗精英却持相反意见，调研中提及的"甲玛赤康雪业余文艺队"和自治区非物质文化遗产继承人对传统文化保护和传承有较大作用。普通农牧民对"当前政府出台的有关文化保护及传承的相关政策法规会影响到你的经济利益"的意见不确定，而地方民俗精英持同意态度，政府加大对"甲玛谐钦"保护传承工作力度，使索朗多吉和次仁更加注重本民族文化发掘、加工和保护工作，同时获得相应直接或间接经济利益。以索朗多吉为例，一方面积极参与传统文化保护工作，同时主要从事旅游接待和服务工作，为游客提供介绍有关赤康历史、文化、宗教等方面讲解服务。他所经营的度假村年均收入达 5 万—6 万元，2013 年是经济效益最好的一年，旅游旺季（6—9 月）纯经济收入达到 6 万元。

（五）地方民俗文化精英在传统文化保护中的对策建议

正如邱玮研究所指出的：在旅游开发中，地方精英起到了对外文化表述和对内文化重构的双重作用，并在旅游开发中扮演着各项事务的组织者和行动者，促进旅游开发和文化保护的顺利进行。[①] 因此，旅游援藏背景下应注重地方民俗文化精英在民族特色文化保护和传承中的重要作用，应积极关注这个群体，并做好如下工作：

第一，加大对地方民俗文化精英挖掘力度，特别是类似非物质文化遗产传承人、熟悉地方文化且愿意参与旅游发展并提供咨询指导的较高社会威望的人士。各级政府应给予这类群体一定的经济资助和荣誉称号来壮大民俗文化精英群体，既能有效发掘、宣传、保护和传承地方文化，同时也能将地方文化融入旅游发展中来，实现两者有效互动。

第二，采取措施切实推动地方民俗文化精英参与旅游发展工作，使传统地方文化保护和传承工作与旅游发展形成良性互动发展，地方民俗文化精英是民族地方性知识的所有者和表述者，援藏单位、西藏各级政府、旅游企业应重视和吸收其参与旅游发展。

第三，充分发挥地方民俗文化精英参与保护和传承地方文化引领作用，实现地方性文化延续和重建。从案例中可以看出，索朗多吉在旅游援藏背景下自觉参与旅游经营活动，开办度假村和从事旅游文化宣传工作，次仁自觉参与甲玛乡旅游发展并当担旅游发展顾问，他们是当地文化重建和旅游开发工作中的引导者、组织者和参与者，通过参与旅游业使当地居民更加充分地认识到了本民族文化的魅力，增强了民族自豪感，认识到保护和传承自己文化的必要性。

第四节　上海市对口支援江孜县帕拉庄园旅游发展案例分析

上海市发挥经济优势，将自身优势资源与日喀则旅游发展需求结

---

① 邱玮：《旅游开发中的地方精英——云南大理诺邓白族村的个案研究》，硕士学位论文，云南大学，2008 年，第 52 页。

合起来，推进日喀则旅游业快速发展。对口援藏中创新旅游援藏理念，拓宽援藏领域，实现对口援藏资金增量投入，大量援藏资金投入和项目建设为日喀则市旅游业发展提供有力支撑。本节选取上海市对口支援的日喀则市江孜县帕拉庄园旅游景区为案例地，重点探讨旅游援藏作用下的帕拉庄园旅游持续发展问题。

一　帕拉庄园旅游发展优势条件分析

帕拉庄园是西藏大贵族帕拉家族的主庄园，全称帕觉拉康，位于江孜县城西南约4千米的班觉伦布村，是目前西藏唯一保存完整的旧西藏三大领主贵族庄园。2013年被列入第七批全国重点文物保护单位。2015年，上海市第七批援藏小组投资250万元，对游客停车场、休闲广场、旅游服务中心等进行改造，对帕拉庄园前后花园进行环境整治及绿化美化，恢复原庄园后花园内的接待室、庄园厨房以及电影《红河谷》的取景场所等，新增庄园文化体验馆。如今的帕拉庄园，生动再现帕拉家族当年的豪华生活场景。[①] 因此，帕拉庄园发展旅游具有得天独厚的优势条件。

第一，帕拉庄园地处江孜县城附近，省道307从班久伦布村穿过，是江孜到日喀则的必经之路，也是由日喀则市到达亚东的必经之路，优越的交通位置对于帕拉庄园旅游业的发展也提供了便利条件。

第二，帕拉庄园地处年楚河河谷，这里历来是西藏青稞和油菜的主要产区，使人们在领略人文景观的同时，还能够欣赏到美丽的自然景观。

第三，江孜县城除帕拉庄园之外，还有宗山抗英遗址、白居寺及紫金湿地等景区，可以形成一系列的景区链条，景区共生，具有一定的旅游优势。

第四，当地政府大力支持。江孜县有关单位对当地旅游业的发展都表现出极大的积极性，并且已经开始着手制定当地旅游业发展规划。

第五，当地村民对发展旅游业具有积极性，对帕拉庄园旅游产业的发展给予了极大的支持。

---

① 《浦东援藏：授人以鱼不如授人以渔》，http://sh.people.com.cn/n/2015/0807/c134768-25883696.html，2015年8月7日。

帕拉庄园的旅游开发已经持续了一段时间，每天都会有一些旅游团体抵达帕拉庄园，加深对传统藏族文化的了解。经过对当地村民的访谈，调研人员了解到当地村民对于帕拉庄园的旅游开发充满期待。他们认为，现阶段帕拉庄园的开发还没有起到应有的带动作用，没有给周边的村民带来实际的利益。在调研过程中，调研人员也发现帕拉庄园对于班久伦布村的影响有限，仅仅在庄园的周边有限地存在着少数藏家乐及商店，且经营规模有限，更多的村民希望能够从帕拉庄园的旅游开发中获得更多的经济收益。

二 帕拉庄园旅游持续发展遇到问题分析

第一，每天虽然有游客到达帕拉庄园，但是游客在帕拉庄园停留的时间大约为两到三个小时，然后就会离开，在帕拉庄园附近过夜的游客基本没有，他们基本将帕拉庄园作为由拉萨到达日喀则的旅游过境地，但不会作为长时间停留的旅游目的地。

第二，当地村民对于帕拉庄园的认识还应进一步加深，进一步挖掘其深层次的文化内涵，只有在对当地文化十分清楚了解的基础之上，才能够发挥自身优势，促进当地旅游业的发展。

第三，当地依托帕拉庄园发展的相关产业结构还略显单一，班久伦布村村民只是在帕拉庄园周边开设了一些便民小店，出售一些具有当地藏族特色的食品及手工艺品，规模更大一些的经营了藏家乐，除此之外没有别的经营方式。

第四，当地政府虽然制定了旅游发展规划，但是在资金及政策引导方面发挥的作用却有待于进一步提高。

第五，现阶段来到帕拉庄园的都是随团而来或是对帕拉庄园具有一定认知的游客，对于大部分人来说，帕拉庄园是陌生的，因此应进一步加大宣传力度，使更多的人对帕拉庄园有所了解，这样有助于扩大潜在游客规模。

第六，旅游基础设施薄弱。帕拉庄园虽然已经开发了一段时间，但由于各个方面因素的影响，庄园的旅游接待基础始终没有得到大幅度的提升，这与其旅游接待基础的薄弱有密切关系。帕拉庄园景区内交通、食宿、公共厕所等一系列基本设施的配套程度不足，游客只能在旅游景区入口处看到几家零售商店，游客下车最多的去处就是排队等候上厕所，还有偶尔光顾一下纪念品摊位。景区内部餐饮住宿方面也存在缺陷，旅游景区周围几乎没有可以提供餐饮的地方，住宿方面只有几家村民自己开的家庭旅馆，难以满足较多游客住宿需要。

三　旅游援藏作用下的帕拉庄园旅游持续发展对策建议

上海市对口援藏为全国重点文物保护单位、国家 AAAA 旅游景区帕拉庄园基础设施完善提供了重要支援，通过实地调研发现该旅游景区后期经营运行仍存在诸多困难，故提出以下对策建议。

第一，针对游客在帕拉庄园停留时间过短的问题，应该有效开展宣传活动。一方面，加大对对口援藏方上海市市场营销的力度，增加上海市游客客源输送量。另一方面，加大对过境的江孜县游客宣传力度，增加停留时间。另外，要适当增加旅游景区开发深度，特别是增加旅游景区对现实教育意义。

第二，针对帕拉庄园周围商业场所较少的情况，当地政府应该积极引导村民参与旅游业的发展中来，改变其单一的依靠农牧业生活的局面。在实地调研中了解到，相当一部分的村民想通过参与当地旅游业发展而从中获益，参与旅游发展愿望非常强烈。同时，针对当地村民对于帕拉庄园认知不足的情况，当地政府应该对村民进行集中的培训，增强他们对于帕拉庄园的认识，有利于当地旅游业的发展。

第三，进一步加大对帕拉庄园的开发，提升其历史、文化、教育等方面的价值。当地经济发展水平的限制使村民没有更多的资金投入旅游业中，这就需要对口援藏上海市的后续资金支持，从对口援藏资金中对其旅游发展予以倾斜并形成持续性，同时通过政策引导吸收社会资本加入旅游景区发展中来，为其旅游持续发展提供充足资金支持。

第五节　旅游援藏典型案例总结与启示

综合上述四个典型旅游援藏案例，可以看到，本书从理论和案例互动视角构建了旅游援藏对西藏自然类和人文类两大类型旅游目的地发展影响途径、发展模式和作用机制，并提出相应发展对策建议，得到如下结论和启示：

第一，旅游援藏作用于西藏旅游目的地发展的机制表现为，支援方外在供给驱动与西藏受援方地方发展需求驱动相结合，并不是单一方作用力驱动西藏旅游发展，在内外驱动力共同作用下推动西藏旅游目的地快速发展。

第二，旅游援藏项目普遍存在后续经营管理问题。如江苏省南京市对口支援拉萨市墨竹工卡县甲玛乡松赞干布出生地旅游景区和霍尔康庄园旅游景区、上海市对口支援日喀则市江孜县帕拉庄园旅游发展，如果不能有效解决项目持续发展问题，将会导致大量资源浪费和闲置，而这些资源花费了对口援藏省市大量人力、物力和财力。如何保障旅游援藏项目能持续发展？实现旅游援藏项目所有权、管理权和经营权统一向分离经营模式转变值得参考和借鉴。

第三，旅游援藏影响下的当地居民参与旅游发展意愿非常强烈，成为推动旅游发展内在驱动力。案例研究中，在自然和人文两大类型旅游目的地发展中都存在当地居民希望通过参与旅游发展从中获取经济利益，以提高自身生活水平和生活质量的情况。

第四，旅游援藏对西藏旅游目的地社会变迁影响表现为五个方面：一是旅游业发展带来了外来人口增多，并存在较为严重的季节性从业变动。二是旅游业发展为女性提供了就业机会，女性也有机会走出家庭从事其他行业的工作。但旅游发展对居民的日常生活环境（如村容村貌、生活节奏、出行方式等）是否有所改变，邻里、亲戚关系、传统大家庭结构等方面的影响变迁并不明显。三是旅游发展影响下的居民生活方式和价值观念变迁程度小。但是旅游发展促使其更加重视传统文化和传统节日，重视和热爱藏族传统礼仪。四是旅游发展对其宗教信仰没有产生影响，藏传佛教仍受当地居民信仰。五是随着旅游业发展，外来游客增加，当地居民非常希望能与外来游客进行流利的语言交流。

第五，在西藏旅游目的地传统文化保护内在需求发展方面，地方民俗文化精英对西藏民族传统文化保护与传承具有重要意义，并且应认识到其在西藏传统文化在旅游发展中的重要作用。旅游援藏应充分发挥民俗文化精英作用，研究其参与旅游发展引导和保障机制，共同推动西藏旅游发展中的传统文化保护与传承工作。

第九章 对口援藏省市资金投入对西藏旅游发展效果评估

对口援藏是中央西藏工作总体部署的重要组成部分，在促进西藏经济社会持续发展、传承与保护民族文化、提高各族人民生活水平和维护民族团结等方面发挥重要作用。20多年来，对口援藏省市不断加大援藏资金投入力度，不仅为西藏各项社会事业发展注入强大动力，而且成为西藏旅游经济发展重要推动力。结合统计数据与实地调研资料，测算2002—2013年对口援藏省市援藏资金累计投入的西藏旅游经济发展效应，重点分析2002—2013年四个援藏周期对口援藏省市资金投入对西藏旅游经济发展效应、区域差异与影响因素。

第一节 对口援藏省市基本格局历史演变

自1994年中央第三次西藏工作座谈会确定的"分片负责、对口支援、定期轮换"支援西藏政策以来，对口援藏省市格局根据中央部署和地方省市自身现实情况发生了四次演变，分别是1995—2000年15个省市对口支援西藏、2001—2004年18个省市对口支援西藏、2005—2015年17个省市对口支援西藏和2016年至今17个省市对口支援西藏调整格局。

一 15个省市对口援藏格局（1995—2000年）

根据中央要求，内地的两三个省对口支援西藏的一个地市，从而建立起相对稳定的对口支援关系，促进西藏经济和社会发展。至此，首批确定的内地15个省市开展对口支援西藏7个地市44个区县（见表9-1），1995—2000年，15个对口援藏省市、中央部委对西藏援建项目为 716 个，累计资金投入 31.6 亿元，其中 15 个对口援藏省市援建项目为 576 个，累计资金投入为 22.4 亿元，所占比例分别高达 80.44% 和 70.89%。[①]

表 9 – 1　　　　　　　　15 个省市对口支援西藏基本格局

序号	对口援藏省市	对口受援地区	序号	对口援藏省市	对口受援地区
1	北京市	拉萨市城关区、龙德庆县、当雄县、尼木县、林周县、曲水县、达孜县、墨竹工卡县	8	天津市	昌都地区昌都县、芒康县、江达县、察雅县、类乌齐县、八宿县
2	江苏省		9	四川省/重庆市	
3	上海市	日喀则地区城关区、白朗县、昂仁县、聂拉木县、定日县、江孜县、亚东县、拉孜县	10	浙江省	那曲地区那曲县、比如县、嘉黎县、安多县、索县、巴青县
4	山东省		11	辽宁省	
5	湖北省	山南地区乃东县、琼结县、曲松县、加查县、贡嘎县、扎囊县、隆子县、桑日县	12	河北省	阿里地区札达县、日土县、噶尔县、普兰县
6	湖南省		13	陕西省	
7	广东省	林芝地区林芝县和波密县	14	福建省	林芝地区米林县和朗县

在此期间，15 个对口援藏省市基本格局为：北京市和江苏省对口支援拉萨市，实行"一区对一区（县）"援藏模式，其中北京市海淀区对口支援拉萨市城关区，昌平区对口支援堆龙德庆县，通州区对口支援当雄县，顺义区对口支援尼木县。江苏省苏州市对口支援林周县，泰州市对口支援曲水县，镇江市对口支援达孜县，南京市对口支援墨竹工卡县。上海市和山东省对口支援日喀则地区，其中上海市对

---

① 潘久艳：《全国援藏的经济学分析》，四川大学出版社 2009 年版，第 101 页。

口支援日喀则地区定日县、江孜县、亚东县、拉孜县四个县，山东省对口支援日喀则地区城关区、白朗县、昂仁县和聂拉木县。湖南省和湖北省对口支援山南地区，其中湖南省对口支援贡嘎县、扎囊县、隆子县和桑日县，湖北省对口支援乃东县、琼结县、曲松县和加查县。广东省和福建省对口支援林芝地区，其中广东省对口支援林芝县和波密县，福建省对口支援米林县和朗县。天津市、四川省和重庆市对口支援昌都地区，其中天津市对口支援昌都县、芒康县和江达县，四川省对口支援察雅县、类乌齐县和八宿县。浙江省和辽宁省对口支援那曲地区，其中浙江省对口支援那曲县、比如县和嘉黎县，辽宁省对口支援安多县、索县和巴青县。河北省和陕西省对口支援阿里地区，其中河北省对口支援札达县和日土县，陕西省对口支援噶尔县和普兰县。

1994—2000 年，15 个省市对口支援西藏工作的开展有效实现了相对发达地区对西藏资金、技术、物资和人才等资源输送，密切了西藏与内地关系，对口支援西藏一定程度上缩小了西藏与内地相对发达地区之间的差距。同时，也为西藏旅游基础设施建设、接待服务设施和旅游资源开发等方面提供了重要资金、人力和物力支持，推动了西藏旅游业快速发展。

二　18 个省市对口援藏格局（2001—2004 年）

1994—2000 年，经过 7 年的对口支援西藏工作，西藏受援地区与非对口支援地区发展出现了不平衡，西藏非对口支援地区县的人口占全区总人口的 30%，面积占 73%，资源丰富且发展潜力大，在整个西藏发展战略布局中占有非常重要地位。[1] 因此，2001 年中央第四次西藏工作座谈会决定对对口援藏工作在现有基础上再延续 10 年，新增了安徽省、黑龙江省、吉林省 3 个省和 15 个大型国有企业承担对口援藏工作，将西藏尚未建立对口支援关系的区县全部纳入对口援藏范围。至此，形成了 18 个省市对口支援西藏 7 个地市 59 个区县发展格局（见表 9 - 2）。

---

[1]　潘久艳：《全国援藏的经济学分析》，四川大学出版社 2009 年版，第 113 页。

表9－2　　　　　　　　　18个省市对口支援西藏基本格局

序号	对口援藏省市	对口受援地区	序号	对口援藏省市	对口受援地区
1	北京市	拉萨市城关区、龙德庆县、当雄县、尼木县、林周县、曲水县、达孜县、墨竹工卡县	10	天津市	昌都地区昌都县、江达县、丁青县（新增）、芒康县、察雅县、类乌齐县、八宿县
2	江苏省		11	四川省	
3	山东省	日喀则地区城关区、白朗县、昂仁县、聂拉木县、南木林县（新增）、定日县、江孜县、亚东县、拉孜县、萨迦县（新增）	12	浙江省	那曲地区那曲县、比如县、嘉黎县、安多县、索县、巴青县
4	上海市		13	辽宁省	
5	黑龙江省（新增）	日喀则地区康马县、仁布县、谢通门县	14	河北省	阿里地区札达县、日土县、噶尔县、普兰县
6	吉林省（新增）	日喀则地区定结县、吉隆县、萨嘎县	15	陕西省	
7	湖北省	山南地区乃东县、琼结县、曲松县、加查县、贡嘎县、扎囊县、隆子县、桑日县	16	广东省	林芝地区林芝县、波密县、察隅县（新增）、米林县、朗县、工布江达县（新增）、墨脱县（新增）
8	湖南省		17	福建省	
9	安徽省（新增）	山南地区错那县、浪卡子县、措美县	18	重庆市	芒康县、类乌齐县

　　与1995—2000年的15个省市对口援藏格局相比，2001—2004年18个对口援藏省市基本格局发生了三个方面变化。第一，新增的安徽省对口支援山南地区错那县、浪卡子县和措美县，新增的黑龙江省对口支援日喀则地区康马县、仁布县和谢通门县，新增的吉林省对口支援日喀则地区定结县、吉隆县和萨嘎县。第二，部分对口援藏省市在原有基础上增加对口支援区县，上海市新增对口支援日喀则地区萨迦县、山东省新增对口支援日喀则地区南木林县、天津市新增对口支援昌都地区丁青县、广东省新增对口支援林芝地区察隅县、福建省新增对口支援工布江达县、广东省和福建省共同对口支援林芝地区墨脱

县。第三，天津市、四川省和重庆市共同对口支援昌都地区格局发生调整。四川省由于自身阿坝州、凉山州和甘孜州三个民族自治州需要帮扶工作实际，中央决定四川省 2004 年不再承担对口援藏任务。因此，1995—2004 年，四川省十年援藏工作画上了圆满句号。从 2004 年 6 月开始，重庆市沙坪坝区、高新区对口支援昌都地区类乌齐县，南岸区、经开区对口支援昌都地区芒康县。天津市对口支援昌都地区昌都县、江达县和丁青县。

自 1994 年以来，据不完全统计，18 个对口支援西藏省市共为西藏援建项目 1616 个，完成西藏投资 51.65 亿元，援助物资设备折合资金 4.22 亿元，专项资金 4.12 亿元，合计资金投入 59.99 亿元。[①] 其中 1994 年至 2004 年 6 月底，拉萨市共受援建设项目 166 个，完成投资 89836 万元，共受援物资设备折合资金 7526 万元和资金 3790.3 万元；日喀则地区共受援建设项目 626 个，完成投资 106877.48 万元，受援物资设备折合资金 14170.04 万元和资金 11411.55 万元；山南地区共受援建设项目 220 个，完成投资 70641.9 万元，受援物资设备折合资金 2754.35 万元和资金 7251.59 万元；林芝地区共受援建设项目 338 个，完成投资 129689.74 万元，受援物资设备折合资金 10883.6 万元和资金 10817.7 万元；昌都地区共受援建设项目 80 个，完成投资 35340.73 万元，受援物资设备折合资金 3478.16 万元和资金 3855.4 万元；那曲地区共受援建设项目 180 个，完成投资 68546 万元，受援物资设备折合资金 5043.35 万元和资金 4304.8 万元；阿里地区共受援建设项目 85 个，完成投资 27549.1 万元，受援物资设备折合资金 440.1 万元和资金 385 万元。[②]

三　17 个省市对口援藏格局（2005—2015 年）

由于 2004 年四川省不再承担对口支援西藏任务，重庆市与天津市共同承担对口支援昌都地区援藏任务。因此，2005—2015 年形成了 17 个省市对口援藏新格局（见表 9-3）。这期间，17 个对口援藏省

① 潘久艳：《全国援藏的经济学分析》，四川大学出版社 2009 年版，第 148 页。
② 《西藏各地受援情况一览表（1994—2004 年）》，http：//www.tibet.cn/newzt/yuanzang/zcbj/201005/t20100511_577943.htm，2009 年 9 月 18 日。

市进行了三批对口支援西藏工作，共选派援藏干部 2603 人，累计投入援藏资金约 146.69 亿元。

表 9－3　　　　　　　17 个省市对口支援西藏基本格局

序号	对口援藏省市	西藏受援地区	序号	对口援藏省市	西藏受援地区
1	北京市	拉萨市城关区	8	湖南省	贡嘎县
		堆龙德庆县			扎囊县
		当雄县			桑日县
		尼木县			隆子县
2	江苏省	林周县	9	安徽省	错那县
		曲水县			浪卡子县
		达孜县			措美县
		墨竹工卡县	10	福建省	郎县
3	上海市	江孜县			米林县
		亚东县			工布江达县
		萨迦县	11	广东省	林芝县
		定日县			波密县
		拉孜县			察隅县
4	山东省	日喀则地区			墨脱县
		白朗县	12	重庆市	芒康县
		南木林县			类乌齐县
		昂仁县	13	天津市	昌都县
		聂拉木县			江达县
5	吉林省	定结县			丁青县
		吉隆县	14	陕西省	普兰县
		萨嘎县			噶尔县
6	黑龙江省	康马县	15	河北省	札达县
		仁布县			日土县
		谢通门县			那曲县
7	湖北省	乃东县	16	浙江省	比如县
		琼结县			嘉黎县
		曲松县			安多县
		加查县	17	辽宁省	索县
					巴青县

四　17 个省市对口援藏调整格局（2016 年至今）

2014 年 8 月，对口支援西藏工作 20 周年电视电话会议在北京召开。中共中央政治局常委、全国政协主席俞正声强调，对口支援西藏工作是党中央从党和国家工作全局出发做出的重要战略决策，是新时期党的西藏工作方针的丰富和发展，是我国各民族共同团结奋斗、共同繁荣发展的生动实践。20 年来，承担对口支援任务的有关省市、中央部门和中央企业，从人力、物力、技术等方面全面开展对口支援西藏工作，促进了各民族交往交流交融，支持了西藏经济社会发展，维护了国家统一和西藏社会稳定，加强了干部人才队伍建设。实践证明，对口援藏工作的重大决策是完全正确的，符合我国国情、西藏区情和全国各族人民的根本利益。①

对口援藏 20 周年会议后，国家发展改革委、中央组织部等部门根据西藏工作实际，按照"大稳定，小调整"原则，对确立 20 周年的全国援藏格局首度进行微调，其中福建省由对口支援西藏林芝市调整为支援昌都市，北京市、江苏省和广东省每年从援藏资金中调出四分之一资金用于昌都市各受援县，调整时间从 2016 年 1 月开始，其原因有以下三大方面：一是经过 20 多年的对口支援西藏，西藏各地取得了长足发展。经济社会条件相对较好的林芝市发展更为惊人，出现了不少万元村、万元乡镇，林芝市提出了率先进入小康的目标。而地处西藏东大门的昌都市，人口多，资源禀赋较差。原来由四川、重庆和天津共同援助的昌都市，由于 2004 年四川省退出对口援藏，昌都市近年来获得的援助资金相对较少，发展压力相对较大。二是由于对口援藏省市和西藏受援地市情况不同，西藏各地市之间发展水平存在差距。拉萨市和林芝市在西藏区域经济社会发展基础较好，同时得到北京市、江苏省、广东省和福建省等经济实力较为雄厚的省市对口支援，经济社会得到快速发展。三是鉴于对口支援西藏 20 年成效明显，2014 年 8 月，国务院办公厅印发了《发达省（市）对口支援四川云南甘肃省藏区经济社会发展工作方案的通知》，天津市承担支援

---

① 《对口援藏工作 20 周年电视电话会议召开》，《人民日报》2014 年 8 月 26 日第 2 版。

甘南藏族自治州和天祝藏族自治县①，需要相应资金投入，其对口支援任务较重。至此，从 2016 年开始，对口援藏省市格局发生新变化，从对口援藏行政区划方面，林芝市和昌都市的对口援藏格局发生较大调整，广东省对口支援林芝市全部区县，福建省福州市、厦门市、泉州市和漳州市分别对口支援西藏昌都市八宿县、左贡县、洛隆县和边坝县，重庆市新增对口支援昌都地区察雅县。拉萨市、山南市、日喀则市、那曲地区和阿里地区的对口支援省市格局保持不变。至此，形成了 17 个省市对口支援西藏 7 个地市 62 个区县发展新格局（见表 9 - 4）。

表 9 - 4　　　　　　　　　17 个省市对口援藏调整格局

序号	受援地	对口援藏省市	对口受援地区	序号	受援地	对口援藏省市	对口受援地区
1	拉萨市	北京市	拉萨市城关区、龙德庆县、当雄县、尼木县	3	林芝市	广东省	巴宜区、工布江达县、米林县、波密县、墨脱县、朗县、察隅县
		江苏省	拉萨市曲水县、林周县、达孜县、墨竹工卡县	4	山南市	湖北省	乃东区、琼结县、曲松县、加查县
2	日喀则市	上海市	日喀则市定日县、江孜县、亚东县、拉孜县、萨迦县			湖南省	贡嘎县、扎囊县、隆子县、桑日县
		山东省	日喀则市、白朗县、昂仁县、聂拉木县、南木林县			安徽省	错那县、浪卡子县、措美县
		黑龙江省	康马县、仁布县、谢通门县	5	昌都市	天津市	卡若区、江达县、丁青县
		吉林省	定结县、吉隆县、萨嘎县			重庆市	芒康县、类乌齐县、察雅县
						福建省	八宿县、左贡县、洛隆县、边坝县

---

　　① 《国务院办公厅关于印发发达省（市）对口支援四川云南甘肃省藏区经济社会发展工作方案的通知》，http://www.gov.cn/zhengce/content/2014 - 08/23/content_9044.htm，2014 年 8 月 23 日。

续表

序号	受援地	对口援藏省市	对口受援地区	序号	受援地	对口援藏省市	对口受援地区
6	那曲地区	浙江省	那曲县、比如县、嘉黎县	7	阿里地区	陕西省	噶尔县、普兰县
		辽宁省	安多县、索县、巴青县			河北省	札达县、日土县

广东省从 2016 年 7 月第八批援藏开始，对口支援林芝市由原林芝县（现巴宜区）、波密县、墨脱县、察隅县调整为巴宜区（原林芝县）、工布江达县、米林县、波密县、墨脱县、朗县、察隅县 1 区 6 县。原有 4 县结对关系保持不变，仍为广州市对口支援波密县、深圳市对口支援察隅县、佛山市对口支援墨脱县、东莞市对口支援巴宜区。综合考虑珠三角 9 市的经济发展情况和各县的实际及发展需求，在珠三角 9 市中选出 3 个综合实力较强的地级市负责对口支援。具体结对关系为：珠海市对口支援米林县、惠州市对口支援朗县、中山市对口支援工布江达县（见表 9 - 5）。

表 9 - 5　　　　　　广东省和福建省对口援藏格局调整情况

援藏省	原对口援藏方	原西藏受援区县	援藏省	新对口援藏方	新对口支援区县
广东省	东莞市	巴宜区	广东省	惠州市	郎县
	广州市	波密县		珠海市	米林县
	深圳市	察隅县		中山市	工布江达县
	佛山市	墨脱县	福建省	福州市	八宿县
福建省	漳州市	郎县		厦门市	左贡县
	厦门市	米林县		泉州市	洛隆县
	泉州市	工布江达县		漳州市	边坝县

在资金筹措方面，根据国家发展改革委办公厅《关于开展"十三五"对口支援西藏经济社会发展规划编制工作的通知》（发改办地区〔2015〕2293 号）及财政部《关于"十三五"期间对口支援西藏资

金安排问题的通知》（财预〔2015〕149号）要求，"十三五"期间广东省援建资金规模以广东省2015年援藏资金为基数，并按照"十二五"援藏资金增长机制（年递增8%）进行测算，广东省财政援藏资金总额为311951万元。其中，2016年53174万元、2017年57428万元、2018年62022万元、2019年66984万元、2020年72343万元。根据发改地区〔2015〕705号文要求，广东省援藏资金的1/4资金按年度调往昌都市，5年共计77988万元。其中，2016年13294万元、2017年14357万元、2018年15505万元、2019年16746万元、2020年18086万元。扣除调往昌都市的资金后，广东省援助林芝市资金5年共计233963万元。其中，2016年39880万元、2017年43071万元、2018年46517万元、2019年50238万元、2020年54257万元。①

第二节　对口援藏省市援藏资金投入
概况（1994—2013年）

自1994年中央第三次西藏工作座谈会以来，对口援藏省市分七批进藏开展援藏工作，累计资金投入195.95亿元（见表9-6），其中1994—2004年累计投入援藏资金49.26亿元，2005—2013年累计投入资金146.69亿元，实现对口援藏资金增速发展，大量援藏资金注入对促进西藏经济社会发展、维护社会稳定和扩大对外开放做出重要贡献。同时，1994—2013年17个对口援藏省市资金投入呈现出较大差异，前三省市为广东省、上海市和江苏省，援藏资金投入累计分别为26.85亿元、21.78亿元和20.55亿元。中央第四次西藏工作座谈会明确新增的吉林、黑龙江和安徽三省，相比较其他省市参与对口援藏时间短，累计投入资金数量较少。

---

① 《广东省人民政府办公厅关于印发广东省对口支援林芝工作方案的通知》，http：// zwgk. gd. gov. cn/006939748/201607/t20160715_663565. html，2016年7月1日。

表 9 – 6 对口援藏省市援藏资金投入情况（1994—2013 年） 单位：亿元

序号	对口援藏省市	对口受援区县	资金投入（1994—2004 年）	资金投入（2005—2013 年）	资金累计投入
1	北京市	拉萨市城关区、当雄县、堆龙德庆县、尼木县	3.01	15.52	18.53
2	江苏省	拉萨市墨竹工卡县、林周县、达孜县	5.06	15.49	20.55
3	吉林省	日喀则地区定结县、吉隆县、萨嘎县	1.20	3.80	5.00
4	黑龙江省	日喀则地区康马县、仁布县、谢通门县	1.11	4.83	5.94
5	山东省	日喀则地区、白朗县、南木林县、昂仁县、聂拉木县	4.95	11.94	16.89
6	上海市	日喀则地区江孜县、拉孜县、亚东县、萨迦县、定日县	5.03	16.75	21.78
7	广东省	林芝地区林芝县、波密县、察隅县、墨脱县	7.35	19.50	26.85
8	福建省	林芝地区朗县、米林县、工布江达县	5.80	8.92	14.72
9	湖北省	山南地区乃东县、琼结县、曲松县、加查县	3.67	6.06	9.73
10	湖南省	山南地区贡嘎县、扎囊县、桑日县、隆子县	2.34	5.76	8.10

序号	对口 援藏省市	对口受援区县	资金投入 （1994—2004 年）	资金投入 （2005—2013 年）	资金 累计投入
11	安徽省	山南地区错那县、 浪卡子县、措美县	0.86	4.56	5.42
12	陕西省	阿里地区普兰县、 噶尔县	0.96	3.83	4.79
13	河北省	阿里地区札达县、 日土县	1.21	4.26	5.47
14	天津市	昌都市昌都县、江 达县、丁青县	0.82	3.77	4.59
15	四川省/ 重庆市	昌都市芒康县、类 乌齐县	0.54	3.42	3.96
16	浙江省	那曲地区那曲县、 比如县、嘉黎县	3.31	10.40	13.71
17	辽宁省	那曲地区安多县、 索县、巴青县	2.04	7.88	9.92
合计			49.26	146.69	195.95

资料来源：由笔者根据相关资料自行整理。

第三节　对口援藏省市援藏资金投入的旅游发展总体效果评估

自 2001 年中央第四次西藏工作座谈会以来，对口援藏省市加大了对西藏地区资源输入力度，促进了该地区工业、交通运输、邮电通讯、商业贸易和旅游服务等现代化产业快速发展。这些援藏投入形成西藏旅游发展能量输送与自我调适互动机制，产生基础设施建设积累效应、增量投入乘数效应和空间聚集效应，推动旅游快速发展并提高自我发展能力。

运用最小二乘法进行线性回归分析，对口援藏省市援藏资金投入为解释变量，受援地区旅游经济总收入、国内旅游收入和入境旅游收入分别为被解释变量，得到相应回归方程。对口援藏省市资金投入每增加1亿元，西藏旅游总收入和国内旅游收入平均分别增加5.86亿元和5.67亿元（见表9-7），意味着西藏旅游总收入和国内旅游收入平均增加1亿元，分别需要对口援藏省市资金投入增加0.17亿元和0.176亿元。这表明，对口援藏省市资金投入对西藏旅游发展具有显著促进作用，尤其对国内旅游发展促进作用更强。值得特别注意的是，对口援藏省市资金投入与入境旅游收入之间回归方程没有通过检验，主要原因为以下三个方面：第一，由于西藏特殊地域和环境，目前未对外籍游客完全开放。第二，2002年对口援藏重点向农牧业、科技教育、基层政权相关设施建设以及生态环境保护和建设倾斜，旅游基础设施和服务设施投资幅度减缓。农牧区虽然拥有丰富旅游资源，但多数处于偏远地区，远离游客集散中心，旅游基础设施总体薄弱，可进入性不强，没有引起入境游客关注。[①] 第三，西藏入境旅游业发展具有敏感性，如2008年由于受拉萨"3·14"事件影响，旅游发展环境遭到破坏，对口援藏工作没有有效开展，同时突发事件影响下的地区入境旅游相对于国内旅游在后续恢复建设过程中周期长、成本高。

表9-7　　　　　　　2002—2013年对口援藏省市资金投入与
西藏旅游业发展相关回归分析

被解释变量	方程模型	R^2	相关程度	含义
旅游总收入	TTI = 5.86TAC - 75.09 　　　(35.89)　(-9.73)	0.996	高度相关	17个对口援藏省市资金投入每增加1亿元，西藏受援地区旅游总收入平均增加5.86亿元
国内旅游收入	DTI = 5.67TAC - 83.65 　　　(47.76)　(-14.89)	0.996	高度相关	17个对口援藏省市资金投入每增加1亿元，西藏受援地区国内旅游收入平均增加5.67亿元

注：TTI、DTI和TAC分别表示旅游总收入、国内旅游收入和援藏资金投入量，括号内数值为方程对应的t统计值，在5%的统计水平上显著。

────────────

① 李娟、褚玉杰、赵振斌：《基于共现聚类分析的西藏入境旅游热点研究》，《旅游学刊》2015年第3期。

第四节　各对口援藏省市援藏资金投入的旅游发展效果评估

一　北京市和江苏省援藏资金投入的旅游发展效果分析

北京市和江苏省对口援藏资金投入每增加 1 亿元，拉萨市旅游总收入和国内旅游收入平均分别增加 11.79 亿元和 11.24 亿元（见表 9 - 8），表明北京市和江苏省援藏资金投入对拉萨市旅游发展促进作用显著。首先，支援方北京市和江苏省自身优势明显，北京市发挥首都优势，江苏省发挥经济和人才方面优势，将自身优势资源与拉萨旅游发展需求结合起来，推进拉萨旅游业快速发展。其次，北京市和江苏省在对口援藏中拓宽援藏领域，实现对口援藏资金增量投入。根据中央及国家有关部门对新一轮对口支援资金比例要求，北京市和江苏省按照各自 2010 年财政总收入的 1‰资金对口支援拉萨，并以 2010 年援藏资金为基数每年递增 8%①，大量援藏资金投入和项目建设为拉萨市旅游业发展提供有力支撑。最后，拉萨市作为西藏政治、经济、文化、宗教的中心，在基础设施建设、人口规模、人力资源、经济总量具有绝对优势，是西藏文化旅游的核心区和旅游集散中心，在两省市对口支援下能有效发挥极化效应和辐射效应。但两省市对口援助资金和项目重点布局在拉萨市城区旅游目的地，拉萨市其他县乡村旅游地建设处于起步阶段，投资重点优先解决了拉萨市区旅游接待能力，乡村旅游基础设施总体薄弱，旅游公共服务设施不完善，整体接待能力不足。

二　吉林、黑龙江、山东和上海援藏资金投入的旅游效果分析

吉林省、黑龙江省、山东省和上海市对口援藏资金投入每增加 1 亿元，日喀则地区旅游总收入和国内旅游收入平均分别增加 3.84 亿元和 3.75 亿元（见表 9 - 9）。根据中央部署，2001 年，上海市新增

---

① 《2016 年拉萨计划落实 89 个援藏项目》，http://tibet.news.cn/ywjj/2016 - 03/15/c_135189264.htm，2016 年 3 月 15 日。

表 9 – 8　　　　　　2002—2013 年北京市和江苏省援藏资金
投入与西藏拉萨旅游发展相关回归分析

对口援藏省市	受援地区	方程模型	R^2
北京市	拉萨市	TTI = 11.79TAC – 4.91 （65.89）（– 2.63）	0.999
江苏省		DTI = 11.24TAC – 10.80 （35.83）（– 3.30）	0.998

　　注：TTI、DTI 和 TAC 分别表示旅游总收入、国内旅游收入和援藏资金投入量，括号内数值为方程对应的 t 统计值，在 5% 的统计水平上显著。

加对口支援萨迦县，山东省新增加对口支援南木林县，新增加黑龙江省和吉林省对口支援 6 个县。四省市对口援助资金和项目是推动日喀则旅游发展的强大动力，上海市和山东省援建的上海宾馆和山东大厦成为日喀则地区旅游接待的主要力量，黑龙江省援建勇则绿神湖国家4A 级旅游景区，吉林省援建贡觉林卡与贡觉林湖旅游园区。

表 9 – 9　　　　　2002—2013 年吉林等四省市援藏资金投入与
西藏日喀则旅游发展相关分析

对口援藏省市	受援地区	方程模型	R^2
吉林省	日喀则市	TTI = 3.84TAC – 15.93 （4.99）（– 1.77）	0.926
黑龙江省			
山东省		DTI = 3.75TAC – 18.87 （5.74）（– 2.47）	0.943
上海市			

　　注：TTI、DTI 和 TAC 分别表示旅游总收入、国内旅游收入和援藏资金投入量，括号内数值为方程对应的 t 统计值，在 5% 的统计水平上显著。

　　但与其他对口援藏省市相比，对日喀则市援藏资金投入产生旅游效应较低，首先，日喀则市旅游资源开发条件的地区差异较大，优质旅游资源主要集中日喀则地区、江孜县、吉隆县、定日县，其他县旅游资源具有雷同性尤其是宗教寺庙资源众多，客源市场主要是信教群众，对国内外客源市场吸引力弱。再次，日喀则在旅游业发展中，自然环境和社会环境对其影响大。近年来该地区地震活动强烈，由于受2015 年"4·25"尼泊尔强震影响，2015 年 1—6 月份，日喀则旅游接待人数和旅游总收入分别是 67.7 万人次和 5.7 亿元，同比下降37% 和 33%①，受影响地区正是日喀则旅游发展重点区域。其次，2010 年中央第五次西藏工作座谈会上确定，援藏省（市）年度援藏投资实物工作量为本省（市）上年度地方一般预算收入的 1‰，但通过数据分析发现，以 2010 年各援藏省（市）地方一般公共预算收入为基数，2011—2015 年四省市地方一般公共预算收入增长速度放缓（见图 9 - 1），意味着对口援藏资金投入增长速度放缓，对日喀则旅游发展产生不利影响。

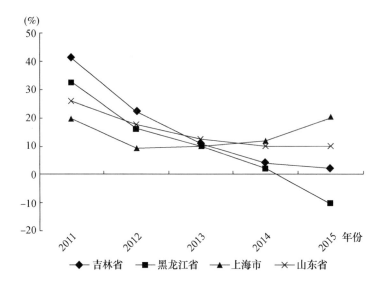

图 9 - 1　对口援助日喀则市的四省市地方一般公共预算

收入增长速度（2011—2015 年）

资料来源：2010—2014 年四省市地方一般公共预算收入数据来自《中国统计年鉴》（2011—2015 年），2015 年数据来自四省市财政局网站。

---

① 《日喀则旅游逐渐复苏，上半年因尼泊尔地震游客数量下降三成》，http：//news.163. com/15/1208/10/BAA9SOBE00014AED. html，2015 年 12 月 8 日。

三　湖北省、湖南省和安徽省援藏资金投入的旅游效果分析

湖北省、湖南省和安徽省对口援藏资金投入每增加 1 亿元，山南地区旅游总收入和国内旅游收入平均分别增加 5.67 亿元和 5.56 亿元（见表 9-10）。

表 9-10　　　　　2002—2013 年湖北等三省援藏资金投入与
西藏山南旅游发展相关回归分析

对口援藏省市	受援地区	方程模型	R^2
湖北省	山南市	TTI = 5.67TAC − 11.42 （6.99）（−2.81）	0.961
湖南省		DTI = 5.56TAC − 11.99 （6.37）（−2.74）	0.953
安徽省			

注：TTI、DTI 和 TAC 分别表示旅游总收入、国内旅游收入和援藏资金投入量，括号内数值为方程对应的 t 统计值，在 5% 的统计水平上显著。

湖北省发挥旅游区位和智力援藏优势，在旅游线路推荐、旅游发展规划、旅游人才培训、旅游项目建设和旅游项目市场化推介等方面给予大力支持。具体表现为：加快山南旅游基础设施建设，着力培养旅游人才队伍，着力提高旅游服务质量，着力培育旅游著名品牌，将旅游援藏工作作为一项重要政治任务来对待，把山南地区作为湖北省市州一样对待，结合湖北省对口支援西藏山南地区的实际，把支援山南地区旅游发展纳入全省旅游工作规划，建立机制，明确任务，强化措施，加大力度，认真完成各项旅游援藏工作任务，为促进西藏山南地区和谐稳定和经济社会发展贡献力量。[①] 湖南省发挥市场运营优势，通过政策引导湖南旅游企业参与山南地区旅游资源开发、旅游城镇基础设施、旅游配套设施、旅游线路开发和旅游产品开发。

安徽省发挥旅游大省和人才资源优势，在旅游市场宣传、客源输送、市场化合作推介、旅游服务管理人才培训和培养、旅游基础设施

---

① 《湖北省旅游局全力支援山南地区旅游业发展》，http://www.mzb.com.cn/html/report/358180-1.htm，2012 年 12 月 31 日。

建设、旅游安全保障设施建设等方面给予大力支持。具体表现为，西藏山南地区的旅游宣传融入安徽旅游对外宣传中，把少数民族地区旅游产品与安徽旅游产品结合在一起，实现优势互补，相得益彰。在开发市场过程中，安徽省始终带头做好政策的引导，鼓励更多的旅行社组织安徽人来西藏山南地区旅游，不断地把市场的蛋糕做大。在人才培养方面，继续做好旅游人才的培训和培养工作，发挥安徽省旅游院校比较多、专业比较强、旅游培训实践经验比较丰富的优势，根据山南地区旅游从业者、旅游经营者的需要，分年度安排计划，落实好为山南地区培养越来越多旅游管理人才、旅游经营人才、旅游服务人才的任务，使山南地区的旅游业发展实现可持续性。在客源输送政策奖励方面，安徽省制定了游客进藏奖励政策。旅行社组织合肥市民到西藏旅游，享受外地游客进入合肥一样的奖励补贴政策，参照《合肥市旅游宣传促销奖励暂行办法》执行。①对组织包机、专列赴藏旅游分别给予0.8万元、2万元的奖励，对组织大巴一次性招徕人数在500人以上的，奖励1万元，鼓励旅行社"多组团、组大团"。另外，还充分利用电视台、新闻媒体、互联网、旅游节事等资源加强对山南旅游的宣传促销工作，推广山南旅游形象和精品旅游线路。

但山南地区旅游业发展与其丰富旅游资源禀赋、良好区位条件不相匹配，山南是西藏文化发源地，拥有众多"第一"人文旅游资源，如第一赞普聂赤赞普、第一座宫殿雍布拉康、第一块农田等，主要集中在雅鲁藏布江流域，成为山南旅游核心区，但其他旅游资源禀赋条件好的地区仍处于发展的起步阶段。

四　广东省和福建省援藏资金投入的旅游效果分析

广东省和福建省对口援藏资金投入每增加1亿元，林芝地区旅游总收入和国内旅游收入平均分别增加5.13亿元和5.12亿元（见表9-11）。

---

① 《合肥多项举措助推"西藏游"》，http://www.ah.xinhuanet.com/ly/2011-08/24/content_23538550.htm，2011年8月24日。

表 9－11 　　　　2002—2013 年广东省和福建省援藏资金投入与
西藏林芝旅游发展相关分析

对口援藏省市	受援地区	方程模型	R^2
广东省	林芝市	TTI = 5.13TAC － 21.20 (27.33) (－12.24)	0.997
福建省		DTI = 5.12TAC － 21.29 (28.65) (－12.90)	0.998

注：TTI、DTI 和 TAC 分别表示旅游总收入、国内旅游收入和援藏资金投入量，括号内数值为方程对应的 t 统计值，在 5% 的统计水平上显著。

广东省发挥旅游强省和经济总量优势，通过雄厚资金在旅游基础设施建设、旅游交通建设、旅游景区建设、公共服务设施建设、城镇建设、旅游景区规划、旅游管理和服务人才培养、招商引资旅游产业化运作等方面给予大力支持。具体表现为：制定了"十百千万"行动计划，即每年为林芝地区培养十名旅游中层管理人员，邀请广东省百家旅行社到林芝踩线考察、有针对性地打造适应珠三角游客的旅游产品，重点邀请大型国有旅行社开展林芝旅游组团业务，邀请广东省知名专家、高层管理人员到林芝培训千名以上的一线服务人员，积极组织开展"珠江万人游林芝"活动。[①] 在资金投入方面，2014—2016 年三年间，广东省投入财政资金 4 亿多元，进行重点建设，其中在林芝县鲁朗镇建设国际旅游小镇，投入鲁朗镇的财政资金和企业投资将超过 20 亿元。通过培育高端旅游业，将藏东南建设成为西藏旅游一张"新名片"，在积极推进藏东南旅游"精品"工程建设的同时，西藏林芝地区十分注重"民间"旅游项目的建设，让藏族居民吃上"旅游饭"。[②]

福建省发挥旅游区位和市场运作优势，在旅游基础设施建设、旅

---

① 《林芝地区以建设全国旅游目的地和西藏生态旅游中心为目标，稳步推进旅游项目建设》，http：//linzhi. zgxzzqw. gov. cn/wdjs/jjjs/201206/t20120606_18988. htm，2012 年 6 月 6 日。

② 《西藏重金打造藏东南旅游黄金线》，http：//news. xinhuanet. com/travel/2012－06/24/c_123323055. htm，2012 年 6 月 24 日。

游景区建设、旅游公共服务设施建设、旅游文化产业融合发展、旅游景区规划、旅游管理和服务人才培养、社区居民参与旅游技能培训、招商引资旅游产业化运作全方面给予大力支持，为对口援藏区县旅游快速发展奠定良好基础。福建省以培育旅游主导产业为援藏工作主线，把旅游产业打造成能够支撑林芝地区跨越式发展的战略主导产业，重点实施了旅游产业"十个一"工程，即：做大一县（农场）一特色产业，发展县域经济；建设一个旅游商业服务中心——工布映象二期改造建设；创办一批特色家庭旅馆，增加农牧民收入；开发一个生态旅游景区——比日神山国家森林公园；申报一个文化生态保护区——藏东南国家级文化生态保护区；培训一支旅游骨干队伍，提升林芝酒店管理和导游队伍水平；打造一台特色晚会——林芝地区民族特色歌舞晚会；开拓一个游客市场——闽台游客市场，发挥闽台交流的优势，吸引闽台游客进藏旅游；开通一条直飞航线——厦门（福州）至林芝的航线；拍摄一部林芝旅游风光宣传片。[①] 同时，福建省创新旅游援藏与文化交融理念，非常注重将闽文化与林芝传统文化融合发展。以福建援建藏东南文化遗产博物馆为例，福建第四批援藏队投入1040万元建了尼洋阁，于2006年9月正式建成，随后福建第五批援藏又在阁楼的基础上，投入了800万，完成实物、文字和图片征集、装修和布展等工作，于2010年4月建成了全国首家非物质文化遗产专题博物馆。福建第六批援藏队则投入500万资金修建了道路和停车场等配套设施，是一座融合汉族和藏族风格的建筑，已经成为林芝标志性建筑和游客游览知名景区。博物馆壁画的绘画形式是西藏的唐卡艺术，而它的制作技术却是福建的漆器工艺[②]，充分体现了旅游援藏中闽藏文化的交流与融合。

　　但林芝市援藏资金投入产生的旅游效应不高，主要受三个方面的制约：一是林芝旅游发展资金缺口量大，旅游发展的前提是良好的基础条件，但旅游景区建设、市场推广和品牌培育需要大量资金投入，

---

① 《十个一工程助推林芝旅游业跨越式发展》，http://news.letfind.com.cn/news/2011－6/205142.html，2011年6月10日。

② 《福建援藏二十年：雪域江南绘就幸福画卷》，http://fjnews.fjsen.com/2014－08/25/content_14755475_all.htm，2014年8月25日。

林芝自我积累能力弱，资金成为其快速发展重要制约因素。二是旅游通道建设和旅游综合服务滞后，在实地调研中发现 318 国道旅游环线建设难以适应旅游发展要求，地质灾害影响旅游可进入性，主要旅游景区配套设施处于初级阶段，医疗卫生、通讯等方面难以支撑旅游快速发展。三是旅游资源优势向经济优势的转化程度低，广东和福建省对口援藏的重点是对 318 国道沿线高等级旅游资源进行开发，其他区县大部分旅游资源基本处于原始状态，旅游业仍处于初级阶段。

五　陕西省和河北省援藏资金投入的旅游效果分析

陕西省和河北省对口援藏资金投入每增加 1 亿元，阿里地区旅游总收入和国内旅游收入平均分别增加 0.95 亿元和 0.81 亿元（见表 9-12）。陕西省发挥旅游大省和智力援藏优势，在旅游规划编制、游客咨询服务中心、旅游景区引导标示牌、旅游资源普查、重点旅游项目申报等方面给予大力援助，同时陕西充分发挥西北五省的旅游龙头优势，加大阿里地区旅游推介力度。通过智力援藏方式，开展培训与组织阿里地区旅游从业人员赴陕西考察学习，提高旅游管理人员和从业人员能力和水平。河北省注重与对口援藏省（市）的衔接，借助媒介加大阿里地区旅游推介力度，积极争取援藏资金对旅游的投入，重点加强旅游基础设施建设投资力度。在自驾车服务站建设、民俗村旅游基础设施建设和赛马节旅游设施建设项目方面给予大力支持。但阿里地区援藏资金投入产生旅游效应低，主要受三个方面的制约：一是阿里地区旅游发展资金缺口量大，旅游发展的前提是良好的基础条件，但旅游景区建设、市场推广和品牌培育需要大量资金投入，与西藏其他地市相比，阿里地区自我积累能力更弱，资金成为其快速发展重要制约因素。二是受传统产业影响加大，在调研中发现，阿里主导产业为牧业，虽然拥有冈仁波齐和玛旁雍错等世界级旅游资源，但整个社会产业经济仍以牧业为主，旅游业发展仍需时日。三是旅游发展不平衡加剧，陕西省和河北省对口援藏的重点是加大对阿里南线的旅游建设力度，北线旅游资源基本处于原始状态，旅游业仍处于初级阶段。

表 9 - 12　　　　2002—2013 年陕西省和河北省援藏资金投入与
西藏阿里旅游发展相关回归分析

对口援藏省市	受援地区	方程模型	R^2
陕西省	阿里地区	TTI = 0.95TAC - 0.37 (6.66)　(-0.93)	0.978
河北省		DTI = 0.81TAC - 0.64 (9.34)　(-2.70)	0.989

注：TTI、DTI 和 TAC 分别表示旅游总收入、国内旅游收入和援藏资金投入量，括号内
数值为方程对应的 t 统计值，在 5% 的统计水平上显著。

六　天津市、四川省和重庆市援藏资金投入的旅游效果分析

天津市、四川省和重庆市对口援藏资金投入每增加 1 亿元，昌都
地区旅游总收入和国内旅游收入平均分别增加 7.29 亿元和 4.11 亿元
（见表 9 - 13）。天津市发挥其区位优势，创新旅游援藏理念，注重对
昌都旅游发展宣传，在茶马古道和民俗旅游加大投资力度，推动受援
地区旅游快速发展。四川省和重庆市发挥地缘区位优势，注重对受援
地旅游发展把脉，在旅游援藏中重点对茶马古道、邦达仓遗址、千年
盐田的旅游开发，同时注重节庆文化旅游推介，推动昌都茶马古道和
千年盐井旅游文化节品牌建设。在旅游援藏中积极与文化援藏相结
合，采取"走出来"与"请进去"文化交流方式，注重文化互通、
交流和交融，一方面让昌都文化"走出来"展现藏族文化魅力，每年
在重庆卫视例行转播"多彩昌都梦"藏历新年晚会，参与联系重庆主
流媒体开展藏区面貌和援藏工作宣传报道；另一方面，投入资金建成
昌都"红岩文化室"，举办巴渝文化美术作品展和昌都博物馆陈列，
开展展览流程和实作、文创产品开发与管理、佛教造像艺术欣赏、民
族文物藏品保管与养护等方面文化交流工作。①

---

① 《红岩精神与康巴文化共耀雪域高原　重庆文化援藏有 4 大亮点》，http：//news.
163.com/16/0908/18/C0FA7P7N00014AEE.html，2016 年 9 月 8 日。

表 9 – 13　　　　　2002—2013 年天津等三省市援藏资金投入与
西藏昌都旅游发展相关回归分析

对口援藏省市	受援地区	方程模型	R^2
天津市		$TTI = 7.29TAC - 6.87$ 　　(3.19)　(−1.33)	0.914
重庆市	昌都市		
四川省		$DTI = 4.11TAC - 2.37$ 　　(4.14)　(−1.06)	0.946

注：TTI、DTI 和 TAC 分别表示旅游总收入、国内旅游收入和援藏资金投入量，括号内数值为方程对应的 t 统计值，在 5% 的统计水平上显著。

七　浙江省和辽宁省援藏资金投入的旅游效果分析

浙江省和辽宁省对口援藏资金投入每增加 1 亿元，那曲地区旅游总收入和国内旅游收入平均增加 0.98 亿元（见表 9 – 14）。浙江省发挥经济和智力援藏优势，在旅游规划编制、旅游人才培养、旅游景区建设规划、旅游节事运营、旅游综合设施建设等方面给予大力援助。浙江省对口旅游援藏中注重文化交流和创新文化融合方式，以浙江天台县对口支援西藏那曲嘉黎县为例，那曲地区嘉黎县是神山青嘎的所在地，西藏苯教的发源地，也是十一世班禅的出生地，草原风情，茶马古道，人文资源丰富，令人心神向往。天台县是佛教名山天台山的所在地，佛教天台宗和道教南宗的发祥地，也是活佛济公的出生地，享有"佛宗道源、山水神秀"之美誉，是国家 5A 级风景区。为了促进两地文化交融和展示，浙江天台县对口支援西藏那曲嘉黎县举办旅游文化走亲晚会，在两个小时的演出中，那曲嘉黎、浙江天台两地分别选取了最有代表性的舞蹈、歌曲及服饰表演，那曲地区民歌、舞蹈和高原雪域特色的藏族服饰，淋漓尽致地展示了深厚的西藏文化底蕴，这种形式为两地旅游文化交流合作开创新模式。①

---

① 《西藏那曲与天台两地旅游"手牵手"》，http：//www.tibet.cn/travel/news/1477017946326.shtml，2016 年 10 月 21 日。

表 9 – 14　　　　2002—2013 年浙江省和辽宁省援藏资金投入与
西藏那曲旅游发展相关回归分析

对口援藏省市	受援地区	方程模型	R^2
浙江省	那曲地区	$TTI = 0.98TAC - 0.10$ $(21.69)\ (-0.33)$	0.998
辽宁省		$DTI = 0.98TAC - 0.19$ $(21.42)\ (-0.64)$	0.998

注：TTI、DTI 和 TAC 分别表示旅游总收入、国内旅游收入和援藏资金投入量，括号内数值为方程对应的 t 统计值，在 5% 的统计水平上显著。

辽宁省积极增加援藏资金对旅游的投入，重点加强旅游基础设施建设投资力度，在自驾车服务站建设、牧民民俗村旅游基础设施建设和旅游景区基础设施建设项目方面给予大力支持。但那曲地区援藏资金投入产生的旅游效果不佳，主要受两大方面制约：一是那曲地区旅游资源极为分散，旅游景区建设、市场推广和品牌培育需要大量资金投入，与西藏其他地市相比那曲地区自我积累能力弱，资金成为其快速发展重要制约因素。二是受传统产业影响加大，在调研中发现那曲地区主导产业为牧业，旅游业发展仍需时日。

第十章　新时期旅游援藏面临的
挑战、存在的问题与
调适机制的构建

第一节　基于宏观视角的新时期旅游
援藏面临的挑战分析

新时期旅游援藏已经成为西藏建设世界旅游目的地的重要推动力。旅游援藏供给适应市场需求变化，及时调整旅游供给方向，优化供给结构，提高供给效率成为当前西藏旅游产业发展面临的重要命题，所面临的挑战具体分析如下。

一　旅游援藏供给综合指数上升与西藏旅游发展差距扩大的非对称性矛盾

旅游援藏对西藏旅游目的地供给系统影响综合指数由 2001 年的 0.076 增长至 2014 年的 0.853，旅游援藏供给指数呈上升趋势。然而，2001—2014 年同期西藏旅游总收入与全国、西部地区旅游总收入平均值的离差一直处于扩大的趋势，其中与全国旅游总收入平均值的离差由 2001 年的 153.62 亿元扩大到 2014 年的 886.32 亿元，2014 年是 2001 年的 4.77 倍。与西部地区旅游总收入平均值的离差由 2001 年的 103.9 亿元扩大到 2014 年的 1589.76 亿元，2014 年是 2001 年的 14.30 倍（见图 10-1）。统计数据表明，西藏旅游业发展水平与全国以及西部地区平均发展水平的绝对差距呈逐年上升的趋势，而且上升速度在不断增快。

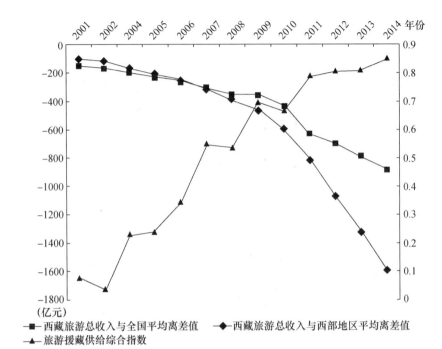

图 10-1 2001—2014 年旅游援藏供给综合指数与西藏旅游发展差距变化

注：2003 年由于相关统计数据缺失，无法得出结果。

新时期旅游援藏一方面对西藏旅游目的地发展发挥着重要作用，在纵向发展上取得快速发展；另一方面，西藏旅游横向发展与全国以及西部地区发展差距却不断拉大，呈现出非对称性矛盾。这种非对称性矛盾背后仍是西藏旅游发展处于初级阶段，自我发展能力薄弱，单靠自身的力量仍难以支撑其长足发展，旅游援藏会由于西藏自我旅游供给系统优化的艰巨性而长期存在。例如，西藏旅游业发展现状与富集旅游资源还不相适应，资源优势尚未转变为经济优势，旅游大资源没有形成大产品，更没有形成大产业，总体经济规模偏小，总体实力薄弱，旅游供给数量和规模难以满足西藏旅游业作为战略产业发展需要。与此同时，西藏旅游业发展市场化程度低，缺乏骨干龙头企业，旅游要素发展不配套，旅游与其他产业融合发展不够，旅游开发与经营管理经验不足等问题长期存在。

二 旅藏游客人均旅游消费处于中低水平

西藏旅游业作为中国旅游业不可或缺的重要组成部分，自改革开放以来获得了长足发展，特别是"十二五"以来，在大力实施"一产上水平、二产抓重点、三产大发展"经济发展的战略背景下，西藏旅游人次、旅游收入快速增加。2016 年，西藏旅游总人次已达2315.94 万人次，旅游总收入达到330.75 亿元，相当于区内生产总值的 28.76%，旅游产业已经发展成为西藏的支柱型产业。然而，当面对外部旅游发展新趋势、全国各地旅游业迅速发展，以及旅游市场竞争日趋激烈的趋势时，西藏旅游也呈现出连续多年人次平均旅游消费水平偏低的现象，例如 2007—2016 年的 10 年期间，西藏人次平均旅游消费最高的 2016 年为 1428.15 元/人次，最低年份 2009 年仅为 998元/人次（见图 10－2），结合西藏居民消费品价格指数增加的影响，西藏人均旅游收入呈下降趋势。[①]

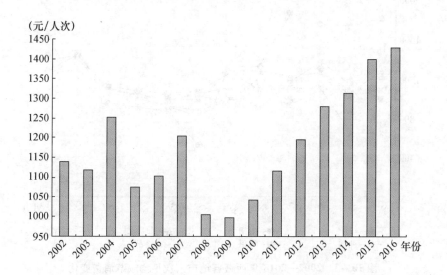

图 10－2　2002—2016 年西藏人次平均旅游消费水平变化

资料来源：《西藏统计年鉴》（2003—2016 年）。2016 年数据由笔者根据西藏自治区公开发布的数据自行整理。

2002—2013 年西藏各地市人均旅游水平偏低且增长缓慢，拉萨市

---

① 章杰宽：《区域旅游可持续发展系统研究——来自西藏的实践》，科学出版社 2016年版，第 35 页。

人均旅游消费最高的 2013 年为 1631 元/人次，最低年份 2005 年仅为 987 元/人次。山南人均旅游消费最高的 2012 年为 1437 元/人次，最低年份 2006 年仅为 903 元/人次。日喀则人均旅游消费最高的 2012 年为 1300 元/人次，最低年份 2009 年仅为 979 元/人次。林芝人均旅游消费最高的 2012 年为 1464 元/人次，最低年份 2008 年仅为 821 元/人次。昌都人均旅游消费最高的 2013 年为 1280 元/人次，最低年份 2002 年仅为 716 元/人次。阿里人均旅游消费最高的 2005 年为 1880 元/人次，最低年份 2008 年仅为 515 元/人次。那曲人均旅游消费最高的 2012 年为 1415 元/人次，最低年份 2003 年仅为 632 元/人次（见图 10 - 3）。

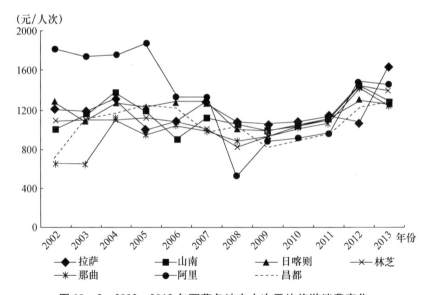

图 10 - 3 2002—2013 年西藏各地市人次平均旅游消费变化

上述统计数据，与近年来中国游客国内旅游和出境旅游消费均居世界第一的超强消费能力形成极为强烈的反差。可见，虽坐拥世界级资源，但旅游收入低，对经济的贡献和拉动效应与西藏世界级旅游声誉极不匹配。因此，在传统旅游援藏供给无法匹配旅游消费需求升级的背景下，如何使在旅游援藏外在供给驱动与西藏自我发展内在需求驱动共同推动下从外延式向内涵式发展转变，提升区域旅游竞争力，就显得极为必要。

三　西藏旅游公共服务体系不完善

西藏旅游公共服务体系由旅游产品综合信息体系、支撑体系和保障体系三部分组成。[①] 从旅游产品综合信息体系方面来看，西藏旅游信息建设起步晚且发展缓慢，直到 2000 年，西藏旅游网（http：//www. tibettour. org）才正式开通。2007 年 8 月，西藏旅游信息网（http：//www. xzta. gov. cn/index. html）开通运行，旅游信息内容涵盖旅游资讯、电子政务与旅游商务。随后西藏各地市旅游信息化建设开始开展，如拉萨旅游网（http：//lasatour. com）、阿里旅游政务网站（http：//www. ally. gov. cn）、林芝旅游政务网站（www. linzhitour. gov. cn）等相继上线。但是，这些网站的旅游信息传递不及时，内容更新缓慢，广大游客无法从中获取权威、及时、准确和最新的旅游信息。

从支撑体系方面来看，西藏旅游公共服务体系当中的旅游购物缺乏地方特色、营销渠道和特色包装。2014 年笔者前往林芝雅鲁藏布江大峡谷旅游景区进行调研，发现旅游景区内出售的旅游商品和在拉萨八角街上出售的商品一模一样，不一样的只是价格。在旅游交通方面，进出西藏的公路、铁路、航空交通体系不足。在航空方面，一是航线少、成体高。国际航线中的尼泊尔加德满都—拉萨航线是入境游客直接进藏的最重要的空中走廊，长期以来这条航线不仅航班数量少，而且航线价格高，制约了从尼泊尔直接进藏游客数量的增长。而另一个空中渠道是从国内其他城市（广州、成都、西安、昆明）转飞拉萨，游客进藏旅游交通成本增大，旅游旺季时已开通的国际航线不能满足游客的需要。二是各个地级城市之间都修建有小型机场，但整体运量较小，对目前西藏旅游业的发展所起的作用有限。交通条件使游客进出西藏仍受到较大的制约，尤其是旅游旺季更为明显，往往一票难求。旅游的发展对西藏的对外交通网络，尤其是快速便捷的航空运输服务有更多的要求，有更直接的对外交通网络才能发挥更大的引客效应。没有交通工具的配合，西藏的旅游业很难向外推销西藏，推销西藏的旅游产品。

---

① 何池康：《旅游公共服务体系建设研究》，博士学位论文，中央民族大学，2011 年，第 41—42 页。

在旅游接待和餐饮方面，西藏地方特色饮食资源禀赋优良，但餐饮行业总体发育滞后，有品牌效应或吸引力、具有浓郁地方特色的餐饮体系尚未形成；住宿接待体系结构不够合理，各主要旅游城市与景区的酒店数量和档次发展不平衡、结构不合理，体现当地民族特色的经济实惠型接待设施和配套设施发展不足，迎合广大家庭和出游需求的经济型酒店相对缺乏。

从保障体系方面来看，由于西藏旅游景区分散、旅游地域广且保障投入成本较高，特别是西藏远离游客集散中心，西藏旅游公共服务体系中的旅游公共安全、旅游救助体系建设仍处于探索阶段。同时随着大众旅游的兴起，大量散客对西藏旅游信息、语言、交通、环境、治安等旅游公共服务都有较高的要求，在这方面西藏远远不能够满足大众的旅游需求。

四　经济新常态下对口援藏省市一般预算收入增速放缓，影响援藏资金投入，直接影响西藏旅游业快速发展

2010 年中央第五次西藏工作座谈会上确定，援藏省市年度援藏投资实物工作量为本省市上年度地方一般预算收入的 1‰。但通过数据分析发现，以 2010 年各援藏省市地方一般公共预算收入为基数，2011—2015 年 17 个对口援藏省市地方一般公共预算收入增长速度放缓，部分省市甚至出现负增长趋势（见表 10 - 1）。这意味着对口援藏省市资金投入增长速度放缓，对西藏旅游发展将产生极为不利影响。

表 10 - 1　　　　17 个对口援藏省市地方财政一般预算收入
同比增长速度统计（2011—2015 年）　　　　单位:%

年份 地区	2011	2012	2013	2014	2015
北京市	27.71	10.27	10.44	10.00	17.30
江苏省	26.20	13.82	12.08	10.12	11.00
吉林省	41.12	22.49	11.11	4.01	2.15
黑龙江省	32.02	16.60	9.82	1.87	- 10.46
上海市	19.36	9.15	9.77	11.58	20.37

续表

年份 地区	2011	2012	2013	2014	2015
山东省	25.70	17.46	12.33	10.24	9.99
湖北省	51.00	19.39	20.20	17.15	17.06
湖南省	40.25	17.47	13.96	11.28	11.20
安徽省	27.33	22.49	15.75	9.21	10.65
广东省	22.09	12.95	13.68	13.82	16.19
福建省	30.40	18.29	19.33	11.46	7.70
浙江省	20.79	9.22	10.34	8.54	16.70
辽宁省	31.84	17.49	7.68	-4.80	-33.38
陕西省	56.56	6.70	9.22	8.10	8.99
河北省	30.48	19.94	10.14	6.58	8.25
天津市	36.14	20.95	18.13	14.96	11.59
重庆市	56.33	14.46	-6.00	13.50	12.13

五　旅游援藏缺乏管理组织协调机构

国家旅游局主要负责协调旅游援藏工作，但是目前旅游援藏主体呈现出多元化趋势，涉及中央政府、中央部委、对口援藏省市、援藏企业、援藏导游等。旅游援藏的形式由资金物资和干部挂职锻炼拓展到旅游资源开发、旅游规划、人才培养、客源输送等众多领域。以对口援藏省市为例，广东省、福建省、安徽省、江苏省结合西藏受援地区发展实际，重视旅游产业发展，加大旅游建设投入力度，推动了旅游业的快速发展。但是在管理组织方面，旅游援藏属于产业援藏范畴，其管理纳入援藏省市相关部门，其资源投入管理与旅游管理部门并没有相关联系，对旅游援藏系统管理、组织协调和持续性都造成了不利影响。面对旅游援藏主体隶属于不同管理部门和旅游援藏资源增量投入的现实，旅游援藏管理组织协调机构尚未建立，无法协调解决实际工作中的困难和问题，难以实现旅游援藏资源整合和衔接，极容易造成资源闲置和浪费，已经严重影响到旅游援藏效果。

第二节　基于微观视角的旅游援藏
存在的主要问题分析

通过实地调研、深度访谈和问卷调查等多种形式，从微观视角分析旅游援藏实践工作存在的主要问题，表现在四个方面：一是旅游援藏项目存在"重投资建设、轻管理低效益"现象，导致资源无效利用；二是旅游援藏项目"重政治任务，轻市场运作"，无法产生相应效益；三是旅游援藏实施同质化严重，忽略差异化策略，缺乏统一规划和协调；四是旅游援藏作用下的乡村旅游发展负面影响凸显。具体分析如下。

一　旅游援藏项目存在"重投资建设、轻管理低效益"现象

随着中央和对口援藏省市对旅游援藏投资力度的加大，旅游基础设施、旅游建设项目如雨后春笋般兴起。但项目建成后，后续经营管理没有及时跟上，新建的旅游景区无人光顾。前期规划建设投入的大量资金，因为后续经营和管理没有跟上，使旅游项目的设施功能和服务功能不能得到有效利用，浪费现象让人唏嘘不已。笔者对江苏省南京市对口支援的墨竹工卡县甲玛松赞干布出生地旅游景区和霍尔康庄园进行了五年的跟踪调研，其中 2012 年 8 月、2014 年 7 月、2015 年 7 月三次是笔者亲自前往调研，2015 年 2 月和 2017 年 2 月两次分别委托笔者学生洛桑桑旦和贡秋元旦前往开展调研。笔者亲自调研时间选择的正是西藏旅游旺季，大量国内外游客前往西藏旅游，委托学生前往调研时间选择的是西藏旅游淡季。

通过五年跟踪调研发现，投资大量资金建成的旅游景区（其中，甲玛松赞干布出生地旅游景区投资 3500 万元，霍尔康庄园投资 3207 万元）在 2013 年 8 月以后没有实现对外来游客的接待，无论是旅游旺季还是淡季，不变的是两处旅游景区难以寻觅游客的踪迹，变化的只是旅游景区设施陈旧和墙壁斑驳。这些与当初项目建设预期相差甚远。新建成的旅游项目后期经营管理不善，导致该旅游景区关闭无法对外正常营业，难以发挥应有的经济效益和社会效益。

　　甲玛松赞干布出生地旅游景区位于墨竹工卡县甲玛乡，地处 318 国道旁，交通十分便利，它是松赞干布出生地、全国政协副主席阿沛·阿旺晋美的故乡，也是吐蕃时期的重要城镇，史料记载元代在甲玛设立万户。这里不仅流传着令人神往的传说，还有古城遗址、霍尔康庄园遗址、强巴敏久林宫、历史悠久的甲玛东丹湿地等。2008 年 6 月，江苏省南京市对口支援，前期投资 6000 余万元，建设甲玛松赞干布出生地旅游景区，2010 年下半年该旅游景区正式对外开放。甲玛松赞干布出生地旅游景区发展有三个有利条件：一是文化底蕴深厚和自然风光优美等优良资源禀赋；二是甲玛旅游景区距离拉萨较近，交通区位优势明显；三是 318 国道是拉萨通往林芝的必经之路，因此来往的游客络绎不绝，私家车自驾游者、旅游公司的团队或者骑行客等客源市场充足。

　　然而，现实调研情况却不容乐观。甲玛松赞干布出生地旅游景区和霍尔康庄园是拉萨至林芝 318 国道旅游线路上重要的旅游节点，游客主要是路过旅游景区门口，停留时间短且以拍照、上厕所为主（见表 10 - 2），旅游消费主要是购买纪念品和土特产。旅游景区内部距离景区大门约 10 公里距离，很少有游客进入旅游景区内部游览。因此，位于旅游景区大门区域的龙达村村民能从中获取少量经济收入，但对于旅游景区内部的赤康村村民而言，旅游收入并没有大的提高。

表 10 - 2　甲玛松赞干布出生地旅游景区游客停留时间统计情况

序号	车牌号	行程	游客类型	到达时间	离开时间	停留时间（分钟）
1	藏 AL ***8	林芝—拉萨	团队	14：54	15：10	16
2	藏 AL ***9	林芝—拉萨	团队	15：00	15：09	9
3	藏 GA ***0	拉萨—林芝	团队	14：58	15：06	8
4	藏 GC ***1	林芝—拉萨	自驾游	15：07	15：10	3
5	川 ZV ***1	林芝—拉萨	自驾游	15：10	15：20	10
6	京 MB ***8	林芝—拉萨	自驾游	15：16	15：25	9
7	藏 AL ***5	林芝—拉萨	团队	15：25	15：34	9
8	藏 AL ***5	拉萨—林芝	自驾游	15：33	15：46	13
9	藏 AL ***8	林芝—拉萨	自驾游	15：35	15：52	17
10	甘 AP ***9	林芝—拉萨	自驾游	15：40	15：42	2

续表

序号	车牌号	行程	游客类型	到达时间	离开时间	停留时间（分钟）
11	藏 AK ***3	拉萨—林芝	自驾游	15：42	15：47	5
12	藏 AL ***0	林芝—拉萨	团队	15：43	15：55	12
13	藏 AL ***6	林芝—拉萨	团队	15：48	15：58	10

注：表中统计数据为笔者本人于 2014 年 7 月 22 日对来往拉萨和林芝车辆停留景区门口的观察所得，在观察的 1 小时内，游客在甲玛松赞干布出生地旅游景区最长停留 17 分钟，最短仅为 2 分钟，游客对旅游景区内部情况了解甚少。

二　旅游援藏项目运营中"重政治任务，轻市场运作"

　　旅游援藏不仅是一项系统的政治任务，更是通过支援西藏旅游业发展的一项经济任务。目前，旅游援藏项目注重政治任务完成层面，忽视建成后的项目市场化运作。但笔者在西藏调研时发现，上海市第七批援藏工作队积极探索旅游援藏项目《江孜印迹》市场化运作模式。2014 年 8 月，西藏大型原生态实景剧《江孜印迹》在西藏江孜县上演，由上海市第七批援藏工作队投入 2000 万元打造而成，成为西藏首部县级大型实景剧。它是充分利用江孜独特的文脉、地脉、人脉，以宗山古堡、白居寺、祭祀山为背景，配以光、声、电等高科技手段，穿越江孜 1200 多年的历史，精心打造的一场原生态大型文化盛宴。

　　该旅游援藏项目由行政主导型向市场支撑型转变，采取"政府引导、企业主导、市场运营"的市场支撑型运作模式，江孜县成立了乃钦康桑文化旅游有限责任公司，由专业团队负责《江孜印迹》实景剧的开发运作，以推动文化旅游产业可持续发展。[①] 上海市对口支援的旅游援藏项目《江孜印迹》探索市场支撑型运作模式，既着力培育了西藏本土企业，又注重培育了西藏本土企业家；不仅形成了旅游援藏"造血"机制，为旅游援藏项目可持续发展奠定坚实基础，同时也带动了江孜县产业融合发展，实现农牧民增收致富，促进当地经济持续发展，获得了江孜县当地干部群众好评。

---

① 《上海援藏新探索：聚焦产业授之以"渔"》，http：//www.tibet.cn/newzt/yuanzang/dkzy/201508/t20150804_3730398.htm，2015 年 8 月 4 日。

三　旅游援藏实施同质化严重，忽略差异化策略

旅游援藏差异化策略是促进西藏旅游经济发展转方式、调结构、惠民生的有效途径。实施差异化旅游援藏，既要根据西藏受援地区旅游资源禀赋、环境容量、市场状况、产业基础等条件，同时也要考虑援助方经济社会发展水平和旅游产业规模，从而协调共同推动西藏受援地区旅游产业发展。但笔者在调研中发现，援助方偏好大型基础设施建设，项目申报雷同，忽视了西藏地区间旅游发展的差异性，不仅仅要考虑旅游资源、市场区位和品牌的差异，还要考虑西藏受援地区经济社会支撑体系、产业结构和环境变化差异。笔者通过对西藏中南地区拉萨、日喀则、林芝和山南四市与西藏阿里地区及那曲地区作对比分析，发现各对口援藏省市投入了大量资金、人力、智力和物力，但是对西藏受援地区产生的旅游发展效果存在显著的区域差异。

西藏中南地区位于喜马拉雅山和冈底斯山—念青唐古拉山之间的藏南谷地，海拔为 3500—4500 米。2010 年中共中央国务院印发《全国主体功能区规划》，明确提出将西藏中南地区（该区域包括西藏自治区中南部以拉萨为中心的部分地区）确定为"国家层面重点开发区域"。[1] 根据《全国主体功能区规划》对西藏中南地区的范围界定，该区域包括拉萨、日喀则、林芝和山南，土地面积为 40.49 万平方公里，常住人口 186 万，分别占西藏全区土地总面积和总人口数的 33.67% 和 59.6%。[2] 根据《全国主体功能区规划》，发展旅游业成为西藏中南地区的主要功能定位。该地区旅游资源数量众多且质量高，从数量和质量构成上得知，该地区旅游资源单体数量占西藏全区比例高达 65.5%[3]，其中极品、优级和良级旅游资源数量的比例分别为 60.3%、72.0% 和 65.8%（见表 10 – 3），相对西藏其他地区，是旅游资源开发最具潜力和最具成长性的核心地区。

---

① 《国务院关于印发全国主体功能区规划的通知》，http：//www.gov.cn/zwgk/2011 – 06/08/content_1879180.htm，2011 年 6 月 8 日。

② 国家统计局国民经济综合统计司、国家统计局农村社会经济调查司编：《中国区域经济统计年鉴（2014）》，中国统计出版社 2015 年版，第 197 页。

③ 北京清华城市规划设计研究院编著：《西藏自治区旅游资源调查与研究》，清华大学出版社 2008 年版，第 49 页。

表 10 - 3　　西藏中南地区与其他地区旅游资源统计对比分析

地区	旅游资源单体数量	百分比（%）	极品旅游资源数量	百分比（%）	优级旅游资源数量	百分比（%）	良级旅游资源数量	百分比（%）
拉萨	371.8	26.1	4.5	15.5	13.8	8.7	50.0	12.5
日喀则	253.3	17.8	8.0	27.6	56.8	35.9	110.0	27.5
山南	233.9	16.4	2.0	6.9	24.4	15.4	81.5	20.4
林芝	73.5	5.2	3.0	10.3	19.0	12.0	21.5	5.4
西藏中南地区	932.5	65.5	17.5	60.3	114.0	72.0	263.0	65.8
西藏其他地区	491.5	34.5	11.5	39.7	44.0	28.0	137.0	34.2
西藏全区	1424.0	100.0	29.0	100.0	158.0	100.0	400.0	100.0

2002—2013 年西藏中南地区的入境旅游收入、人次占西藏入境旅游总收入、总人次的比重都呈 "W" 状，两个下降拐点出现在 2003 年（比重值分别为 91.7% 和 93.2%）和 2008 年（比重值分别为 94.1% 和 91.9%），其他年份比重值均在 93% 以上。同时，该地区国内旅游收入、旅游人次和旅游总收入、旅游总人次所占比重呈 "M" 状（见图 10 - 4）。可以看出，西藏中南地区是西藏旅游发展的核心区域。

运用最小二乘法进行线性回归，2002—2013 年对口援藏省市援藏累计资金投入为解释变量，西藏旅游经济总收入、国内旅游收入和入境旅游收入为被解释变量，综合得到相应回归方程（见表 10 - 3）。从回归方程中可以看出，对于 2002—2013 年西藏中南地区的对口援藏资金投入产生的旅游发展效应，在旅游经济总收入效应方面，拉萨、日喀则、山南、林芝四个地区平均分别增加 11.79 亿元、3.84 亿元、5.67 亿元、5.13 亿元，而阿里、那曲仅分别为 0.95 亿元和 0.98 亿元。国内旅游收入效应方面，拉萨、日喀则、山南、林芝四个地区平均分别增加 11.24 亿元、3.75 亿元、5.56 亿元、5.13 亿元，而阿里、那曲仅分别为 0.81 亿元和 0.98 亿元（见表 10 - 4）。

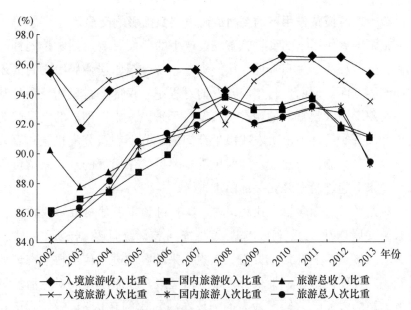

图 10-4　西藏中南地区旅游收入和人次占西藏比重变化（2002—2013 年）

资料来源：《中国区域经济统计年鉴》（2003—2014 年）。

表 10-4　对口援藏省市资金投入的旅游发展效应对比分析

对口援藏省市	受援地区	方程模型	对口援藏省市	受援地区	方程模型
北京市	拉萨	TTI = 11. 79TAC − 4. 91 (65. 89)　(− 2. 63)	广东省	林芝	TTI = 5. 13TAC − 21. 20 (27. 33)　(− 12. 24)
江苏省		DTI = 11. 24TAC − 10. 80 (35. 83)　(− 3. 30)	福建省		DTI = 5. 12TAC − 21. 29 (28. 65)　(− 12. 90)
吉林省	日喀则	TTI = 3. 84TAC − 15. 93 (4. 99)　(− 1. 77)	陕西省	阿里	TTI = 0. 95TAC − 0. 37 (6. 66)　(− 0. 93)
黑龙江省					
山东省		DTI = 3. 75TAC − 18. 87 (5. 74)　(− 2. 47)	河北省		DTI = 0. 81TAC − 0. 64 (9. 34)　(− 2. 70)
上海市					
湖北省	山南	TTI = 5. 67TAC − 11. 42 (6. 99)　(− 2. 81)	浙江省	那曲	TTI = 0. 98TAC − 0. 10 (21. 69)　(− 0. 33)
湖南省		DTI = 5. 56TAC − 11. 99 (6. 37)　(− 2. 74)	辽宁省		DTI = 0. 98TAC − 0. 19 (21. 42)　(− 0. 64)
安徽省					

注：TTI、DTI 和 TAC 分别表示旅游总收入、国内旅游收入和援藏资金投入量，括号内数值为方程对应的 t 统计值，在 5% 的统计水平上显著。

四　旅游援藏作用下的乡村旅游发展负面影响凸显

旅游援藏作用下的乡村旅游发展产生的负面影响包括对传统社会文化、生活环境、生态环境、旅游资源、游客与原居住居民之间的矛盾加剧等方面。同时乡村旅游开发的过程中，仅部分村民积极参与其中并实现了增收致富，但相对于整个村子来说，旅游创造的大量就业机会并没有实质性地解决农牧民生计问题，公平利益分配机制和农牧民有效参与机制尚未建立。如何规避旅游援藏作用下的乡村旅游负面影响尚未引起旅游援藏相关部门重视。

对龙达村、赤康村、扎西岗村、罗布村和东巴才村五个村村民认为旅游发展产生的负面影响进行调查问卷，统计数据显示（见表 10-5），随着乡村旅游的开发，大量外来游客的进入使乡村生态环境受到一定程度的破坏，带来了大量生活垃圾。在旅游发展对生活垃圾数量的影响方面，认知度最高的为罗布村，比例高达 81.82%，认知度最低的为龙达村，比例也达到 41.86%。同时在乡村旅游发展中存在"重资源开发而轻保护"的现象，扎西岗村、罗布村和东巴才村50% 的被调查者认为，旅游发展对旅游资源产生一定程度的破坏，罗布村认知比例最大，高达 80%，龙达村和赤康村认知比例分别为 48.84% 和 20.18%，表明旅游开发中的资源保护长效机制尚未建立，缺乏科学规划和统一协调。在"传统的生活秩序受到了一定的影响"方面，罗布村被调查者认知度最高，76.37% 的人认为旅游发展对其传统生活秩序产生影响，赤康村被调查者认知度最低，比例接近 40%。在"村民和游客之间的矛盾逐渐凸显"方面，认知度最高的为罗布村，比例为 64.82%，认知度最低的为赤康村，比例接近 20%。

表 10-5　五个调查村村民对旅游发展产生的负面影响的认知情况　单位:%

调查村名	项目	完全同意	同意	不确定	不同意	完全不同意
龙达村	传统的生活秩序受到了一定的影响	18.60	25.58	47.67	8.15	0.00
	村民和游客之间的矛盾逐渐凸显	11.63	19.77	34.88	27.91	5.81
	生活垃圾数量快速增加	23.26	18.60	52.33	5.81	0.00
	旅游资源受到一定程度的破坏	31.40	17.44	25.58	19.77	5.81

续表

调查村名	项目	完全同意	同意	不确定	不同意	完全不同意
赤康村	传统的生活秩序受到了一定的影响	4.55	34.55	46.36	12.73	1.81
	村民和游客之间的矛盾逐渐凸显	1.83	17.43	51.38	16.51	12.85
	生活垃圾数量快速增加	10.28	33.64	38.32	14.95	2.81
	旅游资源受到一定程度的破坏	7.34	12.84	53.21	20.18	6.43
扎西岗村	传统的生活秩序受到了一定的影响	22.32	33.93	34.82	7.14	1.79
	村民和游客之间的矛盾逐渐凸显	21.43	25.89	24.11	27.68	0.89
	生活垃圾数量快速增加	41.44	28.83	23.42	6.31	0.00
	旅游资源受到一定程度的破坏	28.83	25.23	34.23	9.91	1.80
罗布村	传统的生活秩序受到了一定的影响	52.73	23.63	20.00	3.63	0.00
	村民和游客之间的矛盾逐渐凸显	48.15	16.67	22.22	12.96	0.00
	生活垃圾数量快速增加	60.00	21.82	12.73	3.63	1.82
	旅游资源受到一定程度的破坏	58.18	21.82	14.55	5.45	0.00
东巴才村	传统的生活秩序受到了一定的影响	20.00	48.00	28.00	0.00	4.00
	村民和游客之间的矛盾逐渐凸显	25.93	18.52	33.33	14.81	7.41
	生活垃圾数量快速增加	29.63	48.15	14.81	0.00	7.41
	旅游资源受到一定程度的破坏	22.22	29.63	22.22	18.52	7.41

第三节　旅游援藏调适机制构建

　　旅游援藏是中央政府主导的整合资源要素向西藏旅游目的地的流动，是由政府主导的外在供给推动与西藏地方内在需求构成的综合系统。旅游援藏运行根本机制在于以中央政府的权力结构为核心，建构起全方位统摄经济社会事务的科层制权力系统，这一科层制权力系统从中央向地方辐射，以条块结合的方式，形成自上而下的支配与命令的单一控制结构。① 然而，面对新时期旅游援藏存在的主要问题和面临的挑战，为了适应未来建好西藏旅游目的地的新要求，旅游援藏综合系统必须进行结构性调适。

一 旅游援藏调适机制构建必要性分析

《现代汉语词典》（第6版）中"调适"的含义为"调整使适应"。② "调适"有通过调整使之达到适应的状态之意，主要指主动的、积极的行为和过程。因此，旅游援藏综合系统结构性调适应具有前瞻性和战略性，是一个主动的、积极的概念，而不是一个被动的应然的概念，通过主动调适行为，使将要发生的问题或可能发生的问题消除于潜在状态。随着全国援藏工作推进和西藏旅游业快速发展，旅游援藏持续性不仅取决于参与的各级政府（中央政府、对口援藏省市政府和西藏受援地区各级政府）的目标定位和行政行为，也要综合考虑西藏旅游目的地内在旅游需求的系统变化，如旅游发展面临从数量型向质量型转变、旅游消费需求亟待升级转型、旅游发展资本注入和管理提升、农牧民参与旅游从中获益愿望强烈等现实问题。因此，新时期旅游援藏调适机制构建具有极为重要的现实意义和深远影响。

（一）西藏旅游发展战略定位及旅游援藏认识定位

2010年1月中央第五次西藏工作座谈会对西藏旅游发展战略定位为"建设重要的世界旅游目的地"，2015年8月中央第六次西藏工作座谈会对西藏旅游发展战略定位为"建设好重要的世界旅游目的地"。2017年3月7日，中共中央政治局常委、国务院总理李克强在西藏代表团参加审议，强调了西藏在全国大局中具有特殊重要地位，指出在严格保护生态的前提下，大力发展旅游、清洁能源、民族医药等特色优势产业。③ 另外，《西藏自治区"十三五"时期国民经济和社会发展规划纲要》第二十二章中的"大力发展服务业"部分明确指出，

---

① 王涛：《有效政府、科层权力调适与地方治理——以浙江省 H 市景中村整治为案例的研究》，博士学位论文，浙江大学，2013年，第34页。

② 中国社会科学院语言研究所词典编辑室编：《现代汉语词典》（第6版），商务印书馆2012年版，第1376页。

③ 《李克强参加西藏代表团审议》，http：//news. eastday. com/c/lh2017/u1ai10404232. html，2017年3月7日。

"十三五"时期，西藏要把旅游业培育成为经济发展的主导产业，发挥旅游业的带动作用，积极发展文化、金融、商贸物流业，提高生活性服务业便利化和品质化，增强生产性服务业对一二产业的支撑作用，促进服务业优质高效蓬勃发展。

要做强做精旅游业，坚持"特色、高端、精品"的导向，大力实施特色鲜明、功能完备、国际标准、融合发展的"旅游转型升级"工程，推动旅游业由数量增长向质量效益转型，建设重要的世界旅游目的地。充分挖掘旅游文化资源，建设高品质旅游景区，积极发展森林、湿地等生态旅游，支持发展乡村旅游，开发精品旅游线路，塑造知名旅游品牌。加快旅游公共服务设施建设，推进旅游信息化发展，实施"五通两有"工程，完善旅游交通网络，打造无障碍旅游区。接轨国际旅游市场服务标准，加快建立与国际通行规则相衔接的旅游服务标准和旅游法规，改善旅游消费环境。健全旅游安全预警、旅游应急救援、医疗救助等安全保障体系。树立大旅游观，构建完备的"吃、住、行、游、购、娱"要素体系，促进旅游业和其他产业融合发展，力争接待旅游者人数达到3000万人次。[①] 可以看出，中央政府和西藏地方政府对旅游发展给予重大关切和深厚希望：西藏在总体经济社会水平还比较落后的条件下，充分发挥和利用西藏旅游经济发展的成本优势从而获取比较利益，通过旅游业发展的经济、社会、文化和环境影响，为西藏实现长足发展和长治久安提供重要保障。

新时期旅游援藏认识定位应从国家层面进行审视。一是"十三五"时期是我国经济社会发展的关键时期，是全面建成小康社会的决胜阶段。西藏是国家经济社会发展的重要组成部分，在全国大局中具有特殊重要地位。西藏的稳定关系国家的稳定，西藏的发展关系国家的发展，西藏的安全关系国家的安全。二是事实证明西藏发展离不开中央的特殊关怀和全国的大力支援。西藏是一个具有很大特殊性的地区，与内地省份相比，经济社会发展落后，发展的制约因素较多。中央赋予的特殊优惠政策是西藏长足发展的最重要条件，西藏只有紧紧

---

① 《西藏自治区"十三五"时期国民经济和社会发展规划纲要》，http://www.chinatibetnews.com/zw/qwfb/201604/t20160423_1194980.html，2016年4月23日。

依靠国家的力量和全国的支援，才能够顺利促成本地区资源要素的优化组合，增强自我发展能力。三是新时期发展是西藏第一要务，只有牢固树立发展是解决西藏所有问题的基础和关键的思想，才能补齐短板，为维护社会和谐稳定、全面建成小康社会提供坚实的物质基础。①西藏旅游业发展不仅仅促进了区域内经济社会发展，更进一步地促进了国民经济社会的增长。西藏旅游经济的发展既是西藏区域经济发展的重要部分，又是国民经济发展的重要部分。没有少数民族地区经济的振兴就没有国家经济的振兴。因此，西藏民族地区旅游经济的发展既促进了当地区域经济的发展，又促进了国民经济的快速发展，是国民经济发展不可或缺的重要组成部分，直接关系着国家的繁荣和富强。

（二）旅游援藏中的"计划经济"与"市场运作"关系处理

旅游援藏是在中央政府供给模式作用下援助西藏，计划经济烙印深刻，地方政府仍未摆脱计划经济惯性思维，习惯性地把旅游援藏等扶持政策等同于直接投资，而在诸多诱导性政策、制度创新、资源配置等方面难有作为。②本书论述的案例表明，西藏目前旅游发展仍是资源开发导向为主，忽视市场是资源配置的基础性手段。通过笔者调研发现，政府各种资源要素投入的旅游经济活动已经渗入了市场机制运作的因素，政府主导的投入供给直接改善了西藏旅游基础设施建设和旅游公共服务，但是其在竞争性领域如旅游企业、旅游产品开发、旅游景区经营管理、旅游节事策划、经营要素投入等方面却存在资源浪费和无效利用现象，难以发挥应有的综合效益。

正如前文所述，旅游援藏是全国援藏体系的重要组成部分，它既与人才援藏、科技援藏、教育援藏等存在共性，也具有旅游业发展特性，这种特性表现在旅游业本质上是一项经济产业，必须遵照产业运行的市场规律，充分发挥市场在资源配置中的基础性作用。在西藏旅游发展的市场基础、企业发展、产品开发、目的地营销、人才培养、

---

①　《2017 年西藏自治区政府工作报告》，http：//tibet. news. cn/leader/20170213/3652166_c. html，2017 年 2 月 13 日。

②　潘久艳：《全国援藏的经济学分析》，四川大学出版社 2009 年版，第 229 页。

区域合作、旅游业和区域经济社会融合发展等核心要素中，市场机制是关键，它对改善旅游投资环境，消除旅游投资方面存在的诸多限制，解决西藏旅游企业总体规模偏小和实力薄弱问题，吸收优秀专业人才从事旅游业，提高旅游综合竞争力，推动旅游业持续发展等方面具有重要作用。一方面，市场机制体现在驱动西藏旅游经济运行的核心力量是客源市场，特别是西藏国内客源市场的旅游消费需求；另一方面，则是在发展旅游业所需要的资本、土地、自然资源、人才和技术诸要素聚合中，市场机制发挥极其重要的作用。基于上述认识，旅游援藏政策制定者、执行者和参与者必须全力研究西藏旅游产业运行的市场规律，总结旅游需求变迁规律，正确处理计划与市场关系，不断创新旅游援藏供给方式。

（三）旅游援藏资源要素投入与转换机制空缺

2016 年西藏积极主动与中央国家机关和对口支援省市、中央企业沟通衔接，成功召开对口援藏工作座谈会 38 个，落实项目 1144 个、资金 253 亿元，增加规划外资金 55 亿元。[①] 2016 年西藏受援资金高达 308 亿元，这些援助资金投入对西藏旅游发展具有重要作用。但是正如前文所论述，一方面，2016 年西藏旅游总收入和接待旅游总人次同比增长率分别为 17.32% 和 14.79%，相较于 2015 年的 38.20% 和 29.9%，均呈现出下降趋势，值得积极关注；另一方面，援藏供给与西藏旅游发展差距扩大的非对称性矛盾仍存在。笔者实地调研发现，旅游援藏资源要素投入呈现出增量投入趋势，即中央和全国逐年不断增大对西藏资源输送力度，但是由于援藏管理水平、主体部门衔接、制度创新和配套保障没有及时跟上，大量援藏资源闲置浪费。西藏旅游发展自身基础薄弱，而外部资源输入无法与相关配套机制形成合力，旅游援藏资源要素投入转换动力机制不足，导致外部大量资源没有得到有效利用，无法提供有效产出，难以为西藏旅游持续发展提供重要支撑。

---

① 《2017 年西藏自治区政府工作报告》，http://tibet.news.cn/leader/20170213/3652166_c.html，2017 年 2 月 13 日。

（四）旅游援藏激励保障机制亟待创新

2015 年 8 月中央第六次西藏工作座谈会提出要继续加强对口支援西藏工作，明确将对口支援作为一项长期发展制度。但是，这项制度需要在西藏经济社会发展中不断变化和创新，对口支援西藏制度如果能适应西藏经济社会发展需要做出创新，为其提供激励和制度保障，这种支援制度是有效甚至是高效的；反之，支援西藏制度若不能为新出现的生产性活动提供激励和保障，曾经有效的制度有可能成为发展新的障碍。[①] 该论断对旅游援藏提供了重要思路启示。

旅游援藏是政府主导的供给模式，这种模式下参与旅游援藏主导方仍为政府及其相关部门，它们参与旅游援藏主要目的是完成"党和国家赋予的一项光荣而艰巨的政治任务"，这种制度供给对推动西藏旅游发展产生重要历史作用。但是随着市场经济体制的建立和完善，其难以发挥各级地方政府的积极性，且难以持久，主要表现两个方面：一是，对于对口援藏省市政府而言，其出发点是贯彻落实中央政府要求，援藏并不具有自发性，援藏动机是"讲政治、讲大局"并不是"赢利"。随着援藏工作推进，对口援藏省市自身面临诸多困难，特别是在经济发展新常态下地方一般公共预算收入增长速度放缓，影响到援藏资金投入力度，如何在兼顾自身经济社会发展的同时完成中央政府要求的援藏目标成为各对口援藏省市政府面临的新问题。二是，西藏受援地方政府处于被动地位，选择权不足，在长期受援过程中存在"等、靠、要"心理，如何发挥自身优势改变被动局面进而增强自我发展能力成为西藏受援地方政府的新任务。与此同时，旅游业发展具有特殊性，旅游援藏不仅能推动西藏受援地区旅游业发展，同时也能带来提高支援方旅游企业获利、促进双方文化交流与合作、加强企业联系等积极因素，双方具有合作共赢条件，但关键在于科学合理的激励制度保障。

二　旅游援藏调适机制构建方式

基于帕森斯结构功能主义的理论视角，任何系统的四种需要和功能先决条件是：A 适应：社会系统由其外部环境获得足够的资源或能

---

①　靳薇：《西藏援助与发展》，西藏人民出版社 2011 年版，第 241 页。

力并在系统内进行配置，以满足需求，应付无法改变的环境条件；G
目标：确立集体目标，调动资源以集中实现系统目标，旨在确保社会
政策的顺利实施；I 整合：协调系统各部分的行动，包括个人成员和
其他子系统，使之一致，使系统得以作为一个整体有效地发挥作用；
L 维模：主要有双重功能，一是维持系统的价值体系，确保行动者在
系统中积极发挥作用，二是为系统内部紧张关系的管理提供运作机
制。在帕森斯看来，任何系统都是由其子系统按照一定的结构排列而
成，这些子系统的功能和相互联系的形式决定了系统的功能，系统的
结构改变，其功能也随之改变。① 由于旅游援藏综合系统存在着目标
定位不合理、资源整合水平不高和维模功能缺失等方面的不足，难以
有效应对新形势下西藏旅游目的地发展，为适应变化了的新形势，旅
游援藏综合系统必须进行调适，包括西藏旅游发展速度和规模预期目
标、援藏主体职能目标、援藏主体结构优化、制度规范合理化四个
方面。

（一）西藏旅游发展速度和规模水平预期目标定位

2010 年以来，西藏旅游总收入相当于区内生产总值的比重由
2010 年的 14.1% 上升至 2016 年的 28.76%，实现了翻倍增长。旅游
总收入同比增长率由 2010 年的 27.59% 上升至 2015 年的 38.20%，
国内旅游收入同比增长率由 2010 年的 27.24% 上升至 2015 年的
39.0%。旅游总人次数同比增长率由 2010 年的 22.11% 上升至 2015
年的 29.9%，国内旅游人次数同比增长率由 2010 年的 21.84% 上升
至 2015 年的 30.01%。西藏自治区生产总值同比增长率由 2010 年的
14.98% 下降至 2015 年的 11.46%，但连续 6 年保持两位数增长（见
表 10-6）。上述统计数据表明，从纵向比较，自中央第五次西藏工
作座谈会以来，西藏旅游发展速度和规模均保持两位数增长。但是从
横向比较发现，西藏旅游发展无论是旅游总收入还是旅游接待总人次
在全国排名均靠后，与全国其他省市发展差距呈拉大趋势。

通过数据对比分析可以看出，西藏要建设好重要的世界旅游目的
地和发展成为经济主导产业，中央和全国对西藏旅游发展要素增量提

---

① Talcott Parsons, *The Social System*, London：Routledge & Kegan Paul Ltd, 1991, p. 48.

表 10 - 6　　　　　西藏生产总值、旅游总收入和旅游接待
总人次同比增长率（2010—2015 年）　　　　单位:%

类别 年份	生产总值 同比增长率	旅游总收入 同比增长率	国内旅游 收入同比 增长率	旅游接待总 人次同比 增长率	国内旅游接待 人次同比 增长率
2010	14.98	27.59	27.25	22.11	21.84
2011	19.38	35.86	37.62	26.95	27.23
2012	15.71	30.31	35.17	21.69	23.28
2013	16.35	30.60	31.27	21.98	22.12
2014	12.89	23.50	24.00	20.30	20.49
2015	11.46	38.20	39.00	29.90	30.06

效是根本保障。在今后相当长一段时期内，要实现西藏旅游供给系统自我优化很难实现，同时要想改变西藏旅游综合实力进入全国前列也是不现实的，更为重要的是西藏属于我国典型的生态脆弱区，旅游发展受资源环境约束，不可能以牺牲生态为代价毫不节制地大规模旅游开发。因此，西藏旅游发展最理想的状态是，旅游总收入同比增速超过或保持同期西藏生产总值同比发展速度，这是对新时期西藏旅游发展速度和规模预期目标的合理定位，是符合西藏旅游发展的客观规律，也是新时期评价旅游援藏发展效果的科学依据。

（二）旅游援藏涉及的各级政府职能目标

任何系统总体目标和系统各组成部分目标之间需要保持一致，旅游援藏涉及的各级政府职能目标定位的合理性决定了行政行为和实践的作用，在大方向上控制或圈定了行为的活动范围或方向，合理的职能定位引导行为向合理的方向调适。

首先，中央政府在旅游援藏中起主导作用，最大限度实现维护国家利益的职能目标。第一，通过对旅游援藏进行总体战略部署，统筹和协调各种资源要素（财力、物力、人力、技术）向西藏输送并形成长效机制，将西藏旅游业发展成为西藏国民经济社会的主导产业，增强自我发展能力，并通过旅游业发展的经济、社会、文化和环境影

响，为西藏实现长足发展和长治久安提供重要保障。第二，随着市场经济逐步完善，生产基本要素均有市场配置，中央政府除了逐步构建统一市场体系，也要推动地方政府间互利合作，协调区域平衡发展。①习近平总书记在对口支援西藏工作座谈会上强调对口援藏要"始终坚持国家支持与提高自我发展能力相结合，坚持对口帮扶与互利合作相促进，积极挖掘合作潜力，拓展合作领域，提升合作水平，努力实现互利共赢、共同发展"。②

其次，对口援藏省市政府主要贯彻落实中央政府要求，主要承担服从责任，即在政治权威科层体系中下级对上级所承担的责任，具有政治性和法律性，由国家宪法和组织法所规定，其中的缘由在本书第二章已经论述。目前旅游援藏实践工作表明，对口援藏省市政府职能目标主要是履行中央政府的政治义务，维护中央政治秩序。同时，对口援藏省市援藏理念逐渐发生转变，不再停留在单向"输血"初级阶段，而是注重与西藏合作互利共赢，实现自身利益最大化的职能新目标。第一，通过援藏干部发挥桥梁和纽带作用，加强西藏与内地的旅游合作，注重西藏资源优势与本省客源市场相结合，不仅增强了西藏旅游发展实力，而且为内地旅游企业带来良好经济效益。第二，通过政府之间建立合作平台，引进内地企业推进旅游产业开发合作新模式，为西藏旅游特色优势产业提供发展平台。

最后，受援方西藏各级政府职能目标主要是实现地方利益最大化。第一，充分利用中央援藏各项政策，通过获得大量转移的资金、项目、人力、物力等资源要素加快旅游业发展，并产生乘数效应带动相关产业发展。第二，由于区域旅游资源禀赋、经济社会体系发育水平、产业发展程度存在差异，各市区政府需要制定符合自身条件的旅游发展战略。

（三）旅游援藏主体结构的合理化

旅游援藏主体涉及中央部委、中央企业、对口援藏省市等不同部

---

① 李瑞昌：《中国特点的对口支援制度研究——政府间网络视角》，复旦大学出版社2016年版，第24页。

② 《习近平出席对口支援西藏工作座谈会并作讲话》，http：//news.qq.com/a/20110721/000299.htm，2011年7月21日。

门，国家旅游局目前协调权限仅局限在全国旅游系统，即能要求各省市旅游委（局）贯彻落实旅游援藏任务。但正如前文论述，对口援藏省市旅游委（局）在旅游援藏实际工作中作用没有充分发挥，与对口援藏省市相关部门对接程度不够。目前，中央政府还没有全面具体协调援藏机构，更谈不上协调旅游援藏机构，而西藏旅游发展委员会更是没有能力进行协调，中央部委、中央企业、对口援藏省市在行政级别上不具有隶属关系。因此，旅游援藏现状正如靳薇提到的"钱出多门"且"思路各异"，难以形成合力，导致工作低效甚至无效。① 要提高旅游援藏工作效率，必须要把其系统内各部分协调起来，减少系统内耗，形成合力效应，成为一个功能的总体，发挥其整合功能。为达到这一目标，在新形势下，当务之急是要对旅游援藏主体结构进行调整使其合理化，可以使其提高其行动效率，保证行为实施质量。

　　旅游援藏主体结构重点在于组织结构合理化，包括旅游援藏主体纵向层级结构、横向层级结构和内部结构三个方面。第一，旅游援藏主体纵向层级结构具体为：国家旅游局与中央部委、中央企业、对口援藏省市政府等形成第一层级结构，各对口援藏省市旅游委（局）与其省市援藏部门（发改委、交通、财政、人力资源与社会保障等）形成第二层级结构，对口援藏省市下属市区旅游局与其市区援藏部门形成第三层级结构。第二，旅游援藏主体横向层级结构具体为：中央部委、中央企业、国家旅游局、对口援藏省市政府与西藏自治区人民政府形成第一层级横向结构，各对口援藏省市旅游委（局）、旅游企业与西藏旅游发展委员会、旅游企业形成第二层级横向结构，对口援藏省市下属市区旅游局与西藏受援区县旅游局或者旅游行政管理部门、受援办等部门形成第三层级横向结构。第三，旅游援藏主体内部结构具体为：国家旅游局成立旅游援藏协商领导组织机构，有对口援藏任务相关省市旅游委（局）成立旅游援藏协调机构，西藏自治区人民政府和西藏旅游发展委员会成立相应的旅游援藏工作管理协调机构，对旅游援藏各种主体进行属地协调管理。

---

① 靳薇：《西藏援助与发展》，西藏人民出版社 2011 年版，第 242 页。

（四）旅游援藏制度规范的合理化

旅游援藏运行的持续性和合理性必须要有合理的规章制度为其有效实现既定目标提供制度保证。旅游援藏制度规范的合理性包括激励机制和约束机制。第一，目前，国家旅游局仅对导游援藏工作出台了奖励政策，如对援藏导游员授予"全国援藏导游员先进个人""全国援藏导游员西藏自治区先进个人""全国援藏导游员西藏自治区优秀个人"等荣誉奖励，同时对被评选为"全国援藏导游员先进个人"的导游员，予以奖励晋升导游等级；被评选为"全国援藏导游员西藏自治区先进个人"的导游员，在当年或第二年的导游等级考核中，可享受一次总分加10分的奖励，但对其他形式的旅游援藏工作尚未有奖励政策出台。第二，对口援藏省市对西藏各市区旅游发展起到重要推动作用，但也表现出较大差异。因此，中央政府应出台奖励政策，并设法将其旅游援藏表现计入政绩评价体系，作为中央表彰重要依据。第三，中央第五次西藏工作座谈会规定对口支援省市年度援藏投资实物工作量，需按本省市上年度地方财政一般预算收入的千分之一安排，首次明确了对口援藏省市投资要求，但是对西藏各受援市区却没有提出具体发展速度和规模。同样情况也存在于旅游援藏领域，目前约束机制主要是针对支援方，但对西藏各市区旅游发展速度和规模却没有明确要求，这样无法有效发挥西藏各区县的主动性和创造性。第四，旅游援藏效果评估机制缺失，大量项目建成后的运营管理没有纳入旅游援藏体系中，导致资源闲置和浪费。加强对旅游援藏效果科学评估是一项长期系统工程，也是一项关系民心所向的重大工程。

第十一章　旅游援藏：实践
启示与政策建议

　　旅游援藏是从 20 世纪 80 年代国家动员全国支援西藏战略决策而开展起来的，新时期旅游援藏是全国援藏的重要组成部分。因此，旅游援藏研究进展与全国援藏、对口支援西藏密切相关，应将旅游援藏研究置于全国援藏研究视野中考察，注重对援藏研究论调、作用地位、存在问题、对策建议与未来走向等研究问题进行梳理。笔者在认真分析援藏研究成果的基础上，结合实地调研发现，借鉴援藏工作实践和规律为旅游援藏工作提供思路启示，进而提出旅游援藏推动西藏旅游目的地发展的具体政策建议。

第一节　援藏研究进展：争议与共识

　　1984 年中央第二次西藏工作座谈会标志着全国性的援藏工程的开始，1994 年中央第三次西藏工作座谈会正式确定对口援藏政策，2001 年和 2010 年中央第四次、第五次西藏工作座谈会都确定将援藏期限延长 10 年，2015 年中央第六次西藏工作座谈会提出西藏工作的重要原则为"依法治藏、富民兴藏、长期建藏、争取人心、夯实基础"，继续加强对口援藏工作。学术界对全国援藏、对口支援西藏的现状和未来走向等问题研究既有争议也有共识。

一　援藏研究进展中的学术分野

　　通过文献分析可以看出，学术界对援藏研究主要有三种学派观点，具体为终结论、法制论和长期论，其中终结论认为援藏只是一种权宜之计、短期之策，不应长期化和常态化；法制论的核心是通过法律制度规范援藏行为，以法律形式确定援藏各方权利与义务；长期论强调援藏是国家制度化安排，并且要继续推进援藏工作，具有常态性和长期性。

（一）终结论

温军（2004）指出，全国援藏大多是临时性的短期政策措施，缺乏相对连贯一致的时效性保障，难以达到应有的效果。[①] 王玮（2010）将我国"对口支援"政策与德国的横向转移支付制度做比较，认为我国"对口支援"政策具有显著的横向转移支付特征但不具备相应前提条件，只是一种非制度化的方法，未来需要对"对口支援"做适当的调整，改革方向定位为临时性的应急措施，不宜继续扩大规模和使其常态化，同时"对口支援"政策中对欠发达地区和民族地区的援助应当纳入政府间纵向财政转移支付体系。[②] 周晓丽等（2012）认为，对口支援中的政治动员性而非制度化、双方利益的非均衡性、支援方和被支援方的既定性都会影响该项工作的持续进行。[③] 段铸等（2014）认为，当前我国实施的对口支援缺乏规范性，具有鲜明的应急性烙印，进出机制没有标准化的门槛。[④] 柳建文等（2014）认为，对口支援西藏只是一种过渡性的制度设计，是一种政治安排，对口援藏需要由无偿援助型合作向平等互惠式合作转变。[⑤]

（二）法制论

赵伦等（2009）认为，对口支援应从"政策规范化"向"法律规范化"转变，在依法治国和依法行政的要求下，只有在一个恰当的法律框架内推行对口支援政策，才能更好发挥政策的巨大作用；只有

---

① 温军：《中国少数民族经济政策稳定性评估（1949—2002 年）》（下），《开发研究》2004 年第 4 期。

② 王玮：《中国能引入横向财政平衡机制吗？——兼论"对口支援"的改革》，《财贸研究》2010 年第 2 期。

③ 周晓丽、马晓东：《协作治理模式：从"对口支援"到"协作发展"》，《南京社会科学》2012 年第 9 期。

④ 段铸、伍文中：《我国对口支援改革方向的思考》，《华中师范大学学报》（人文社会科学版）2014 年第 1 期。

⑤ 柳建文、杨龙：《从无偿援助到平等互惠：西藏与内地的地方合作与长治久安研究》，社会科学文献出版社 2014 年版，第 109 页。

通过立法建立国家层面的制度体系，才能更加充分发挥中央部门的统筹职能，激励地方政府积极参与落实政策。① 刘铁（2010）基于汶川地震灾后恢复重建视角，得出政府间契约式协作机制及其法制化是对口支援能够成功运行以及持续运行的深层次推动和保障。② 徐阳光（2011）认为，对口援藏本质上具有横向转移支付的雏形，应进一步从制度上实现法制化，构建起中国横向转移支付法律制度。③ 兰英（2011）提出，对口支援应加强政策层面的立法工作，使对口支援能够在一个恰当的法律框架内实行。④ 文晓静等（2014）指出，由中央命令推动对口支援工作的方式上升到采用法律制度规范对口支援，以法律的形式确定对口支援各方的权利义务，建立市场经济条件下的对口支援互利共赢局面，实现支援帮扶措施在经济效益和辐射效应上的最大化。⑤

（三）长期论

卢秀敏（2002）指出，西藏由于地方财政收不抵支，主要依靠中央财政补贴平衡地方财政收支，并提出在今后相当长的一段时间内，想改变西藏的经济状况，变"输血"为"造血"，变"依赖"为"自立"，变"供给"为"内生"，西藏将继续依赖"全国援藏"资金改善基础设施，致力于改善人民生活条件。⑥ 李中锋等（2009）认为，西藏经济发展属于典型的共享型经济发展方式，中央政府通过国家财政支出、其他二级行政区域或机构援助、政策倾斜等范式，为西藏经济发展提供大量生产要素和创造发展条件，使西藏及其居民能够享受

---

① 赵伦、蒋勇杰：《地方政府对口援建模式分析——兼论中央政府统筹下的制度特征与制度优势》，《成都大学学报》（人文社会科学版）2009 年第 2 期。

② 刘铁：《对口支援的运行及法制化研究——基于汶川地震灾后恢复重建的实证研究》，博士学位论文，西南财经大学，2010 年，第 216 页。

③ 徐阳光：《横向财政转移支付立法与政府间财政关系的构建》，《安徽大学学报》2011 年第 5 期。

④ 兰英：《对口支援：中国特色的地方政府间合作模式研究》，硕士学位论文，西北师范大学，2011 年，第 52 页。

⑤ 文晓静、王永才：《对口支援民族地区法治化初探》，《贵州民族研究》2014 年第 4 期。

⑥ 卢秀敏：《中央财政补贴与西藏发展》，《西北民族学院学报》（哲学社会科学版）2002 年第 4 期。

市场经济体制带来的成果，而不被排斥在市场之外。① 潘久艳（2009）认为，21 世纪西藏要实现建设全面小康和构建和谐社会的目标，确保中央和各援藏地区及单位在西藏的投入逐年增加是西藏实现跨越式发展的根本保证。② 靳薇（2011）指出，为了西藏经济社会平衡稳定发展、西藏民众生产发展和生活幸福与国家安全，中央政府仍需要一如既往地扶持和帮助西藏的经济建设与社会发展。③ 徐志民（2012）对中央自西藏和平解放以来的援藏工作进行了系统梳理，分析得出，中央援藏工作的连续性，既反映了中央历代领导集体对西藏工作的高度重视和改善西藏各族人民生活的关心，也反映了西藏长期相对落后的社会现实。中央要提高西藏各族人民物质、文化生活水平的奋斗目标，绝非一朝一夕就能实现，援藏工作具有长期性。④ 谢伟民等（2014）从社会学制度主义视角出发，探讨了援藏制度的起源、演进和体系，并提出未来援藏制度发展需要关注制度的价值逻辑和制度理性化倾向之间的张力。⑤ 李瑞昌（2016）从对口支援功能视角，将对口援藏定义为发展型对口支援，它是一项长期战略，主要是促进西藏民族地区经济发展、社会稳定和国家安全。⑥

二　援藏研究进展中的学术共识

从目前的研究来看，学术界对援藏相关概念界定、理论阐述、存在问题和未来走向进行了深入研究并取得丰硕研究成果，虽然形成了终结论、法制论和长期论学术分野，但是在援藏作用和完善改进两大领域存在学术共识，笔者选取典型研究成果分析如下。

---

①　李中锋、杨明洪：《共享型经济发展方式研究——以西藏为例》，《中国藏学》2009年第 2 期。

②　潘久艳：《全国援藏的经济学分析》，四川大学出版社 2009 年版，第 226 页。

③　靳薇：《西藏援助与发展》，西藏人民出版社 2011 年版，第 302 页。

④　徐志民：《中共中央援藏工作述论》，《济南大学学报》（社会科学版）2012 年第 3 期。

⑤　谢伟民、贺东航、曹尤：《援藏制度：起源、演进和体系研究》，《民族研究》2014年第 2 期。

⑥　李瑞昌：《中国特点的对口支援制度研究——政府间网络视角》，复旦大学出版社2016 年版，第 206 页。

（一）援藏作用论

援藏作用主要从西藏政治和经济社会两个方面来开展研究。在政治作用方面，靳薇（2011）重点研究20世纪90年代党政领导干部援藏的成就和面临的问题，其中成就包括为西藏党政干部队伍注入新的活力、带动了思想观念更新、调动政府资源全方位援藏和扩展了西藏与祖国内地的联系，利于民族团结和社会稳定，同时带来了无偿援助方式助长"等靠要"依赖、强化计划经济等现实问题。① 陈静（2013）指出，对口支援西藏获得了政治收益，包括执行决议和干部的培养两大方面，既能体现出社会主义优越性，又能够加强对干部的培养和磨炼，进而增长智慧才干。② 李瑞昌（2016）认为，对口支援西藏政治功能是指援助促使政府间关系、公民与政府间关系和民族关系的制度化。③ 在经济社会作用方面，李中锋等（2009）指出，我国政府通过财政支出的方式援助西藏，对西藏的经济发展发挥着重要作用。其作用机理包括两个方面：一方面，通过国家财政支出、政府间的转移支付方式，使西藏获得资金等生产要素，保障经济增长与发展。另一方面，可以为西藏居民提供大量的就业机会，使当地的居民也能在市场经济中获益。④ 潘久艳（2009）分析得出"全国援藏"对西藏经济社会发展具有不可替代的促进作用，在"全国援藏"下，西藏经济实力不断增强、产业结构不断优化、人民生活水平稳步提高、基础设施不断完善和社会发育程度不断完善。⑤ 李国政等（2010）认为，"全国援藏"对西藏经济社会所带来的变化是巨大的，在宏观层面促使西藏经济社会层面发生了大变化，在中观层面改善了农牧区的生产生活条件，在微观层面提高了广大农牧民的生活水平，同时援藏也带来了内地先进的生产生活理念，对于西藏经济社会的现代化起到

---

① 靳薇：《西藏援助与发展》，西藏人民出版社2011年版，第179—185页。

② 陈静：《区域经济发展中的对口援助与运行研究》，博士学位论文，西南财经大学，2013年，第127页。

③ 李瑞昌：《中国特点的对口支援制度研究——政府间网络视角》，复旦大学出版社2016年版，第82页。

④ 李中锋、杨明洪：《共享型经济发展方式研究——以西藏为例》，《中国藏学》2009年第2期。

⑤ 潘久艳：《全国援藏的经济学分析》，四川大学出版社2009年版，第158—195页。

了催化剂的作用。① 靳薇（2011）研究发现，由于中央政府及各省市的援助，加上西藏干部群众的努力，西藏的经济有了巨大增长，同时带来了人民生活的改善和人类发展水平的提高。② 柳建文等（2014）对天津对口支援昌都和广东福建对口支援林芝的发展效果进行综合分析，认为对口援藏为推动西藏受援区县经济社会跨越式发展和促进社会长治久安做出了重要贡献。③ 李瑞昌（2016）提出在发达省市的大力支援下，西藏城镇居民人均可支配收入和农牧民人均纯收入迅速增长。④

（二）援藏改进论

援藏促进了西藏经济社会的发展，但提高西藏自我发展能力的最终目标仍未实现，长期援藏过程中存在诸多问题亟待改进。一是援藏方式改进。潘久艳（2009）指出"全国援藏"政策调整应从援藏重点、援藏主体和援藏方式三大领域推进，援藏重点由城市向农村转移，援助对象由以干部为主转向以农牧民为主，援助方式由"输血型"向"造血型"转变。⑤ 师玉朋（2013）提出，对口援藏应实现纵横交互式财政转移支付模式，国家将更多承担改善民生工程的工作，而支援省份则更多承担投资建设、招商引资等经济发展工作，并将二者有机结合。⑥ 柳建文等（2014）研究得出，对口援藏框架下的地方合作能够促进西藏当前的稳定和发展，这不是长久之计，推动西藏与内地平等互惠型合作才是实现各区域共同繁荣的根本。⑦ 二是援藏制度创新。靳薇（2011）提出，应从制定援助法律、成立专门机构、建

① 李国政、彭红碧：《西藏共享型经济发展方式的路径选择——基于"全国援藏"的视角分析》，《当代经济管理》2010 年第 8 期。

② 靳薇：《西藏援助与发展》，西藏人民出版社 2011 年版，第 302 页。

③ 柳建文、杨龙：《从无偿援助到平等互惠：西藏与内地的地方合作与长治久安研究》，社会科学文献出版社 2014 年版，第 118—135 页。

④ 李瑞昌：《中国特点的对口支援制度研究——政府间网络视角》，复旦大学出版社 2016 年版，第 176 页。

⑤ 潘久艳：《全国援藏的经济学分析》，四川大学出版社 2009 年版，第 227 页。

⑥ 师玉朋：《横向财政转移支付模式探索——由对口援建机制向互利共建机制转变》，《商业经济》2013 年第 8 期。

⑦ 柳建文、杨龙：《从无偿援助到平等互惠：西藏与内地的地方合作与长治久安研究》，社会科学文献出版社 2014 年版，第 109 页。

立财政约束制度、完善援助方式、援助方与受援方良性互动机制形成等方面创新援藏制度。① 李瑞昌（2016）提出，对口支援民族地区应通过制度创新推动对口支援成为一项重要的跨区域合作制度。②

第二节　完善援藏对策建议：困境与启示

针对援藏发展中存在的问题，研究者在理论分析和实地调研基础上提出相应对策建议，主要从法律规范、专门机构设置和专项资金支持三个方面着手。其中有些对策建议已为国家开展援藏工作提供了科学参考并发挥了重要实际作用，但大多对策建议仍停留在理论层面，与国家治藏策略、国家机构设置和西藏地方发展等现实情况相脱离，在实施操作层面存在诸多困境。

一　援藏法律规范、实施困境与现实启示

随着援藏工作的持续推进，研究者认为中国作为统一的多民族国家，在发展过程中要通过援助西藏经济社会促进国民经济平衡协调发展，且援藏具有集中力量办大事的优势，必须在法律保障的基础上实施。同时，援藏工作必须纳入法制轨道，才能确保其实践运行有法可依。援藏法律规范建议表现在两个方面。一是使援藏制度成为国家层面的法律制度。如靳薇（2011）提出国家应制定援助法律，明确中央政府和地方政府双方的责任、权利和义务，减少诸多不确定性下的中央政府和地方政府"双盲博弈"导致的无效和浪费。③ 陈静（2013）建议制定多层次的对口支援法律法规，具体包括中央政府的行政法规、地方政府的地方性法规、其他援助主体的单行条例或规章等。④二是将对口支援西藏实践所建立的政府间关系法定化。兰英（2011）

---

① 靳薇：《西藏援助与发展》，西藏人民出版社 2011 年版，第 302 页。

② 李瑞昌：《中国特点的对口支援制度研究——政府间网络视角》，复旦大学出版社 2016 年版，第 217 页。

③ 靳薇：《西藏援助与发展》，西藏人民出版社 2011 年版，第 304 页。

④ 陈静：《区域经济发展中的对口援助与运行研究》，博士学位论文，西南财经大学，2013 年，第 165 页。

认为应完善对口援藏法律制度，夯实法律基础，为平衡援藏的实施效果适当建立利益补偿机制。[1] 柳建文等（2014）提出完善地方合作的法制体系，提倡制定《边疆与内地合作法》或《边疆内地合作条例》，对西藏边疆民族地区与内地合作的有关事项依法进行管理，为西藏推进地方合作提供良好法制环境。[2]

综观上述研究者建议，其核心是通过法律手段将援藏工作规范化和制度化，但是很难在现实中实现，究其原因主要有以下两个方面：一是我国是单一制中央集权国家，中央政府具有高度的权威性，全党服从中央、全国服从中央，中央政府的政策号召力和执行力巨大。同时，我国地方政府官员的政绩考核指标主要看其对中央权威的维护程度，越坚决维护中央权威越能得到中央的更多肯定性评价，这关系到官员的仕途晋升前程。因此，对于中央和国务院提出的方针政策，尤其是政治性很强的政策，地方政府都会积极主动配合并坚决贯彻执行。正是这种高度权威的政治体制，使得即便没有法律解释，支援西藏也会因为被当作一项"光荣的政治任务"而得到推行，是否制定规范性法律规章就显得不那么急切紧迫。[3] 二是对口援藏省市政府和其他主体的援藏义务没有明确的法律解释，确定的对口援藏地方政府和其他主体的法律义务会削弱中央权威、增加西藏受援地区依赖性和损害援藏主体的积极性。[4] 如在旅游援藏方面，对口援藏省市地方政府可以通过政策引导本地区居民前往西藏旅游，实行有效的客源输送，但是不能通过法律手段强制本地区居民前往西藏开展旅游活动，推动西藏旅游发展。

二　援藏管理专门机构设置、实施困境与现实启示

由于援藏涉事广泛、政出多门且思路各异，成立统一的援藏管理

---

① 兰英：《对口支援：中国特色的地方政府间合作模式研究》，硕士学位论文，西北师范大学，2011年，第58页。

② 柳建文、杨龙：《从无偿援助到平等互惠：西藏与内地的地方合作与长治久安研究》，社会科学文献出版社2014年版，第311页。

③ 兰英：《对口支援：中国特色的地方政府间合作模式研究》，硕士学位论文，西北师范大学，2011年，第58页。

④ 李瑞昌：《中国特点的对口支援制度研究——政府间网络视角》，复旦大学出版社2016年版，第81页。

专门机构成为研究者的共识。如靳薇（2011）建议在中央层面设立"援助西藏委员会"或"援藏协调办公室"专门机构，统筹和协调援藏工作，制定各阶段的援助规划，领导、协调与落实援助法律和政策，督促检查援助资金的使用和项目建设。① 李瑞昌（2016）提出在国务院层面成立区域办，作为国务院的办公机构处理省级政府之间的事务，省级政府部门之间组建对口支援与交流合作办，区县级则由政府办公厅的地区办承担相关日常事务。② 柳建文等（2014）的建议与李瑞昌相反，提出在中央各部委中均视需要而设立协调区域经济的部门，这些部门在业务上归国务院负责促进区域发展和鼓励地方合作的机构指导。③

这些建议的初衷是通过建立统一的援藏管理机构来协调各项工作进而提高援藏效率，但同样在现实中难以实现，究其原因主要有以下两个方面：一是历史问题，中央政府并未设立一套组织落实援藏工作。20世纪80年代初我国曾明确对口支援西藏由国家民委负责，1984年随着经济技术合作地位的凸显，对口支援西藏由国家计划委员会负责。随着支援西藏范围、领域、层次不断扩展，各部门、各行业和各系统都参与到支援西藏工作中来，援藏管理工作处于分散管理状况并延续至今。二是基于公共政策视角，支援西藏工作是中央用来解决国家边疆安全和西藏长治久安的一项公共政策，其特点是将政策任务分解给现有机构落实而一般不需要创设新的机构。现有机构主要是指国务院各职能部门和地方政府，这些机构在实施过程中不停地重新决策、不断地分解任务并最终安排执行下去。④

同样通过建立统一的旅游援藏管理机构来协调旅游援藏中的各项工作也是难以实现的，但可以通过国务院主管旅游工作的直属机构国

---

① 靳薇：《西藏援助与发展》，西藏人民出版社2011年版，第304页。

② 李瑞昌：《中国特点的对口支援制度研究——政府间网络视角》，复旦大学出版社2016年版，第215页。

③ 柳建文、杨龙：《从无偿援助到平等互惠：西藏与内地的地方合作与长治久安研究》，社会科学文献出版社2014年版，第311页。

④ 李瑞昌：《中国特点的对口支援制度研究——政府间网络视角》，复旦大学出版社2016年版，第69—70页。

家旅游局负责协商旅游援藏工作，横向层面主要协商国务院各部门落实政策方案并产生相应效果，纵向层面主要协调全国旅游系统全面推进旅游援藏工作。

三　援藏专项资金支持、实施困境与现实启示

由于西藏地方财政能力弱需要依靠中央对其进行补贴，援藏专项资金成为西藏发展重要财力支持。靳薇（2011）建议设立"西藏援助发展银行"或"西藏发展基金会"，统一管理中央政府、各地方政府、中央企业等各个部门单位援助西藏的资金。[1] 柳建文等（2014）建议国家设立专项资金，加大对西藏地区开展互惠互利式合作的扶持力度，奖励帮助落后地区发展的企业、事业单位，在资金、税金等方面给予倾斜。[2] 兰英（2011）认为，经济法律重点在于确立横向财政转移支付制度，可以设定相应的专项基金，并详尽具体规定其支取方法。[3] 但是在援藏工作实施过程中，由于各援藏主体自行管理援藏资金，难以实现资金统一管理，而国家层面中央政府财政援助西藏的力度逐渐加大，1952—2013 年，中央政府对西藏的各项财政补助达5446 亿元，占西藏地方公共财政支出的95%[4]，国家不再需要另外设立专项资金用于支持西藏发展。

在旅游援藏过程中，在国家层面设立专项旅游援藏资金建议不现实，但是可将设立旅游产业发展专项资金建议用于对口支援西藏自治区政府和各援藏企业层面，如前文所论述，对口援藏省市资金投入对西藏受援市区旅游发展具有重要作用，能产生相应旅游发展效果。因此，可以在对口援藏省市和各援藏企业的援藏资金中设立旅游发展专项资金，实现援藏资金向有条件发展的旅游业倾斜。如 2017 年广东省安排 34828 万元省级财政专项资金用于支援西藏，其中产业发展类

---

[1]　靳薇：《西藏援助与发展》，西藏人民出版社 2011 年版，第 304 页。

[2]　柳建文、杨龙：《从无偿援助到平等互惠：西藏与内地的地方合作与长治久安研究》，社会科学文献出版社 2014 年版，第 315 页。

[3]　兰英：《对口支援：中国特色的地方政府间合作模式研究》，硕士学位论文，西北师范大学，2011 年，第 54 页。

[4]　《西藏白皮书：中央财政补助占西藏地方公共财政支出95%》，http：//politics. peo-ple. com. cn/n/2015/0415/c70731 - 26849715. html，2015 年 4 月 15 日。

项目专项资金为 5694 万元，重点支援西藏林芝市旅游产业发展。①

第三节　旅游援藏规律性认识

　　旅游援藏研究应纳入全国援藏和对口援藏研究体系中，应从国家战略需要和西藏地方发展的外推—内生视角进行系统研究。因此，必须从宏观层面对旅游援藏规律性认识进行梳理总结，进而提出具有针对性和可操作性的对政策建议，更好地为新时期旅游援藏工作实践提供科学指导。

一　旅游援藏具有战略性

　　从国家层面来看，从中央第四次西藏工作座谈会提出"必须高度重视和切实加快发展旅游业，一定要把旅游业作为西藏的支柱产业"，直到中央第五次、第六次西藏工作座谈会明确要把西藏建设成和建设好重要的世界旅游目的地，无不体现了援藏工作的战略性。因此，各援藏主体在实践工作中，必须从战略层面认识到旅游援藏的重要性，通过支援西藏建设好重要的世界旅游目的地，对提高西藏自我发展能力、实现稳边固疆和展示国家良好形象都具有特殊重大作用。同时，旅游发展是推动西藏长足发展和长治久安的重要举措，更是关系到国家战略的实施，关系到国家的边疆稳定和主权的完整。以"一带一路"倡议为例，其明确指出"推进西藏与尼泊尔等国家边境贸易和旅游文化合作"。西藏是中国联系南亚次大陆地区的重要门户，历史上是南方丝绸之路、唐蕃古道、茶马古道段等多条通商要道的重要参与者，需要将西藏旅游发展融入"一带一路"倡议中来，加快推进建设好重要的世界旅游目的地。

二　旅游援藏具有长期性

　　旅游援藏是一项长期任务。首先，中央第六次西藏工作座谈会明确提出要长期建藏，继续加强对口支援西藏工作，而旅游援藏是对口

---

① 《关于 2017 年省级援疆援藏援川专项资金安排情况的公示》，http：//www. gdc-zt. gov. cn/zwgk/ggtz/201702/t20170224_823171. htm，2017 年 2 月 24 日。

支援西藏工作中的重要组成部分，与中央战略部署和要求密切相关。其次，旅游援藏面临着供给综合指数上升与西藏旅游发展差距扩大非对称性矛盾、缺乏管理组织协调机构、旅游援藏项目存在"重投资建设、轻管理低效益"等诸多问题，而期望这些问题在短期内得到有效解决是不现实的。再次，西藏旅游目的地建设中的旅游资源开发、基础设施建设、公共服务体系、资金投入、本土企业培育、专业人才培养、科学研究等方面仍有较大提升空间。开展旅游援藏工作，会由于西藏自我旅游供给系统优化的艰巨性而长期存在。最后，由于旅游业的特殊性，旅游援藏与其他形式援藏的不同之处在于既要注重市场化运作，又要注重生态环境保护。一是目前旅游援藏中计划经济思维仍处于主导地位，以政治动员为主缺乏市场激励机制，导致大量援藏资源闲置和浪费。二是西藏商品经济不发达，安于自给但长期不能自足，西藏社会在没有经历现代文明准备的情况下直接由政教合一的封建农奴制社会过渡到社会主义社会，旧社会既有的影响、习惯、宗教已深深扎根于民间[1]，而这些对西藏旅游发展市场化运作将带来不利影响。以旅游专业人才就业为例，近年来西藏培养了大量本、专科旅游专业学生，但是受西藏传统思想"官本位"影响，在西藏民众社会传统观念中从事旅游业就等同于从事导游、服务员等服务他人的工作，没有社会地位且工资待遇得不到有效保障，导致旅游专业学生偏好公务员职业，正如章杰宽所论述："在大量学生将西藏公务员作为'光宗耀祖'和'毕生追求'的职业选择背景下，西藏旅游产业的吸引力在建设好世界旅游目的地的进程中显得太过渺小。如何改变长期以来西藏社会对市场经济的较低认同成为西藏建设好世界旅游目的地的基本前提。"[2] 西藏社会中的这种传统观念转变是一个长期而艰巨的过程，不可能一蹴而就、朝夕即成。三是西藏是我国典型生态脆弱地区，加强生态环境保护进而促进西藏旅游持续快速发展仍是一项长期而艰巨的任务。

---

① 王彦智：《西藏乡镇政权改革发展研究》，中国社会科学出版社 2016 年版，第 35 页。

② 章杰宽：《区域旅游可持续发展系统研究——来自西藏的实践》，科学出版社 2016 年版，第 163 页。

三 旅游援藏具有系统性

西藏旅游发展是一个综合性系统，涉及经济、社会、文化、环境、资源等众多子系统，而旅游援藏不仅要考虑西藏自身发展综合系统，同时还要考虑国家援藏战略、各援藏主体自身经济社会发展水平，更要综合考量两者之间协调程度。以江苏省南京市旅游援藏项目——甲玛松赞干布出生地旅游景区和霍尔康庄园为例进行考察。第一，对口支援西藏的江苏省南京市只注重项目建设而忽视项目建成后的运营管理，项目前期立项→调研论证→项目建设→项目竣工移交这些工作顺利完成，项目建成移交后是由南京市和墨竹工卡县政府共同经营管理还是由受援方墨竹工卡县独自经营管理？若是由后者经营管理，其条件和经验是否都具备？是采取所有权、经营权与管理权统一还是分离的形式？这些问题都缺乏整体性思考。第二，甲玛松赞干布出生地旅游景区和霍尔康庄园所处的墨竹工卡县甲玛乡主导产业为矿产业，矿产资源丰富，吸收了大量劳动力从事矿业开发和运输服务。2009 年年末，西藏华泰龙矿业开有限公司出资 1900 万元，与墨竹工卡县甲玛经济合作社（代表甲玛乡 655 户，3850 余名群众，1900 万元资金中的 49% 借给全乡 655 户群众作为入股资金）组建了甲玛工贸公司，一次性收购矿区周边车辆 67 台，主要承担矿山建设运输、原料产品运输、绿化、道路维护等。2010 年 7 月，甲玛铜多金属矿一期工程投产后，当年产值达 1.5 亿元，上缴税费 2650 万元；2011 年 1—6 月，实现产值 3.1 亿元，占墨竹工卡县规模以上工业增加值的 98.4%，上缴税费近 1 亿元，占墨竹工卡县财政收入的 50%。截至 2011 年 6 月，甲玛工贸公司成立到现在仅一年多的时间里，已分红两次，共计 133 万元，平均每户可分得 2030 元。[①] 2014 年 7 月笔者在对甲玛乡乡长平措旺堆的访谈中了解到，当地农牧民主要经济收入来源为矿业，发展旅游业只停留在规划层面，至于何时能有效开发仍需时日。这样的案例在西藏其他地区也存在，旅游业并非其地区的主导产业或重点发展产业，这就要求各援藏主体在旅游援藏工作中进行系统

---

① 德吉：《基于本地劳动力就业的资源型地区发展战略研究》，博士学位论文，中国地质大学，2013 年，第 42 页。

性思考，科学做出决策。

四　旅游援藏具有复杂性

西藏战略地位体现在是重要的国家安全屏障和生态安全屏障，是我国反分裂斗争的前沿阵地，面临着严峻复杂的斗争形势。而旅游发展，一方面，需要开放的发展环境，接待来自国内外众多游客，由数量发展向质量发展转型升级；另一方面，西藏特殊区情使国内外游客在西藏旅游的空间活动受到限制，影响到游客体验的质量。因此，旅游援藏工作尤其在西藏边境地区必须坚持慎重、稳进原则。以西藏中南地区的山南市为例，由于旅游发展受地缘政治影响，对外开放程度不高，国内游客前往旅游需要许多烦琐的手续，对外籍游客而言开放的相对更是少了，而恰恰这些不对外开放地区却拥有丰富的旅游资源，这些地区的旅游发展需要持谨慎态度。另外根据前文所论述，在今后相当长一段时期内，旅游援藏很难使西藏旅游综合实力提升到进入全国中前列，西藏旅游发展最理想的状态是旅游总收入同比增速超过或保持同期西藏生产总值发展速度，这种发展合理定位的前提需要大量旅游援藏要素输入且要素转换成动力机制，使外部资源输入与西藏内部配套机制形成合力进而提供有效产出。最后，旅游援藏对西藏旅游目的地发展影响是多维度的，本书笔者主要侧重经济影响，但是通过实地调研发现，旅游援藏具有广泛的社会影响，如文化融合、民族关系等方面的研究具有复杂性。

第四节　旅游援藏推进西藏建设好世界重要旅游目的地发展的政策建议

通过前文对援藏建议的梳理和总结，发现相关建议难以适合西藏发展实际，且通过旅游援藏规律性认识，要求旅游援藏政策建议应遵循客观规律并注重可操作性，进而为推进西藏建设好世界重要旅游目的地提供重要参考。

一　构建旅游援藏组织协商长效机制

国家旅游局在旅游援藏组织协商工作中牵头抓总，负责与中央部委、中央企业、对口援藏省市政府、西藏自治区人民政府对旅游援藏进行定期协商，协调和商定解决旅游援藏资金投入、公共服务供给、基础设施建设、人才培养、科学研究等关键问题，及时召开旅游援藏工作座谈会，构建旅游援藏统筹协商机制，为旅游援藏顺利实施提供组织保障。

国家旅游局定期组织召开全国旅游援藏协商会议并形成长效机制。2012 年召开的第一次全国旅游援藏工作座谈会贯彻落实了 2010 年中央第五次西藏工作座谈会会议精神，2015 年 8 月中央召开第六次西藏工作座谈会，然而全国旅游援藏工作座谈会却没有及时召开，当务之急是积极筹备召开第二次全国旅游援藏工作座谈会。一方面，是对过去五年全国旅游援藏工作进行全面梳理和总结经验；另一方面，根据西藏旅游发展和旅游援藏实践中面临的诸多新问题，提出旅游援藏新举措。

二 组建全国旅游援藏组织管理机构

在组织管理机构设置上，国家旅游局应在导游援藏工作管理基础上，成立全国旅游援藏工作协调中心，该中心主要负责统一协调和有效整合各方资源，增强统筹协调管理能力。全国旅游援藏工作协调中心下设旅游援藏办公室，负责旅游援藏工作的组织实施，成员由国家旅游局、相关省（市）旅游委（局）、西藏旅游委有关处室的负责人组成。该协调中心办公机构设在国家旅游局，西藏自治区政府和旅游委成立相应的旅游援藏工作管理协调机构。由对口援藏任务相关省（市）旅游委（局）成立旅游援藏协调小组，由旅游委（局）领导担任组长，负责本省（区、市）旅游援藏的领导协调工作。西藏自治区旅游委的旅游援藏工作管理协调机构具体负责旅游援藏工作的组织和实施，协调旅游援藏资源的调配和使用，且对旅游援藏主体进行属地协调管理。

三 规范旅游援藏决策程序

1996 年国家旅游局为贯彻落实中央第三次西藏工作座谈会精神进藏开展了为期 15 天的调研考察，提出全国旅游援藏工作思路；2001 年国家旅游局为贯彻落实中央第四次西藏工作座谈会精神进藏开展了为期 7 天的调研考察，提出要研究筹备、适时召开全国旅游援藏工作会议；2012 年国家旅游局为贯彻落实中央第五次西藏工作座谈会精神在西藏首府拉萨召开了全国首次旅游援藏工作座谈会，提出八项旅游援藏具体措施。通过梳理上述资料发现，自 1994 年中央召开第三次西藏工作座谈会以来，历次西藏工作座谈会召开后，国家旅游局都要为贯彻落实中央会议精神定期进藏开展调研并为全国旅游行业系统开展旅游援藏工作提出具体措施。因此，中央部委、国家旅游局、中央企业、对口援藏省市政府开展旅游援藏工作，应注重前期进藏调研工作，将该项工作重心前移，规范旅游援藏决策程序。通过广泛听取西藏自治区各级政府、旅游局、旅游企业、援藏旅游企业、农牧民群众代表等意见和建议，重点调研旅游援藏项目运营管理、综合效益产出、利益分配机制、市场化运作等关键问题，切实提高全国旅游援藏工作效果。

四　推进旅游援藏市场化运作

第一，旅游产业的根本性质是一项经济性产业，中央部委、中央企业、对口援藏省市应积极鼓励和吸纳社会资本参与受援地区旅游业发展，重点在旅游景区项目建设、旅游市场营销和旅游节事策划运营等方面投资兴业。积极探索对口援藏的旅游产业发展市场化运作机制，采取旅游开发"责任共负、联合经营"模式，采取"走出去，引进来"市场开拓战略，加强对国内京津冀、长三角、珠三角三个地区的对口援藏省市客源营销力度，通过开源方式积累地区旅游经济收入总量。积极探索旅游援藏项目市场化运作模式，引入现代化经营管理模式，实现所有权、管理权和经营权有效分离。

第二，借助全国援藏力量，进一步完善旅游公共服务体系。实现援藏要素投入供给向生产性和非生产性固定资产要素并重转变，通过政策引导援藏资金向西藏旅游交通运输建设、旅游吸引物开发建设、旅游餐饮住宿、旅游安全保险、智慧旅游开发和旅游节事策划运营等方面投资兴业，同时注重对西藏旅游从业人员技能培训、管理人员水平提升和旅游智力咨询等方面投入，共同推动旅游经济持续快速发展。

第三，西藏各级政府通过出台政策积极引导本地旅游企业和农牧民参与旅游发展，一方面，积极培育本土企业进行市场化经营旅游开发；另一发面，采取资本、土地、劳务、技能等多形式资源要素进行市场化运作，创新农牧民参与旅游发展引导机制、利益分配机制和生活保障机制，依托自身资源优势转化经济优势进而提高自身收入水平和改善生活质量。

五　实施旅游援藏差异化策略

第一，明确旅游援藏涉及的各级政府职能差异化定位。中央政府给予该西藏区域旅游发展特殊政策和加大财政转移支付力度，注重旅游基础设施和公共服务设施建设；对口援藏省市政府在客源输送、市场推广和产品营销等方面加大资金投入力度；西藏各级政府注重旅游资源普查、精品线路设计和旅游产品规划等基础工作资金支持，在政府援藏资本撬动下通过实现社会资本参与旅游发展。中央政府、对口援藏省市政府与西藏自治区各级政府在旅游发展定位、政策制定、项目建设、资源开发、人员管理等方面形成合力，促进形成纵向联合体和横向共同体。

第二，根据西藏各地不同的旅游资源禀赋及产业发展基础，采取差别化旅游援藏策略。旅游业是一项综合性产业，西藏不是所有地方都要发展旅游业，也不是所有地方都能发展旅游业。构建西藏旅游资源禀赋度、旅游可进入性、旅游服务供给、产业发展基础等综合指标体系，测算西藏各地旅游发展差异程度，依据测定结果，划分不同的旅游发展类别，旅游援藏主体根据发展类型制定差别化旅游援藏策略。

第三，积极响应中央"两个倾斜"政策要求，大力发展农牧区旅游产业。充分利用对口援藏省市前期基础设施物质积累条件，深度挖掘开发农牧区特色旅游吸引物，加大对农牧区旅游投融资力度，增加农牧区旅游供给量，加快推进农牧区特色旅游发展。

六　旅游援藏资金投入保障机制

面对旅游业在西藏国民经济发展中的作用日益突出和对援藏资金投入需求支撑的强烈现实，同时兼顾新常态下对口援藏省市经济发展的压力，合理明确对口援藏省市实物工作量投入增长机制迫在眉睫。虽然2010年中央第五次西藏工作座谈会上确定，援藏省（市）年度援藏投资实物工作量为本省（市）上年度地方一般预算收入的1‰制度性要求，但在援助资金增长幅度上，需要设置资金投入量增长率阈值。借鉴相关对口支援管理办法，如对口援藏省市上年地方一般预算收入增长率高于地区生产总值（GDP）增长率的，当年对口支援资金量按地区生产总值（GDP）增长率递增；低于地区生产总值（GDP）增长率的，按实际增长率递增；增长率出现负增长的，按上年对口支援资金量安排。

七　启动旅游援藏专业人才培养工程

专业人才培养对西藏建设好世界旅游目的地具有重要意义，目前西藏区内的两所重点高校西藏大学和西藏民族大学的旅游教育以本科教学为主，且培养出的专业人才大部分从事非旅游专业工作，专业研究生教育更是空白，西藏旅游专业人才培养任重而道远。因此，西藏旅游专业人才培养尤其是高层次人才培养应上升到国家战略层面，提升办学层次和办学水平。

一是国家旅游局联合教育部组织开展对口支援西藏本土高校西藏大学和西藏民族大学旅游专业人才培养计划。对于西藏大学可借鉴教育部对口支援西部高校人才培养和科学研究模式，而对于西藏民族大学还可以充分利用其地处陕西咸阳地缘优势，充分利用陕西省教育资源优势，开展对口支援工作。加快启动西藏高校旅游管理专业研究生教育支援力度，争取早日成功申报旅游管理硕士专业学位授权点。

二是国家旅游局应启动组织实施《国家旅游业青年专家援藏工作计划》工程，国家旅游局从2013年起，已经连续三年分批在全国遴选具有旅游基础研究、应用研究、教育教学或相关管理前沿水平，在国际国内有一定影响和知名度的青年学者，列入国家旅游业青年专家培养计划。同时，国家《"十三五"旅游业发展规划》明确提出要实施"旅游业青年专家提升计划"，国家旅游局应通过政策引导、组织保障和薪酬待遇等措施积极鼓励青年专家从事支援西藏旅游教育，不断提高西藏旅游专业人才培养质量。

三是加快出台《旅游援藏专业人才培养工程实施意见》，对参与旅游援藏专业人才培养的专家、学者、教师和企业相关人员提供保障措施。第一，保留其在原单位组织人事关系、基本工资和所有福利待遇，由西藏高校和派出单位共同管理，以西藏高校属地管理为主。第二，在待遇保障和费用承担方面，参加旅游援藏工作的专家、学者、教师和企业相关人员的基本工资和相关福利待遇由派出单位承担，在藏工作期间发放综合补助及生活津贴，其发放标准可以参照西藏相关单位工作人员，对口支援西藏高校旅游高等教育系列人员的综合补助、生活津贴等相关费用由教育部及相关受援高校共同承担。

八　加快旅游援藏智库建设

一是国家旅游局牵头组织设立"西藏旅游研究协同中心"，整合西藏区内外旅游研究力量，组建西藏旅游发展研究智库，定期发布西藏旅游发展的最新研究成果，对西藏旅游发展过程中遇到的科学问题进行联合攻关，探索促进科学研究与西藏旅游现实问题有机结合的机制，为西藏建设好世界重要旅游目的地战略提供有针对性的理论指导和智力支持。

二是加强旅游援藏智库建设与西藏旅游企事业单位之间联系，提升研究成果转智成治的效率。智库研究成果中所提出的政策建议需要加以试行进行检验，并适时进行矫正和完善，需要西藏旅游企事业单位的配合与支持，同时智库建设同西藏自治区旅游发展委员会、西藏高校、西藏旅游企事业单位共同承担起高层次旅游人才培养工作，为西藏旅游目的地建设提供人才保障。

三是增强旅游援藏智库研究的参与性，通过举办研讨会、论坛等形式，创设社会公众、智库专家、政府官员之间的直接沟通平台，为利益相关者的利益聚合与表达提供支持，加深公众对公共政策的理解。同时，加强与各类媒体的互动合作，采取灵活多样的方法和手段，拓宽研究成果宣传渠道，提升成果宣传效率。

九　建立旅游援藏激励约束机制

一是科学评价旅游援藏效果，将评估结果纳入援藏主体绩效管理和干部考评工作体系，改革试点"旅游援藏示范工程""旅游援藏示范基地"等奖励项目。加大对旅游援藏干部实施绩效考核，实施"旅游援藏先进集体"和"旅游援藏先进个人"奖励办法，增强旅游援藏主体责任意识和激发工作潜能。

二是国家旅游局对参加旅游援藏工作的专家、学者、教师和企业相关人员出台相应奖励办法，可以借鉴援藏导游人员奖励办法，授予

"全国旅游援藏先进个人""全国旅游援藏西藏自治区先进个人""全国旅游援藏西藏自治区优秀个人"等荣誉称号，并进行表彰奖励。

三是西藏受援方应加强对各级政府经济社会目标管理，特别对市区旅游发展速度和规模提出合理要求，激发西藏受援方旅游发展的主动性和创造性。这样不仅形成了支援方要素投入约束机制，同时也对受援方有效产出提出约束，形成双向约束机制，使外部旅游援藏资源输入与西藏内生动力形成合力。

十　构建应对西藏突发事件的旅游援藏联动机制

从 2008 年"3·14"事件可以看出，西藏旅游业应对处理突发事件的能力亟待提升，应对突发事件协防机制亟待加强。同时，西藏旅游业后期恢复主要依靠西藏出台的强有力措施，而忽视了外部旅游援藏力量。因此，应积极构建具有前瞻性的、应对西藏突发事件的旅游援藏联动机制，预防突发事件对西藏旅游目的地造成的不利影响。

一是参与旅游援藏应急救援体系，充分发挥对口支援省市援藏前沿作用，积极参加西藏公安、消防、武警等应急救援活动，特别是游客安全重大事故救援活动，这对于提升西藏旅游业安全风险应对能力、紧急救援保障能力和安全管理水平具有现实意义。

二是构建旅游援藏响应机制，在旅游发展恢复期主要通过资金投入和客源输送措施帮助西藏旅游重新恢复到正常轨道上来，使其保持合理发展速度和规模。可以通过加大资金投入、制订进藏游客旅游奖励措施和设立旅行社组团进藏旅游奖励专项资金等办法，加大对西藏客源输送力度，并加强与受援地旅游管理部门、旅游企业、旅游景区联动，缩短旅游市场恢复周期，为西藏旅游快速恢复提供重要外力支持。

三是重视突发事件信息的网络旅游舆情管理和信息发布，目前国内游客是西藏旅游主力军，各旅游援藏主体特别是有承担对口援藏任务的省市应坚持实事求是、及时准确、全面客观的原则，通过信息发布并积极引导舆论，让游客对西藏旅游环境有正确认知，帮助进藏国内游客消除恐慌心理，这对突发事件后的西藏旅游目的地形象重塑具有重要作用。

第十二章　研究结论与未来展望

第一节　研究结论

本书在借鉴前人研究成果的基础上，通过理论和案例互动构建了旅游援藏对西藏旅游目的地的影响评估与调适机制的分析框架，从外推—内生视角探讨中央旅游援藏政策逻辑起点、运行机制与作用机理，分别从宏观视角和微观视角提出旅游援藏推动西藏区域经济发展的动力机制。综合运用计量分析技术，通过典型事件和案例分析了对旅游援藏影响和作用机制，定量分析了旅游援藏对西藏旅游目的地供给系统影响指数和对口援藏省市援藏资金投入的旅游发展效果。结合实地调研，提出了新时期旅游援藏面临的主要挑战和存在问题，强调构建旅游援藏调适机制的必要性和具体方式，并结合援藏研究进展提出针对性和可操作性政策建议。

本书综合运用文献分析法、归纳演绎法、定量分析法与案例分析法，特别注重实地调研和跟踪调研方法，尝试构建了旅游援藏理论体系，探讨了旅游援藏与其他援藏方式差异，深入思考了旅游援藏特性有效指导实践工作的政策建议，是目前国内外首次开展的对旅游援藏进行系统化研究的成果，得出了有重要意义的结论。

第一，本书对国内外旅游援藏（援助）研究现状进行了全面的梳理和述评，发现存在旅游援藏理论基础尚未清楚、研究视角单一且碎片化研究诸多、研究方法以定性为主且研究成果缺乏信度，以及提出的政策建议缺乏针对性和可行性四大问题，这些问题正是本书进行体系化研究的核心内容。

第二，本书将马克思主义民族关系中国化理论、区域非均衡发展理论、旅游目的地系统理论和结构功能主义理论引入旅游援藏研究领域中，表明旅游援藏实践工作的开展是在我国单一制国家下中央权威的运用，中央通过自己权威下达指令确保各种资源要素向西藏旅游目的地流动，进而推动西藏旅游实现长足发展，旅游援藏政策制定与实施具有法理性和学理性。

第三，运用历史描述和定量分析的研究方法，提出中央旅游援藏政策的逻辑起点包括国家战略需求和西藏地方内生供给两个方面。在国家战略需求层面，通过采取各种援助措施缩小旅游发展区域差距，促进西藏经济社会快速发展，从而实现国家安全与西藏长治久安。同时，受到自然、地域、历史等因素制约，西藏旅游内生自我供给水平处于初级阶段，单靠自身的力量难以支撑西藏旅游实现跨越式发展。开展旅游援藏工作，不仅伴随着旅游发展区域不平衡的规律性现象，而且会由于西藏自我旅游供给系统优化的艰巨性而长期存在。

第四，中央旅游援藏政策制定与中央西藏工作座谈会紧密联系，可以分为起步阶段（1984—1993 年）、发展阶段（1994—2001 年）、调整阶段（2002—2010 年）和完善阶段（2011 年至今），每个阶段的特征和内容均存在时代差异与特殊需求。中央旅游援藏政策演进阶段特征表现为四个方面，即政策目标呈有序演替的态势、政策工具呈现多元化与组合协同性、政策模式由"输血"到"造血"变迁、政策连续性和波动性并存。旅游援藏发展经历了单向"输血"、双向互动和多方共赢三种模式。

第五，基于外推—内生视角，提出旅游援藏对西藏区域经济发展的动力机制是以中央主导的外在推动力作用于西藏旅游目的地旅游产业并最终促进西藏区域经济发展所必需的动力产生机理，以及维护、协调和改善这种机理的各种经济关系、组织制度等构成的综合系统。同时，旅游援藏作用于西藏旅游目的地机理是政府主导的经济资源和生产要素向西藏流动，增加西藏旅游投资供给，产生乘数效应和积累效应，最终推动西藏旅游目的地发展。

第六，综合运用 BP（Back Propagation）神经网络模型和认同度指数模型，分析了西藏 2008 年"3·14"事件对入境旅游市场规模的影响程度和政策响应作用机制。同时，分析了该突发事件对旅游援藏供给综合指数和西藏旅游发展进程的影响。

第七，本书对作为旅游援藏工作重要组成部分的导游援藏进行了系统研究，分别从导游援藏研究缘由、导游援藏研究概述、援藏导游员构成省际差异分析、导游援藏政策发展演变四个方面开展研究。

第八，基于西藏自然和人文区域分异基础，选取四个典型案例探讨对口援藏省市旅游援藏对不同类型旅游目的地的影响途径、发展模式和作用机制。旅游援藏作用于西藏旅游目的地的发展机制表现为对口援藏省市支援方外在供给驱动与西藏受援方地方发展需求驱动相结合；旅游援藏对西藏旅游目的地社会变迁的影响表现为：旅游业发展为女性提供了就业机会，价值观念产生变化，特别重视藏族传统文化，但是对社会关系、生活方式和传统文化造成的影响并不显著；西藏地方文化精英对西藏民族传统文化的保护与传承具有重要意义并发挥积极作用。

第九，在梳理和总结对口援藏省市历史演进基础上，运用计量模型发现2001年中央第四次西藏工作座谈会以来，对口援藏省市援藏资金投入每增加1亿元，西藏旅游总收入和国内旅游收入平均分别增加5.86亿元和5.67亿元，表明对口援藏省市资金投入对西藏旅游发展具有显著促进作用，尤其对国内旅游发展促进作用更强；同时对2002—2013年四个援藏周期内17个对口援藏省市进行分类评估，发现西藏七个地区旅游经济发展效应存在显著差异：在旅游经济总收入效应方面，拉萨、日喀则、山南、林芝、昌都、阿里、那曲平均分别增加11.79亿元、3.84亿元、5.67亿元、5.13亿元、7.29亿元、0.95亿元和0.98亿元；国内旅游收入效应方面，西藏七个地区相应平均分别增加11.24亿元、3.75亿元、5.56亿元、5.13亿元、4.11亿元、0.81亿元和0.98亿元。影响对口援藏省市资金投入产生的旅游经济发展效应差异的因素包括国家援藏政策调整、支援省市援藏资金投入增速与分配和西藏受援地区自身旅游经济发展水平。

第十，从宏观视角提出了旅游援藏面临五大方面挑战，具体为：旅游援藏供给综合指数上升与西藏旅游发展差距扩大非对称性矛盾、旅藏游客人均旅游消费水平处于中低水平、西藏旅游公共服务体系不完善、经济新常态下对口援藏省市一般预算收入增速放缓影响援藏资金投入进而影响到西藏旅游发展水平和旅游援藏缺乏管理组织协调机构。同时从案例微观视角提出旅游援藏存在四大主要问题，具体表现为：旅游援藏项目普遍存在"重投资建设、轻管理低效益"现象、旅游援藏经营中"重政治任务，轻市场运作"、旅游援藏建设同质化严重，忽略差异化策略和旅游援藏作用下的乡村旅游负面影响凸显。

第十一，首次运用社会学家帕森斯的结构功能主义理论，提出新时期西藏旅游发展的最理想状态是西藏旅游总收入同比增速超过或保持同期西藏生产总值同比发展速度的新论点，这是旅游援藏调适机制构建的重要前提，也是评价旅游援藏发展效果的科学依据。同时从旅游援藏涉及的各级政府职能目标、旅游援藏主体结构的合理化和制度规范的合理等三个方面提出旅游援藏调试机制构建方式。

第十二，在系统梳理援藏研究进展基础上，得出了旅游援藏具有战略性、长期性、系统性和复杂性等规律性的认识，提出了新时期旅游援藏推进西藏建设好世界重要旅游目的地的十个方面的政策建议，具体为：构建旅游援藏组织协商长效机制、组建全国旅游援藏组织管理机构、规范旅游援藏决策程序、推进旅游援藏市场化运作、实施旅游援藏差异化策略、旅游援藏资金投入保障机制、启动旅游援藏专业人才培养工程、加快旅游援藏智库建设、建立旅游援藏激励约束机制和构建应对西藏突发事件的旅游援藏联动机制。

第二节　研究不足与未来展望

一　研究不足

本书对我国独具特色的区域跨越发展战略旅游援藏进行了开拓性研究，虽然取得了上述重要研究成果，但是在研究过程中仍有不足之处，需要在未来研究中继续探索和深入思考。

一是所用统计数据资料系统性和连贯性需要保持。西藏统计数据尤其是旅游方面的数据资料获取具有难度，如本书第七章导游援藏研究中的关于全国援藏导游员名额分配数据能获取的只有2010—2012

年和2014—2015年，2013年和2016年的统计数据无法有效获取，在一定程度上影响到研究结论可信度。同时随着对口援藏省市第七批工作队援藏工作结束，第八批援藏工作队进藏开展工作，需要及时搜集和整理17个对口援藏省市的援藏资金投入统计数据，研究时间序列由本书中的四个援藏周期向五个援藏周期延伸。另外还需要注意搜集整理西藏各市区旅游统计数据，如旅游总收入、旅游接待游客数量、入境旅游总收入、国内旅游总收入等基础数据。

二是旅游援藏对西藏旅游目的地供给系统影响评估指标构建应动态化。本书所构建的16个方面的指标评价体系是立足当前西藏旅游发展实际，有效解释旅游援藏供给作用，但旅游援藏带来的社会功能，如通过支援西藏旅游业发展而产生的就业岗位数量、旅游公共服务设施数量，这些对西藏旅游目的地建设同样也起着重要作用。因此，随着西藏旅游业发展和统计的进一步完善，有必要建立更加全面的旅游援藏对西藏旅游目的地供给系统评价指标体系，从而更加全面和科学地评估旅游援藏对西藏旅游目的地发展作用。

三是随着支援西藏旅游发展主体多元化，中央企业对西藏旅游目的地建设进行资源输入，对旅游援藏市场化运作起着引领和示范作用。如何借鉴其成功经验和有效模式、为新时期旅游援藏实践工作提供参考具有现实意义。而本书中的典型案例分析中缺乏关于中央企业旅游援藏方面的资料，需要在后续研究中注重搜集、整理、总结和提炼。

二　研究展望

新时期中央政府和西藏地方各级政府都高度重视西藏旅游目的地建设，然而我们不容忽视的事实是旅游业虽然已经成为西藏战略支柱性产业但自身发展中仍面临诸多困难，这些困难依靠自身力量难以得到有效解决。因此，旅游援藏工作非常有必要上升到国家战略层面。但是在相当长一段时间内，通过旅游援藏进而实现西藏旅游发展进入全国中前列是不现实的，必须对现有的旅游援藏进行结构性调适和加强对旅游援藏效果科学评估，使其西藏世界旅游目的地具有"中国特色、西藏特点"。基于上述思考，旅游援藏未来研究需要从以下三个方面进行深入探讨。

　　第一，旅游援藏应面向未来西藏旅游目的地建设需要，综合考量援藏投入量和西藏旅游发展增长量两者之间动态协调性，实现旅游援藏资源配置的最优化目标。以广东省对口支援林芝旅游发展为例，中央组织部、国家发展改革委等部门根据西藏工作实际，按照"大稳定，小调整"原则，对确立 20 周年的全国援藏格局首度进行了微调，广东省从 2016 年 1 月起开始整体对口支援林芝市，广东省办公厅公布了未来五年对口支援林芝市的资金投入量。一是根据本书前期研究成果，可以通过计量模型对未来五年林芝旅游发展进行综合测量，重点测算未来援藏周期内林芝旅游综合收入量、增长速度和发展规模。二是通过建立定量模型，测算援藏资源输入与林芝受援地区经济社会协调度，进而为外来资源输入有效转化提供科学依据，补齐林芝受援地区旅游发展短板。

　　第二，研究对口援藏省市差别化旅游援藏发展模式和效率测算。对口援藏各省市自身资源条件和发展定位存在差异，同时西藏各受援区县在旅游资源禀赋度、旅游可进入性、旅游服务供给、经济社会发展基础等方面存在区域差异，需要探索既能有效发挥支援方优势，也要符合西藏区域实际的差别化旅游援藏新模式。同时，需要加强对对口援藏省市差别化旅游援藏投入的效率测算，为科学评价其旅游援藏效果提供重要参考。差别化旅游援藏效率影响因素分为援助主体外在因素和受援方内在因素，即对口援藏省市经济发展水平、旅游产业发展水平、西藏各地市经济发展水平、旅游产业发展水平、人均旅游收入与协调管理能力。因此，需要借助效率计量测算模型，整合这方面的数据测算出差别化旅游援藏政策的投入产出效率、时空差异与优化目标值，以期为对口援藏省市提升旅游援藏效率提供重要参考。

　　第三，厘清旅游援藏中的对口支援与互惠合作关系。随着市场经济的发展和中国现代国家建设对理性化的倡导，研究者对西藏与内地旅游合作给予极大关注。正如谢伟民所论述："随着援藏制度的深入落实、援藏内容的继续扩展和体系化程度的加深，援藏事务量也将快速增长。当事务量增加到一定限度，其内部事务的复杂性难以在既有框架下得到解决，理性化和制度合理化诉求就得以产生。但制度的理性化倾向与制度的价值逻辑有着不同的基础，前者强调工具理性、绩效、规则、奖惩与法律，后者强调价值重要性、规范、符号与象征，强调行为者遵循社会适应性逻辑和合法性逻辑。"[①] 因此，在西藏旅游业在成为内地对口援藏省市互惠合作切入点的同时，更应注重对口支援是前提条件的客观事实，不能忽视制度的价值逻辑。

---

① 谢伟民、贺东航、曹尤：《援藏制度：起源、演进和体系研究》，《民族研究》2014年第 2 期。

附　　录

附录一　　附表

附表 1-1　　　　　　西藏地区生产总值（1985—2015 年）　　　　单位：亿元

年份	地区生产总值	第一产业	第二产业	工业	建筑业	第三产业
1985	17.76	8.87	3.08	1.23	1.85	5.81
1986	16.93	7.95	2.18	1.01	1.17	6.82
1987	17.71	8.07	2.13	1.09	1.04	7.51
1988	20.25	9.65	2.41	1.28	1.12	8.19
1989	21.86	10.04	2.84	1.58	1.26	8.98
1990	27.70	14.10	3.57	1.92	1.65	10.03
1991	30.53	15.50	4.17	2.27	1.90	10.86
1992	33.29	16.59	4.46	2.56	1.90	12.24
1993	37.42	18.30	5.49	2.70	2.79	13.63
1994	45.99	21.14	7.88	3.43	4.44	16.97
1995	56.11	23.48	13.24	4.10	9.13	19.39
1996	64.98	27.20	11.32	4.40	6.93	26.46
1997	77.24	29.23	16.88	8.16	8.72	31.13
1998	91.50	31.37	20.14	9.05	11.09	39.99
1999	105.98	34.25	23.86	9.50	14.36	47.86
2000	117.80	36.39	27.05	10.17	16.88	54.37

续表

年份	地区生产总值	第一产业	第二产业	工业	建筑业	第三产业
2001	139.16	37.54	31.97	10.88	21.09	69.65
2002	162.04	39.75	32.72	11.65	21.07	89.56
2003	185.09	40.70	47.64	13.82	33.82	96.76
2004	220.34	44.30	52.74	16.10	36.64	123.30
2005	248.80	48.04	63.52	17.48	46.04	137.24
2006	290.76	50.90	80.10	21.71	58.39	159.76
2007	341.43	54.89	98.48	27.62	70.86	188.06
2008	394.85	60.62	115.56	29.48	86.08	218.67
2009	441.36	63.88	136.63	33.11	103.52	240.85
2010	507.46	68.72	163.92	39.73	124.19	274.82
2011	605.83	74.47	208.79	48.18	160.61	322.57
2012	701.03	80.38	242.85	55.35	187.50	377.80
2013	815.67	84.68	292.92	61.16	231.76	438.07
2014	920.83	91.64	336.84	66.16	270.68	492.35
2015	1026.39	96.89	376.19	69.88	306.31	553.31

资料来源：《西藏统计年鉴（2016）》。

附表1-2　　西藏旅游者人数及旅游收入（1981—2015年）

年份	接待旅游者人数（人次）	入境旅游者人数（人次）	外国人人数（人次）	国内旅游者人数（人次）	旅游总收入（万元）	国内旅游收入（万元）	外汇收入（万美元）
1981	8624	2056	2005	6568	258		171
1982	18201	1580	1578	16621	186		130
1983	37564	1723	1596	35841	263		150
1984	60183	1579	1508	58604	257		100
1985	71980	15402	15041	56578	399		120
1986	87968	31000	29553	56968	2970		620
1987	127554	108750	42889	18804	5600		800
1988	103255	56293	21835	46962	6229		700

年份	接待旅游者人数（人次）	入境旅游者人数（人次）	外国人人数（人次）	国内旅游者人数（人次）	旅游总收入（万元）	国内旅游收入（万元）	外汇收入（万美元）
1989	29833	8287	3341	21546	3726		222
1990	23954	6654	9842	17300	684		145
1991	117169	38286	14768	78883	5069		770
1992	161164	50963	49823	110201	7257		997
1993	184262	54409	53192	129853	9348		675
1994	198928	65980	62233	132948	15321		1045
1995	206598	67814	65428	138784	21375	6340	1130
1996	325468	75003	72580	250465	23258	7835	2955
1997	366610	81800	73412	284810	25974	10338	3172
1998	386643	96444	87039	290199	26491	10998	3302
1999	448547	108224	98966	340323	57000	22234	3630
2000	608335	149441	134539	458894	67462	25834	5226
2001	686116	127148	116440	558968	75053	37053	4638
2002	867320	142279	129617	725041	98777	55899	5166
2003	928639	51120	45685	877519	103723	88028	1891
2004	1223098	95816	88797	1127282	153195	122817	3660
2005	1800623	121308	111018	1679315	193524	157536	4443
2006	2512103	154818	136159	2357285	277072	228929	6094
2007	4029438	365370	338744	3664068	485160	383152	13529
2008	2246447	67997	62934	2178450	225865	204237	3112
2009	5610630	174910	162458	5435720	559870	506088	7873
2010	6851390	228321	214136	6623069	714401	644001	10359
2011	8697605	270785	249026	8426820	970568	886341	12963
2012	10583869	194933	174631	10388936	1264788	1198017	10570
2013	12910568	223198	187153	12687370	1651813	1572633	12786
2014	15531413	244401	199965	15287012	2039989	1949992	14469
2015	20175305	292610	142592	19882695	2819203	2710610	17666

资料来源：《西藏统计年鉴（2016）》。

附表1-3　1996—2015年西藏接待外国过夜游客人数（按国籍分）

单位：人次

年份 国籍	1996	1997	1998	1999	2000	2001	2002	2003	2004	2005	2006	2007	2008	2009	2010	2011	2012	2013	2014	2015
日本	9752	7125	10804	13257	17137	3641	20023	4959	13156	5334	13373	78651	4443	11918	14066	10842	5306	3032	6817	6336
韩国	635	1033	489	984	2091	710	4061	2063	3031	2096	5779	11752	3118	5833	7124	11957	6961	7103	5072	5085
马来西亚	776	650	253	335	1330	138	1379	483	1337	1135	3642	7618	1205	5630	8464	10210	7148	7607	6550	8186
新加坡	1740	912	65	1333	2371	644	2487	733	1641	1209	4580	14917	1604	5380	8411	10028	8424	8462	6201	9070
泰国	616	202	257	454	554	131	1130	199	963	733	1914	4641	540	2185	2606	5320	4312	4441	4117	3100
美国	8213	8902	15111	24879	30888	7163	23012	5566	27037	21923	23772	60076	16802	26722	30230	35332	27443	27477	33202	29236
加拿大	1330	1102	1993	2063	3633	797	3045	1238	3450	3053	7810	13020	2599	3800	11522	13680	9401	8103	7574	8906
英国	7350	3098	5009	6184	8708	2316	6810	3456	7451	5208	7574	14703	3539	6834	10173	11400	8012	8464	9543	7868
法国	6935	4898	6506	7077	7367	2222	5542	3098	7550	5130	5448	11819	2224	4690	9788	12306	8972	8329	8673	9035
德国	8280	9104	9222	14217	15769	5506	12847	4099	11620	9103	8040	21094	5680	12855	17649	20895	16929	10870	11992	9753
俄罗斯	550	434	496	261	503	176	1339	670	1937	1292	4402	10030	2080	3350	8317	9694	6993	6735	6465	4557
澳大利亚	2495	1700	2794	4225	4162	1331	1434	1531	4048	3096	5561	11820	2829	4761	5575	6581	5155	5312	5917	4253

资料来源：《中国旅游统计年鉴》（1997—2016年）。

附录二　研究调查问卷

一　人口统计特征

1. 您的性别是：□男　　　　　　　　□女
2. 您的年龄是：□20 岁及以下　　　□21—30 岁
　　　　　　　　□31—40 岁　　　　□41—50 岁
　　　　　　　　□51 岁及以上
3. 您的民族是：□藏族　　　　　　　□汉族
　　　　　　　　□其他
4. 您的学历是：□初中及以下　　　　□高中或中专
　　　　　　　　□大专及以上
5. 您的职业是：□农牧民　　　　　　□政府工作人员
　　　　　　　　□私营业主、个体户　□教师
　　　　　　　　□务工人员　　　　　□学生
　　　　　　　　□其他
6. 您的月收入：□2000 元及以下　　□2001—3000 元
　　　　　　　　□3001— 4000 元　　□4001—5000 元
　　　　　　　　□5001 元及以上
7. 您的收入来源（请按重要性进行排序）：
　　　　　　　①农牧业　　　　　　②旅游业或其他服务业
　　　　　　　③个体私营收入　　　④打工收入（非旅游业）
　　　　　　　⑤工资收入　　　　　⑥其他收入

以下问题，您可能会有 5 种态度，请分别在您认为合适的选项上打"√"。如果您既不同意也不反对，或者不了解不清楚，请选择第 3 个答案"不确定"。

二　人口变迁

1. 旅游业发展之后，外来人口显著增多
□完全同意　　□同意　　□不确定　　□不同意　　□完全不同意
2. 当地人口与外来人口的交往显著增多

□完全同意 　□同意 　□不确定 　□不同意 　□完全不同意

3. 对外面世界的了解显著增加

□完全同意 　□同意 　□不确定 　□不同意 　□完全不同意

4. 越来越多的居民开始涉足旅游服务业、支持旅游业

□完全同意 　□同意 　□不确定 　□不同意 　□完全不同意

5. 旅游开发后，当地存在较为严重的季节性从业变动问题

□完全同意 　□同意 　□不确定 　□不同意 　□完全不同意

6. 现在的居民点更往一些旅游景区周边集中

□完全同意 　□同意 　□不确定 　□不同意 　□完全不同意

三　经济变迁

1. 旅游业的发展带动了当地物价的上升

□完全同意 　□同意 　□不确定 　□不同意 　□完全不同意

2. 旅游业已经成为当地的重要收入来源

□完全同意 　□同意 　□不确定 　□不同意 　□完全不同意

3. 旅游业的发展带动了相关行业的发展

□完全同意 　□同意 　□不确定 　□不同意 　□完全不同意

4. 旅游业的发展对传统产业产生一定的冲击

□完全同意 　□同意 　□不确定 　□不同意 　□完全不同意

5. 旅游业发展后，各家庭（或各村）间的贫富差距有所增大

□完全同意 　□同意 　□不确定 　□不同意 　□完全不同意

6. 旅游发展后，经济收益大多数为外来经商人员所获取

□完全同意 　□同意 　□不确定 　□不同意 　□完全不同意

7. 仅有少数村民从旅游发展中获得了经济利益

□完全同意 　□同意 　□不确定 　□不同意 　□完全不同意

四　社会结构变迁

1. 旅游业发展后，当地社会治安事件数量有显著增加

□完全同意 　□同意 　□不确定 　□不同意 　□完全不同意

2. 发展旅游业以后，越来越多的女性增加了就业机会

□完全同意 　□同意 　□不确定 　□不同意 　□完全不同意

3. 旅游业发展后，当地居民的日常生活环境（如村容村貌、生活节奏、出行方式等）有所改变

□完全同意　　□同意　　□不确定　　□不同意　　□完全不同意

4. 旅游业发展后，邻里、亲戚关系跟以前相比有所疏远

□完全同意　　□同意　　□不确定　　□不同意　　□完全不同意

5. 旅游业发展后，传统的大家庭越来越少（三代或以上），小家庭越来越多（两代人）

□完全同意　　□同意　　□不确定　　□不同意　　□完全不同意

五　价值观念和生活方式变迁

1. 平时主要穿着是传统藏服

□完全同意　　□同意　　□不确定　　□不同意　　□完全不同意

2. 喜欢的穿着方式是藏服

□完全同意　　□同意　　□不确定　　□不同意　　□完全不同意

3. 平时的主要食物是糌粑酥油等传统藏餐

□完全同意　　□同意　　□不确定　　□不同意　　□完全不同意

4. 旅游业发展后，日常主要食物跟以前比有较大的变化

□完全同意　　□同意　　□不确定　　□不同意　　□完全不同意

5. 一直喜欢藏族传统饮食习惯

□完全同意　　□同意　　□不确定　　□不同意　　□完全不同意

6. 如果家里接待游客，会按照藏族传统礼仪为他们服务

□完全同意　　□同意　　□不确定　　□不同意　　□完全不同意

7. 一直喜欢传统藏式建筑风格

□完全同意　　□同意　　□不确定　　□不同意　　□完全不同意

8. 一直喜欢传统的藏式婚礼

□完全同意　　□同意　　□不确定　　□不同意　　□完全不同意

9. 现在当地群众结婚仍然采用藏式婚礼

□完全同意　　□同意　　□不确定　　□不同意　　□完全不同意

10. 平时经常参与一些藏族的传统民俗活动

□完全同意　　□同意　　□不确定　　□不同意　　□完全不同意

11. 在旅游接待中，参与表演藏族传统民俗文艺活动时很自豪、很骄傲

□完全同意　　□同意　　□不确定　　□不同意　　□完全不同意

12. 在旅游接待中，某些藏族传统民俗类的表演项目程序和内容

越来越简化

□完全同意　　□同意　　□不确定　　□不同意　　□完全不同意

13. 在旅游接待中，某些原来只在特定日期开展的藏族传统民俗活动会经常性地反复表演

□完全同意　　□同意　　□不确定　　□不同意　　□完全不同意

14. 藏传佛教一直是我们的基本信仰

□完全同意　　□同意　　□不确定　　□不同意　　□完全不同意

15. 一直都很尊敬当地的喇嘛

□完全同意　　□同意　　□不确定　　□不同意　　□完全不同意

16. 会经常参与一些日常宗教活动

□完全同意　　□同意　　□不确定　　□不同意　　□完全不同意

17. 对藏族的一些传说、民间故事等传统文化十分了解

□完全同意　　□同意　　□不确定　　□不同意　　□完全不同意

18. 藏族的一些传统节日（雪顿节、藏历新年等）十分重要

□完全同意　　□同意　　□不确定　　□不同意　　□完全不同意

19. 现在汉族的一些传统节日（中秋节、春节等）也受到了欢迎

□完全同意　　□同意　　□不确定　　□不同意　　□完全不同意

20. 国外的一些节日（圣诞节、情人节等）偶尔也会参与

□完全同意　　□同意　　□不确定　　□不同意　　□完全不同意

21. 一直以藏族传统文化为荣

□完全同意　　□同意　　□不确定　　□不同意　　□完全不同意

六　语言变迁

1. 对以下语言的掌握情况

	听说都没问题	能简单交流	知道一些词语，不能交流	不会
藏语				
普通话				
汉语方言				
英语或其他外语				

2. 当地居民之间的交流一般用

□藏语　　□汉语　　□藏语夹杂着汉语　　□汉语夹杂着藏语

3. 我希望我能与外来游客进行流利的语言交流

□完全同意　　□同意　　□不确定　　□不同意　　□完全不同意

七　文化保护及传承

1. 保护和继承本民族的优秀传统文化应由政府统一规划，与村民关系不大

□完全同意　　□同意　　□不确定　　□不同意　　□完全不同意

2. 加强对游客的引导和监督有助于保护乡村传统文化

□完全同意　　□同意　　□不确定　　□不同意　　□完全不同意

3. 村民的责任感和使命感，在民族文化的保护与传承中起到非常关键的作用

□完全同意　　□同意　　□不确定　　□不同意　　□完全不同意

4. 政府修建博物馆有利于促进民族文化的保护与传承

□完全同意　　□同意　　□不确定　　□不同意　　□完全不同意

5. 加强对青少年的教育是保护及传承民族优秀文化的当务之急

□完全同意　　□同意　　□不确定　　□不同意　　□完全不同意

6. 当前，政府成立一些民间团体或专门组织对保护和传承本村民族文化作用不大

□完全同意　　□同意　　□不确定　　□不同意　　□完全不同意

7. 当前，政府通过赞助一些文化传承人对保护和传承本村民族文化作用不明显

□完全同意　　□同意　　□不确定　　□不同意　　□完全不同意

8. 如果当前政府出台的有关文化保护及传承的相关政策法规会影响到您的经济利益，您是

□完全同意　　□同意　　□不确定　　□不同意　　□完全不同意

八　旅游总体认知

认知维度	完全同意	同意	不确定	不同意	完全不同意
促进了本村的经济发展					
增加了村民就业机会					
提高了村民生活水平					
加速了乡村的基础设施建设					
增强了村民的市场意识					

认知维度	完全同意	同意	不确定	不同意	完全不同意
传统生活方式发生了改变					
传统的生活秩序受到了一定的影响					
村民和游客之间的矛盾逐渐凸显					
生活垃圾数量快速增加					
旅游资源受到一定程度的破坏					

附录三　BP 神经网络模型与自回归移动平均模型（ARIMA）方法结果对比分析

一　自回归移动平均模型（ARIMA）方法预测过程与结果

（一）ARIMA 模型预测基本步骤

第一，时间序列平稳性检验：将不平稳的时间序列转化为平稳序列，它是一种线性转换装置，它将白噪声信号转换为所描述的时间序列的平稳性，借助 EViews 软件中 ADF 单位根对差分时间序列的平稳性进行检验。

第二，确定阶数 d、p 和 q：对于非平稳时间序列用差分进行处理，直至变为平稳序列，差分次数即为阶数 d 的值。对于差分后的时间序列 ARMA（p，q）进行 p、q 定阶，依据差分序列偏相关系数（Partial Correlation）图和自相关系数（Auto Correlation）图观察取值。

第三，模型检验：对 ARIMA 模型进行检验，主要诊断参差序列是否为白噪声序列，如果是，则模型可用于实际预测。若不是，则回到第二个步骤重新选择 p、q，再次检验，直到参差序列为白噪声序列为止。

第四，模型数值预测：运用构建的 ARIMA（p，d，q）模型对时间序列进行预测，得到预测值及相关信息。

（二）ARIMA 模型预测具体应用

步骤一：数据的平稳化。

现以西藏 2005 年 1 月至 2007 年 12 月入境旅游者人数 X_t 为样本进行分析，为了消除趋势并减少序列波动，需要对样本数据 X_t 取自然对数 LNX_t，其时序图为附图 3 - 1，该图显示出时间序列不平稳。因此，需要对序列 LNX_t 做一阶差分 $DLNX_t$，其时序图（见附图 3 – 2）趋于平稳，同时得到序列 $DLNX_t$ 的自相关与偏相关分析图（见附图 3 – 3）。

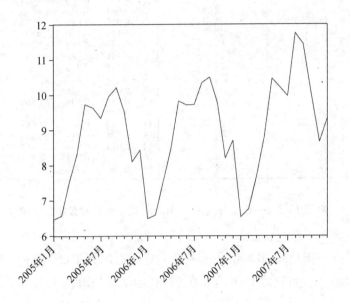

附图 3 – 1　西藏入境旅游者人数 LNX_t 序列

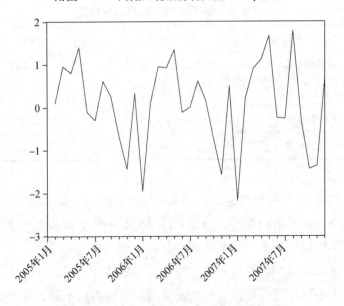

附图 3 – 2　西藏入境旅游者人数 $DLNX_t$ 序列

自相关系数	偏相关系数		自相关系数	偏相关系数	Q检验值	t检验的相伴概率
		1	0.150	0.150	0.8624	0.353
		2	-0.004	-0.027	0.8630	0.650
		3	-0.020	-0.015	0.8784	0.831
		4	-0.113	-0.110	1.4121	0.842
		5	-0.175	-0.147	2.7386	0.740
		6	-0.384	-0.362	9.3271	0.156
		7	-0.271	-0.241	12.721	0.079
		8	-0.144	-0.207	13.712	0.090
		9	-0.000	-0.108	13.712	0.133
		10	0.055	-0.136	13.866	0.179
		11	0.120	-0.113	14.642	0.199
		12	0.563	0.405	32.482	0.001
		13	0.074	-0.211	32.804	0.002
		14	0.014	-0.080	32.817	0.003
		15	0.019	-0.058	32.841	0.005
		16	-0.056	-0.026	33.052	0.007

附图 3 - 3　一阶差分后序列 $DLNX_t$ 的自相关和偏相关示意

为进一步检验 $DLNX_t$ 是否平稳，需要对序列 $DLNX_t$ 进行 ADF 单位根检验，运用软件 EViews 6.0，得到的结果如附表 3 - 1 所示。

附表 3 - 1　　　　　　　一阶差分后序列 $DLNX_t$ 单位根检验

序列 $DLNX_t$ 检验结果	t 检验统计值	P 值
检验临界值	- 4.828512	0.0004
1% 检验临界值	- 3.639407	
5% 检验临界值	- 2.951125	
10% 检验临界值	- 2.614300	

从附表 3 - 1 中可以看出，检验 t 统计量值为 - 4.828512，比 1% 显著水平的临界值都要小，所以拒绝单位根假设，从而表明经过一阶差分后的时间序列是平稳的。

步骤二：模型识别、定阶、建立与参数估计。

样本序列经过一阶自然对数差分后，序列趋向平稳，因此 ARIMA (p，d，q) 模型中的 d 取值为 1。同时从附图 3 - 3 中可以看出，偏相关系数在 1 期后迅速趋向 0，所以 p 取值为 1。自相关系数在 1 期后趋向 0，故 q 取值为 1。因此，本书选用 ARIMA（1，1，1）模型进行预测。运用软件 EViews 6.0 进行 ARIMA（1，1，1）模型参数估计，其系数见附表 3 - 2。

附表 3 - 2　　　　　　　　　模型参数

解释变量	解释变量系数	标准差	t检验值	t检验的相伴概率
C	0.169033	0.446184	0.378841	0.7077
AR（1）	0.392535	0.450991	0.870385	0.3915
MA（1）	− 0.741537	0.495022	− 1.497988	0.1453
MA（2）	− 0.900363	0.763432	− 1.179362	0.2482

因此，该模型的数学表达式为：$DLNX_t = 0.169 + 0.3925\ DLNX_{t-1} + \varepsilon_t - 0.7415\varepsilon_{t-1}$。

步骤三：模型诊断检验。

从附图 3 - 4 中可以看出，参差对应的自相关与偏相关系数均在置信区间内，因此模型参差为一白噪声过程，通过检验。EViews 6.0 具体操作结果如下。

自相关系数	偏相关系数		自相关系数	偏相关系数	Q检验值	t检验的相伴概率
		1	−0.100	−0.100	0.3625	
		2	0.018	0.008	0.3746	
		3	−0.055	−0.053	0.4929	
		4	−0.046	−0.058	0.5782	
		5	−0.093	−0.104	0.9337	0.334
		6	−0.287	−0.318	4.4538	0.108
		7	−0.172	−0.287	5.7644	0.124
		8	−0.026	−0.160	5.7961	0.215
		9	−0.036	−0188	5.8585	0.320
		10	0.121	−0.047	6.5940	0.360
		11	−0.055	−0.235	6.7547	0.455
		12	0.527	0.369	22.029	0.005

附图 3 - 4　参差自相关和偏相关分析结果

步骤四：模型预测分析。

通过构建的 ARIMA（1，1，1）模型对时间序列进行预测，得到西藏 2008 年 1 月至 2009 年 12 月入境旅游预测值及预测序列图（见附表 3 – 3 和附图 3 – 5）。

（三）预测结果

附表 3 – 3　　　　　ARIMA 模型预测西藏 2008 年 1 月至
2009 年 12 月入境旅游值　　　　单位：人次

2008 年	1 月	2 月	3 月	4 月	5 月	6 月	7 月	8 月	9 月	10 月	11 月	12 月
TP	13711	10312	11285	12057	35435	43616	48439	107911	61488	55630	4949	7409
2009 年	1 月	2 月	3 月	4 月	5 月	6 月	7 月	8 月	9 月	10 月	11 月	12 月
TP	4531	8388	11443	18924	24026	27168	53586	87247	37080	19159	12486	12368

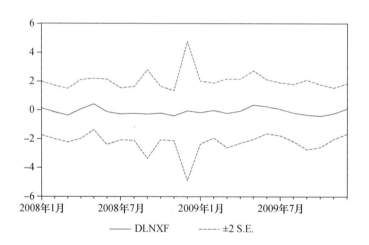

附图 3 – 5　西藏 2008 年 1 月至 2009 年 12 月入境旅游预测序列

二　自回归移动平均模型（ARIMA）方法预测过程与结果

同时，运用自回归移动平均模型（ARIMA）进行了预测，预测结果见附表 3 - 4。选取平均绝对百分误差（MAPE）和泰尔不等系数①（μ）两个评价指标对其精确度进行比较（见附表 3 - 5）。从附表 3 - 5 中得知，BP 神经网络的平均绝对百分误差为 22.537，泰尔不等系数为 0.557，表明运用 BP 神经网络算法进行预测的精确度较 ARI-MA 方法高，预测结果与实际情况更为吻合。

附表 3 - 4　　　　ARIMA 模型和 BP 神经网络模型预测西藏

2008—2009 年月入境旅游 TP 值　　　　　单位：人次

年份	月份	ARIMA 模型预测值	BP 神经网络模型预测值	年份	月份	ARIMA 模型预测值	BP 神经网络模型预测值
2008	1	13711	8025	2009	1	4531	2347
	2	10312	8512		2	8388	6294
	3	11285	12367		3	11443	12623
	4	12057	18875		4	18924	21752
	5	35435	37113		5	24026	24544
	6	43616	34473		6	27168	38181
	7	48439	36924		7	53586	68698
	8	107911	105920		8	87247	91293
	9	61488	92508		9	37080	22541
	10	55630	23364		10	19159	14335
	11	4949	2323		11	12486	12481
	12	7409	14475		12	12368	14799

---

① 平均绝对百分误差（MAPE）：

$$MAPE = \frac{1}{n} \sum_{i=1}^{n} \left| \frac{\overline{y_i} - y_i}{y_i} \times 100 \right|$$

泰尔不等系数（μ）：

$$\mu = \frac{\sqrt{\frac{1}{n} \sum_{t=1}^{n} (y_t - \hat{y}_t)^2}}{\sqrt{\frac{1}{n} \sum_{t=1}^{n} y_t^2} + \sqrt{\frac{1}{n} \sum_{t=1}^{n} \hat{y}_t^2}}$$

附表 3 - 5　　**ARIMA 模型和 BP 网络预测结果精确度比较**

预测方法	MAPE	μ
ARIMA 模型	150.896	0.647
BP 网络	22.537	0.557

附录四　关于 2004 年导游援藏工作的实施意见

2004 年导游援藏工作，要继续认真贯彻执行中央领导同志的指示精神，坚持实事求是的原则，认真总结吸取全国首批导游援藏的经验教训，针对西藏受援单位的具体需求安排选派任务，改善管理机制，抓好各项工作的落实，把导游援藏工作做成政府、企业都满意的好事。具体工作安排如下。

一　工作任务

援藏导游员赴藏工作的时间为 2004 年 4 月 15 日至 10 月 15 日。导游援藏的工作任务是：除继续执行国家旅游局发〔2003〕4 号文件明确的上岗带团、传帮带和推进合作与交流三项主要任务，还要拓展导游援藏业务，承担教育培训和帮助西藏有关部门开展旅游业务等工作。

二　选拔与选派

（一）选拔条件

1. 政治素质好，忠于祖国，热爱民族事业。

2. 业务能力强，持有导游证，有 2 年以上导游或机关或教学工作经验。

3. 年龄在 45 岁以下，身体健康，无任何急慢性疾病，能够胜任高原工作。

（二）有下列情况的不能选拔与选派

1. 非本人自愿的；

2. 家庭有实际困难；

3. 导游员夫妻双方同时报名的（限选其中一方）；

4. 未与派出单位签订正式劳动合同的；

5. 有其他不适合派出情况的。

（三）选拔程序

对符合选拔与选派条件的人员，由所在单位选拔、体检，经省旅游局面试考核后上报国家旅游局批准。

（四）名额分配及派出方式

2004 年各省（区、市）派出名额按照《2004 年援藏导游员名额分配表》执行，共 100 名。请有关省（区、市）旅游局根据名额和语种要求上报援藏导游员的名单（请在《2004 年援藏导游员推荐表》备注栏中分别注明"进藏"和"预备"）。

100 名援藏导游员的派出时间根据西藏自治区的实际需求确定，其中 70 名于 4 月 6 日在成都集中，4 月 10 日进藏；其余 30 名作为预备人员，进藏时间另行通知。

三　相关待遇及费用分担

（一）相关待遇

参加援藏的导游员，除保留原单位基本工资和有关福利待遇外，援藏期间能够遵章守纪，认真履行岗位职责的享受以下全部待遇：

1. 每人每月发放 4200 元补贴，其中包括：高原补贴 2800 元、包干医疗费 1000 元、伙食补贴 300 元、交通补贴 100 元。

2. 每人享有一年期最高赔偿额 60 万元的人身意外伤害保险。

3. 带团补贴按所在受援单位的补贴标准计发。

（二）费用分担

援藏导游员在藏工作期间，有关费用由各方按以下原则分担：

1. 派出单位保留其原有的工资及医疗等一切福利待遇。

2. 受援单位负责援藏导游员的住宿安排和发放带团补贴。

3. 国家旅游局负责解决援藏导游员的往返交通费，在藏期间的高原工资补贴、医疗补贴、伙食补贴、交通补贴、人身意外保险费以及集中培训费用。国家旅游局按每人 500 元标准一次性补贴受援单位，为援藏导游员购买卧具等用品。

四　时间安排

1. 2 月 10 日前，有关省（区、市）旅游局将《2004 年援藏导游员推荐表》和《2004 年援藏导游员备案表》汇总报国家旅游局人事劳动教育司教育培训处。推荐选派援藏导游员单位将相关材料报省旅游局人教处。

2. 3 月 10 日前，国家旅游局将援藏导游员批复名单下达有关省（区、市）旅游局。

3. 3—4 月，有关省（区、市）旅游局结合实际，组织援藏导游员开展西藏导游基础知识培训。

4. 4 月 6 日，进藏的援藏导游员到四川省成都市集中，进行入藏前教育培训（届时另发报到培训通知）。

5. 4 月 10 日，援藏导游人员到拉萨报到集中培训 10 天，重点学习有关民族、宗教、外事等政策，提出工作要求和注意事项。同时组织适应性培训，到西藏一些主要景区（点）实习。

6. 4 月 20 日，援藏导游员进入各受援单位。

7. 10 月 10 日前，由各受援单位负责对导游员做好鉴定；10 月 15 日，由西藏自治区旅游局做好总结表彰和送行工作后返回内地。

附录五　全国第八批（2010 年）导游援藏工作实施意见

导游援藏工作是党中央、国务院交给旅游战线的一项光荣而艰巨的政治任务。自 2003 年开始，全国共组织了七批援藏导游员，有六批共 415 名援藏导游员进藏开展导游援藏工作。七年来，导游援藏工作在服务西藏旅游业发展方面取得了积极成效，达到了预期效果。全国第八批（2010 年）导游援藏工作，要继续认真贯彻执行中央领导同志的批示精神，认真总结经验，结合西藏受援单位的具体需求，严格选拔条件和程序，按有关要求，在规定时间内组织完成安排选派任务。具体工作安排如下。

一　工作任务

援藏导游员赴藏工作时间为 2010 年 4 月 15 日至 10 月 15 日。导游援藏的工作任务是：执行上岗带团、传帮带和推进合作与交流三项主要任务，不断拓展导游援藏业务，承担教育培训和帮助西藏有关部门开展旅游业务等工作。

二　选拔与选派

（一）选拔条件

1. 忠于祖国，热爱民族事业，政治素质好。

2. 持有导游证，业务能力强，有 2 年以上导游工作经验。

3. 年龄为 22—40 岁，身体健康，无任何急慢性疾病，能够胜任高原工作。

4. 小语种导游选拔困难的，可以考虑由院校推荐选派持有导游证的外语专业学生，推荐的学生需与派出学校签订派出协议，并与旅行社签订正式劳动合同。

（二）有下列情况的不能选拔

1. 非本人自愿的；

2. 家庭有实际困难的；

3. 导游员夫妻双方同时报名的（限选其中一方）；

4. 未与派出单位签订正式劳动合同的；

5. 已承担过两次导游援藏任务的导游员；

6. 有其他不适合派出情况的。

（三）选拔程序

对符合选拔条件的人员，由所在单位推荐，经省（区、市）旅游局选拔、体检、笔试、面试考核后上报国家旅游局批准。各省（区、市）旅游局要高度重视选拔工作，必要时可面向社会公开选拔。凡进藏后发现政治素质和业务能力不符合要求的，将由西藏自治区旅游局报国家旅游局审批后，予以退回。

上报材料包括：《2010 年援藏导游员推荐表》《2010 年援藏导游员备案表》、推荐的援藏导游员身份证复印件、导游证复印件、县级以上医院出具的体检合格证明复印件、劳动合同（或单位人事证明）复印件、派出院校协议。

（四）名额分配及派出方式

2010 年派出名额按照《2010 年援藏导游员名额分配表》执行。请有关省（区、市）旅游局（委）根据名额和语种要求上报援藏导游员的名单。

100 名援藏导游员的派出时间根据西藏自治区的实际需求确定，其中 50 名于 4 月进藏工作，其余 50 名作为预备人员，进藏和预备导游员名单将由国家旅游局确定后再行通知。

三 相关待遇及费用分担

（一）相关待遇

进藏导游员除保留原单位基本工资和有关福利待遇外，援藏期间能够遵章守纪、认真履行岗位职责、圆满完成任务的享受以下全部待遇：

1. 每人每月发放 4200 元补贴，其中包括：高原补贴 2800 元、包干医疗费 1000 元、伙食补贴 300 元、交通补贴 100 元。

2. 统一购买意外伤害和有关交通工具团体意外伤害保险。

3. 由受援单位按标准发放带团补贴。

4. 对被评选为"全国援藏导游员先进个人"的导游员，予以奖励晋升导游等级，原导游等级工作时间须满两年，奖励晋升最高级别为高级，奖励晋升时效为参加导游援藏当年年底前，由各地旅游局（委）向国家旅游局申报。被评选为"全国援藏导游员西藏自治区先进个人"的导游员，在当年或第二年的导游等级考核中，可享受一次总分加 10 分的奖励。

（二）费用分担

援藏导游员在藏工作期间，有关费用由各方按以下原则分担：

1. 派出单位保留其原有的工资及医疗等一切福利待遇。

2. 受援单位负责援藏导游员的住宿安排和发放带团补贴。

3. 国家旅游局负责解决援藏导游员的往返交通费，在藏期间的高原补贴、医疗补贴、伙食补贴、交通补贴、意外伤害保险费以及集中培训费用。根据各省（区、市）分配的进藏导游员名额，按每人 600 元体检费标准补贴各省（区、市）旅游局（委）。按每人 500 元标准一次性补贴受援单位，为援藏导游员购买卧具等用品。

四　时间安排

1. 2010 年 2 月 15 日前，有关省（区、市）旅游局（委）将推荐书面材料报国家旅游局导游援藏办公室（国家旅游局人事司人才开发处）。

2. 3 月 20 日，国家旅游局将援藏导游员批复名单和有关培训资料下达到有关省（区、市）旅游局（委）。请结合实际，组织援藏导游员开展思想教育和西藏导游基础知识培训。

3. 4 月 15 日，援藏导游员将进藏集中培训，进行岗前教育和适应性培训，重点学习国家的有关民族、宗教、外事等的政策和到主要的景区实习。

4. 10 月中旬，由西藏自治区旅游局导游援藏办公室负责对援藏导游员做好鉴定，并由西藏自治区旅游局做好总结表彰和送行工作。

五　有关要求

1. 各派出单位及各省（区、市）旅游局（委）要切实负起责任，严把选人关。要严格按照选拔条件和程序认真选拔援藏导游员，确保选派人员质量，要真正把政治素质好、思想作风硬、业务能力强、健康状况好、热爱西藏旅游业的导游员选送到西藏。各省（区、市）旅游局（委）要组织援藏导游员（含储备人员）集中进行政治思想教育和业务培训，要关心援藏导游员入藏后的工作和生活，做好援藏导游员返程后的总结工作。

2. 西藏自治区旅游局要组织、督促各受援单位积极做好援藏导游员入藏后的工作和生活安排，切实承担起援藏导游员的管理工作，并要配合国家旅游局导游援藏办公室根据各受援单位的实际对援藏导游员统筹调配。

3. 各相关单位要统筹安排，加强配合，相互支持，努力克服遇到的困难，积极协调解决矛盾和问题，按照规定的时间完成导游援藏工作任务。

附录六　全国第十一批（2013年）导游援藏工作实施意见

全国第十一批（2013年）导游援藏工作，要继续贯彻落实中央领导同志的批示精神，认真总结经验，结合西藏受援单位的具体需求，严格选拔条件和程序，按有关要求，在规定时间内组织完成选派任务。具体安排如下。

一　工作任务

援藏导游员赴藏工作时间为2013年4月15日至10月31日。

导游援藏的工作任务是：执行上岗带团、传帮带和推进合作与交流三项主要任务，不断拓展导游援藏业务，承担教育培训和帮助西藏有关部门开展旅游业务等工作。

二　选拔与选派

（一）选拔条件

1. 忠于祖国，热爱民族事业，政治素质好；

2. 持有导游证，业务能力强，有3年及以上导游工作经验；

3. 年龄为22—50岁，身体健康，无任何急慢性疾病，能够胜任高原工作；

4. 小语种导游选拔困难的，可以考虑由院校推荐选派持有导游证的外语专业学生，推荐的学生需与派出学校签订派出协议，并与旅行社签订正式劳动合同。

有下列情况的不能选拔：

1. 非本人自愿的；

2. 家庭有实际困难的；

3. 未与派出单位签订正式劳动合同的；

4. 有其他不适合派出情况的。

（二）选拔方式和程序

选拔方式分两种：一是各相关省（区、市）旅游局（委）选拔；二是西藏自治区旅游局组织相关受援企业自行选拔，各相关省（区、市）旅游局（委）审核。

各相关省（区、市）旅游局（委）制定本地援藏导游员选拔办法，按照《2013 年援藏导游员名额分配表》中的分配名额和语种进行选拔。西藏自治区旅游局制定受援企业自行选拔援藏导游员办法，组织相关受援企业按照《2013 年援藏导游员名额分配表》中的自行选拔名额和语种进行选拔，并报相关省（区、市）旅游局（委）审核。各相关省（区、市）旅游局（委）将两种方式选拔的援藏导游员材料汇总，报国家旅游局审批。各相关单位要高度重视选拔工作，选拔工作要做到公开透明。同等条件下，承担过导游援藏任务的优秀导游员可优先安排。凡进藏后发现政治素质和业务能力不符合要求的，将由西藏自治区旅游局报国家旅游局审批后，予以退回。

三　相关待遇及费用分担

（一）相关待遇

援藏导游员除保留原单位基本工资和有关福利待遇外，援藏期间能够遵章守纪、认真履行岗位职责、圆满完成任务的，享受以下全部待遇。

1. 每人每月补贴 5200 元，其中包括：高原补贴 2800 元、包干医疗费 1000 元、伙食补贴 300 元、交通补贴 100 元、生活津贴 1000 元。高原补贴、包干医疗费、伙食补贴和交通补贴由国家旅游局拨付给西藏自治区旅游局导游援藏办公室，西藏自治区旅游局导游援藏办公室按月发放给援藏导游员。生活津贴由国家旅游局拨付给援藏导游员派出省（区、市）旅游局（委），在援藏导游员圆满完成援藏任务返回本省（区、市）后，由省（区、市）旅游局（委）一次性发放。

2. 统一购买意外伤害和有关交通工具团体意外伤害保险。

3. 由受援单位按标准发放带团补贴。

4. 对被评选为“全国援藏导游员先进个人”的导游员，按相关规定予以奖励晋升导游等级，原导游等级工作时间须满两年，奖励晋升最高级别为高级，奖励晋升时效为参加导游援藏次年年底前，由有关省（区、市）旅游局（委）向国家旅游局申报。被评选为“全国援藏导游员西藏自治区先进个人”的导游员，在次年的导游等级考核中，可享受一次总分加 10 分的奖励。

（二）费用分担

援藏导游员在藏工作期间，有关费用由各方按以下原则分担：

1. 派出单位保留其原有的工资及医疗等一切福利待遇。

2. 受援单位负责援藏导游员住宿、卧具的安排和发放带团补贴。

3. 国家旅游局负责解决援藏导游员的往返交通费，在藏期间的高原补贴、包干医疗费、伙食补贴、交通补贴和生活津贴，购买援藏装备、意外伤害保险以及集中培训费用。根据分配的援藏导游员名额，按每人 2000 元（包括选拔、体检、慰问等费用）标准补贴相关省（区、市）旅游局（委）。

四　时间安排

1. 2013 年 3 月 10 日前，各相关省（区、市）旅游局（委）将援藏导游员以下书面材料报国家旅游局导游援藏办公室（国家旅游局人事司人才开发处）：

（1）《2013 年援藏导游员推荐汇总表》；

（2）《2013 年援藏导游员备案表》；

（3）推荐的援藏导游员的身份证复印件、导游证复印件、县级以上医院出具的体检合格证明复印件、劳动合同（或单位人事证明）复印件、派出院校协议。

2. 4 月 1 日，国家旅游局将援藏导游员批复名单和有关培训资料下发到相关省（区、市）旅游局（委）。请结合实际，组织援藏导游员开展思想教育和西藏导游基础知识培训。

3. 4 月 15 日，援藏导游员将进藏集中培训，进行岗前教育和适应性培训，重点学习国家的有关民族、宗教、外事等的政策，并安排到主要景区点实习。

4. 10 月 31 日，由西藏自治区旅游局导游援藏办公室负责对援藏导游员做好鉴定，并由西藏自治区旅游局做好总结表彰和送行工作。

五　有关要求

1. 各相关省（区、市）旅游局（委）、受援旅游企业及各派出单位要切实负起责任，严把选人关。要严格按照选拔条件和程序认真选拔援藏导游员，确保选派人员质量，要真正把政治素质好、思想作风硬、业务能力强、健康状况好、热爱西藏旅游业的导游员选送到西藏。相关省（区、市）旅游局（委）要组织援藏导游员集中进行政治思想教育和业务培训，要关心援藏导游员入藏后的工作和生活，做好援藏导游员返程后的总结工作。

2. 西藏自治区旅游局要组织、督促各受援单位积极做好援藏导游员入藏后的工作和生活安排，切实承担起援藏导游员的管理工作，并要配合国家旅游局导游援藏办公室根据各受援单位的实际对援藏导游员统筹调配。

3. 各相关单位要统筹安排，加强配合，相互支持，努力克服困难，积极协调解决矛盾和问题，按照规定时间完成导游援藏工作任务。

附录七　导游援藏工作管理办法（试行）

导游援藏工作是党和国家赋予旅游行业一项光荣而艰巨的任务，为不断完善导游援藏工作的管理，确保这项工作顺利实施，根据国家旅游局拟用十年左右的时间组织内地导游员援藏的实施计划和2003年首批导游员援藏的实践，特制定本办法。

一　组织领导

1. 国家旅游局成立旅游援藏工作领导小组，统一协调、管理导游援藏工作，由国家旅游局领导分别担任组长、副组长，成员由有关司室负责人及有援藏工作任务的省（区、市）旅游局局长组成。

2. 领导小组下设导游援藏办公室，负责导游援藏工作的组织实施，成员由国家旅游局有关处室及援藏省（区、市）旅游局人教处、西藏旅游局有关处室的负责人组成。办公机构设在国家旅游局人事劳动教育司。西藏自治区政府和旅游局成立相应的导游援藏工作管理协调机构。

3. 国家旅游局委派总领队和秘书长随援藏导游员进藏，负责协调导游援藏工作的开展、配合西藏自治区旅游局处理导游援藏工作中的突发事件和掌握导游援藏工作信息，并编发《导游援藏简讯》。

4. 西藏自治区旅游局导游援藏工作管理协调机构具体负责导游援

藏工作的组织和实施，协调援藏导游员的调配和使用，处理导游援藏工作的日常事务。

5. 有导游援藏任务的省（区、市）旅游局，成立导游援藏协调小组，由局领导担任组长，负责本省（区、市）导游援藏的领导协调工作。具体工作由协调小组指定人员负责。

6. 援藏导游员按工作单位编成若干个行政小组，并以小组为单位成立临时党（团）小组，小组长由领导小组指定。在西藏旅游局设立援藏导游员临时党（团）支部，领队为临时党（团）支部书记，各临时党（团）小组长为支部委员。临时党（团）支部要按照国家旅游局党组和西藏旅游局党组的要求，指导各临时党（团）小组开展活动。

二　管理责任

1. 派出单位对被推荐导游员的政治素质、业务能力、思想作风、健康状况要严格把关，确保选派人员质量；对导游援藏期间出现违法违纪现象，推荐单位要负推荐责任；在导游援藏期间对援藏导游员负有联系、教育和对其家庭给予关心的责任。援藏导游员的人事管理关系不变，完成援藏任务后仍回原单位工作。

2. 援藏导游员原单位所在省（区、市）旅游局，负责本省（区、市）导游援藏工作的组织领导与沟通协调工作，对选送导游员负有审核把关责任，并要负责导游援藏期间发生的特殊问题的后续处理工作。

3. 受援单位要切实承担起对援藏导游员的日常管理工作，包括工作安排、学习培训、组织纪律、思想作风和业余生活等方面的全面管理；对其工作要大力支持，生活要热情关心，维护援藏导游员的正当权益，保证安全。如出现援藏导游员遭受伤害等情况，受援单位要积极采取措施，及时给予保护与救助，承担相应的管理责任，并及时报告西藏自治区旅游局。援藏导游员列席所在受援单位的党（团）组织活动。

4. 西藏自治区旅游局要对导游援藏工作在西藏的一切事务负全面责任，特别是对导游援藏工作的具体指导、检查以及与各受援单位的协调等。

5. 关于医疗责任：国家旅游局向援藏导游员每月发放 1000 元的医疗包干费。患病治疗费用 3000 元以内的由本人自理，超过部分由派出单位按照国家公费医疗或大病统筹等规定承担。

6. 关于意外事故责任：国家旅游局给每位援藏导游购买最高保金为 60 万元的意外伤害保险。如发生意外事故，除及时报警或治疗外，须在 48 个小时内报国家旅游局导游援藏办公室，以便联系保险公司进行赔付。其他善后事宜由派出单位负责按国家有关规定处理。凡由于援藏导游员个人无组织无纪律造成有关事故的，相关责任和后果由其本人负责。

三　相关待遇

1. 参加援藏的导游员，在援藏期间，除保留原单位基本工资和有关福利待遇外，享受高原补贴、包干医疗费、伙食补贴、交通补贴和人身意外伤害保险等待遇，具体标准按照当年通知的有关规定执行。

2. 对表现突出的援藏导游员，可评选"全国援藏导游员西藏自治区先进个人"，对表现特别突出的，可向国家旅游局推荐评选"全国援藏导游员先进个人"，并予以通报表彰。

3. 有关省（区、市）旅游局对援藏导游员在完成任务后，要给予免除下一年度年审和免收后两年年审培训费用等奖励。派出单位对派出人员在执行任务中表现出色的，要在等级晋升、职务提升和职称评定方面给予优先考虑。

4. 援藏导游员完成任务返回原单位后，单位对其本人要安排一定时间休息调整，时间原则上不少于一个月。

四　费用分担

援藏导游员在藏工作期间，有关费用由各方按以下原则分担：

1. 派出单位保留其原有的工资及医疗等一切福利待遇。

2. 受援单位负责援藏导游员的住宿安排和发放带团补贴。

3. 国家旅游局负责解决援藏导游员的往返交通费，在藏期间的高原补贴、伙食补贴、交通补贴、医疗包干费、人身意外保险费以及集中培训费用等。

五　其他有关规定

1. 导游员援藏期间（一般为 4 月 15 日至 10 月 15 日），不得擅自离开工作岗位。如遇个人特殊情况必须返回内地时，须经所在受援单位同意，并由国家旅游局导游援藏办公室审定，往返路费自理。

2. 援藏导游员如因患病、意外事件或有严重违法违纪行为等原因，不能继续承担援藏任务需更换人员时，由受援单位提出处理意见，经国家旅游局导游援藏办公室审核后，报旅游援藏工作领导小组审批。由派出省（区、市）旅游局组织接回援藏导游员，并承担相关费用。因病不能继续工作的，须由西藏旅游局指定的医院出具不适应高原工作的证明。

3. 援藏导游员在执行援藏任务期间，遵章守纪、认真履行岗位职责的，享受国家旅游局规定的相关待遇，发放时段为 4 月 15 日至 10 月 15 日。高原补贴、伙食补贴、交通补贴于每个工作月的月末发放，由西藏自治区旅游局援藏工作管理协调机构根据受援企业的考勤结果负责核发；医疗包干费分援藏中期和终期两次发放。

4. 对援藏导游员出现不服从管理、不认真履行岗位职责、违规违纪等行为，西藏自治区旅游局援藏工作管理机构可一次扣发个人 200 至 500 元的高原补贴。对情节严重的，加大扣发补贴力度。对情节特别严重的，报旅游援藏领导小组审批后返回原单位，根据《导游人员管理条例》规定，吊销导游员资格证和导游证，并予以公告。

5. 援藏导游员须在每年规定的时间内填好《援藏导游员考核表》，西藏自治区各受援单位作出鉴定后上报西藏自治区旅游局，西藏自治区旅游局审核后报送旅游援藏工作领导小组，由领导小组签署审批意见后转交援藏导游员所在省（区、市）旅游局和旅行社。

6. 导游员在援藏工作期间，不安排本人、配偶及亲属探亲。

7. 每年导游援藏工作的具体安排，按照国家旅游局当年下发的《导游援藏工作实施意见》执行。

六　援藏导游员行为准则

1. 拥护党和国家的基本路线、方针、政策，政治立场坚定，坚决反对分裂，自觉维护国家统一和民族团结。

2. 遵守国家宪法、法律和法规，自觉执行国家的民族政策和宗教政策，尊重西藏当地的宗教信仰、民族风情和生活习俗。

3. 严格遵守《导游人员管理条例》，以及国家和西藏关于导游人员管理的有关规定，服从所在受援单位的管理，并自觉遵守各项规章制度，不搞自由散漫。

4. 继承和发扬"老西藏"精神，克服高山缺氧、高山反应带来的困难，认真执行工作安排，团结协作，相互支持，在工作中发挥模范带头作用。

5. 认真履行导游员职责，忠于职守，吃苦耐劳，勤奋工作，提供优质服务，维护游客权益。

6. 刻苦学习西藏的历史、地理、民俗、景点等相关旅游知识，努力提高在西藏的导游水平，积极为西藏旅游业作出自己的贡献。

参考文献

一 著作类文献

王洛林、朱玲：《市场化与基层公共服务》，民族出版社 2005 年版。

北京清华城市规划设计研究院课题组：《西藏自治区旅游发展战略规划研究（2005—2020）》，清华大学出版社 2008 年版。

靳薇：《西藏援助与发展》，西藏人民出版社 2011 年版。

柳建文、杨龙：《从无偿援助到平等互惠：西藏与内地的地方合作与长治久安研究》，社会科学文献出版社 2014 年版。

杨振之：《系统科学视野下的世界级旅游目的地可持续发展研究——以西藏为例》，社会科学文献出版社 2014 年版。

章杰宽：《区域旅游可持续发展系统研究——来自西藏的实践》，科学出版社 2016 年版。

字振华：《马克思主义民族理论中国化研究》，人民出版社 2014 年版。

《马克思恩格斯文集》（第二卷），人民出版社 2009 年版。

［瑞典］冈纳·缪尔达尔：《世界贫困的挑战——世界反贫困大纲》，顾朝阳等译，北京经济学院出版社 1991 年版。

［美］艾伯特·赫希曼：《经济发展战略》，曹征海、潘照东译，经济科学出版社 1991 年版。

［美］冯·贝塔郎菲：《一般系统论：基础、发展和应用》，林康义、魏宏森译，清华大学出版社 1987 年版。

吴必虎：《区域旅游规划原理》，中国旅游出版社 2001 年版。

凌常荣：《旅游目的地开发与管理》，经济管理出版社 2013 年版。

秦启文：《突发事件的管理与应对》，新华出版社 2004 年版。

广东、广西、湖南、河南辞源修订组编：《辞源》（修订本），商务印书馆 2009 年版。

任生德：《危机处理手册》，新世界出版社 2003 年版。

魏海坤：《神经网络结构设计的理论与方法》，国防工业出版社 2005 年版。

薛克勋：《中国大中城市政府紧急事件响应机制研究》，中国社会科学出版社 2005 年版。

［意］帕累托：《普通社会学纲要》，田时纲译，生活·读书·新知三联书店 2001 年版。

潘久艳：《全国援藏的经济学分析》，四川大学出版社 2009 年版。

李瑞昌：《中国特点的对口支援制度研究——政府间网络视角》，复旦大学出版社 2016 年版。

王彦智：《西藏乡镇政权改革发展研究》，中国社会科学出版社 2016 年版。

二 工具书类文献

《西藏百科全书》编委会：《西藏百科全书》，西藏人民出版社 2009 年版。

西藏自治区统计局编：《西藏统计年鉴（2016）》，中国统计出版社 2016 年版。

中华人民共和国国家旅游局：《中国旅游统计年鉴（1991）》，中国旅游出版社 1991 年版。

中华人民共和国国家旅游局：《中国旅游统计年鉴（2016）》，中国旅游出版社 2016 年版。

中国社会科学院语言研究所词典编辑室编：《现代汉语词典》（第 6 版），商务印书馆 2012 年版。

西藏自治区地方志编纂委员会编：《西藏自治区志·旅游志》，中国藏学出版社 2008 年版。

中国旅游年鉴编辑委员会编：《中国旅游年鉴（1992）》，中国旅游出版社 1992 年版。

中国旅游年鉴编辑委员会编：《中国旅游年鉴（1994）》，中国旅游出版社 1994 年版。

中国旅游年鉴编辑委员会编：《中国旅游年鉴（1998）》，中国旅游出版社 1998 年版。

中国旅游年鉴编辑委员会编：《中国旅游年鉴（2002）》，中国旅游出
　　版社 2002 年版。

中国旅游年鉴编辑委员会编：《中国旅游年鉴（2003）》，中国旅游出
　　版社 2003 年版。

中国旅游年鉴编辑委员会编：《中国旅游年鉴（2005）》，中国旅游出
　　版社 2005 年版。

中国旅游年鉴编辑委员会编：《中国旅游年鉴（2006）》，中国旅游出
　　版社 2006 年版。

中国旅游年鉴编辑委员会编：《中国旅游年鉴（2008）》，中国旅游出
　　版社 2008 年版。

国家统计局国民经济综合统计司、国家统计局农村社会经济调查司
　　编：《中国区域经济统计年鉴（2014）》，中国统计出版社 2015
　　年版。

三　中文论文文献

（一）期刊论文

上海援藏课题组：《上海援藏工作的思考》，《西藏研究》1998 年第
　　3 期。

李曦辉：《援藏与西藏经济社会 50 年变迁》，《中央民族大学学报》
　　（哲学社会科学版）2000 年第 5 期。

徐嵩龄：《西藏旅游业建设面临的 14 个问题》，《中国人口·资源与环
　　境》2001 年第 1 期。

陈天啸：《导游援藏难点突破及政策选择》，《西藏研究》2008 年第
　　5 期。

陈娅玲：《西藏旅游研究三十年回顾及展望——基于 CNKI 相关论文统
　　计分析》，《西藏研究》2010 年第 6 期。

贺新元：《中央"援藏机制"的形成、发展、完善与运用》，《西藏研
　　究》2012 年第 6 期。

周猛：《经济发展理论演变及其对援藏工作的启示》，《西藏研究》
　　2012 年第 2 期。

龙溪河：《大美西藏　心灵之旅——2012 年西藏旅游接待人次突破千
　　万大关》，《新西藏》2013 年第 1 期。

杨明洪：《对口援藏有效性的理论认识与实现路径研究》，《中国藏学》2014 年第 4 期。

田祥利、白凯：《旅游目的地突发事件对西藏入境旅游市场规模影响与政策响应》，《旅游学刊》2013 年第 3 期。

田祥利、余正军：《旅游援藏与西藏旅游目的地发展研究》，《资源开发与市场》2015 年第 2 期。

田祥利：《对口援藏省市资金投入对西藏旅游经济发展效应研究》，《西藏民族大学学报》（哲学社会科学版）2016 年第 6 期。

田祥利：《对口援藏省市资金投入对西藏中南地区旅游经济发展效果评估与建议》，《资源开发与市场》2017 年第 1 期。

［法］弗朗索瓦·佩鲁：《经济空间：理论与应用》，《经济学季刊》1950 年第 1 期。

赵廷彦：《风险社会视角下突发事件概念的解读》，《社会科学辑刊》2010 年第 5 期。

袁辉：《重大突发事件及其应急决策研究》，《安全》1996 年第 2 期。

沈从赋：《突发事件中报道机制的科学调控》，《传媒观察》2003 年第 4 期。

李明强：《透视混沌理论看突发事件预警机制的建设》，《湖北社会科学》2006 年第 1 期。

朱力：《突发事件的概念、要素与类型》，《南京社会科学》2007 年第 11 期。

李开宇、张艳芳：《中国入境旅游受突发性事件影响的时空分析及其对策》，《世界地理研究》2003 年第 4 期。

姜科：《非常规突发事件对旅游城市的文化影响及其重建》，《管理世界》2009 年第 12 期。

孙根年、周瑞娜、马丽君：《2008 年五大事件对中国入境旅游的影响——基于本底趋势线模型高分辨率的分析》，《地理科学》2010 年第 12 期。

王洁洁、孙根年：《美国台海政策的两面性与旅游互动的反对称性研究》，《思想战线》2010 年第 3 期。

王晶晶、陈金华、郑向敏：《网络视域下突发事件对旅游目的地形象的影响过程研究》,《中国安全科学学报》2010 年第 11 期。

吴金岷、焦红:《波密县米堆村生态旅游开发的 SWOT 分析研究》,《森林工程》2013 年第 2 期。

徐鹏等:《树轮揭示的藏东南米堆冰川小冰期以来的进退历史》,《中国科学:地球科学》2012 年第 3 期。

杨瑞敏等:《西藏东南部米堆冰湖面积和水量变化及其对溃决灾害发生的影响》,《地理科学进展》2012 年第 9 期。

黄茂桓:《藏东南米堆冰川发现凹陷现象》,《冰川冻土》1993 年第 3 期。

项辉:《乡村精英格局的历史演变及现状——"土地制度—国家控制力"因素之分析》,《中共浙江省委党校学报》2001 年第 5 期。

吕世辰、胡宇霞:《农村精英及其社会影响初探》,《山西师大学报》(社会科学版)2003 年第 1 期。

毛巧晖:《地方民俗文化精英与民族文化传统的保护——以湖北鹤峰山民歌的传承为例》,《广西民族师范学院学报》2012 年第 5 期。

杨洪林:《乡村文化精英与非物质文化遗产保护》,《江西社会科学》2011 年第 9 期。

李娟、褚玉杰、赵振斌:《基于共现聚类分析的西藏入境旅游热点研究》,《旅游学刊》2015 年第 3 期。

温军:《中国少数民族经济政策稳定性评估(1949—2002 年)》(下),《开发研究》2004 年第 4 期。

王玮:《中国能引入横向财政平衡机制吗?——兼论"对口支援"的改革》,《财贸研究》2010 年第 2 期。

周晓丽、马晓东:《协作治理模式:从"对口支援"到"协作发展"》,《南京社会科学》2012 年第 9 期。

段铸、伍文中:《我国对口支援改革方向的思考》,《华中师范大学学报》(人文社会科学版)2014 年第 1 期。

赵伦、蒋勇杰:《地方政府对口援建模式分析——兼论中央政府统筹下的制度特征与制度优势》,《成都大学学报》(人文社会科学版)2009 年第 2 期。

徐阳光:《横向财政转移支付立法与政府间财政关系的构建》,《安徽大学学报》2011 年第 5 期。

温晓静、王永才：《对口支援民族地区法治化初探》，《贵州民族研究》2014 年第 4 期。

卢秀敏：《中央财政补贴与西藏发展》，《西北民族学院学报》（哲学社会科学版）2002 年第 4 期。

李中锋、杨明洪：《共享型经济发展方式研究——以西藏为例》，《中国藏学》2009 年第 2 期。

徐志民：《中共中央援藏工作述论》，《济南大学学报》（社会科学版）2012 年第 3 期。

谢伟民、贺东航、曹尤：《援藏制度：起源、演进和体系研究》，《民族研究》2014 年第 2 期。

李国政、彭红碧：《西藏共享型经济发展方式的路径选择——基于"全国援藏"的视角分析》，《当代经济管理》2010 年第 8 期。

师玉朋：《横向财政转移支付模式探索——由对口援建机制向互利共建机制转变》，《商业经济》2013 年第 8 期。

（二）学位论文

陈天啸：《导游援藏政策研究》，硕士学位论文，湖南师范大学，2010 年。

沈虹：《旅游目的地竞争力评价指标体系研究》，硕士学位论文，华东师范大学，2008 年。

任建福：《西北地区社会转型期乡镇政府行政行为调适机制问题研究》，硕士学位论文，西北师范大学，2012 年。

陶志英：《广东旅游经济对经济发展的效应研究》，硕士学位论文，暨南大学，2007 年。

张拥军：《危机防范与处理的可拓策划方法研究》，硕士学位论文，广西工业大学，2002 年。

曹玮：《地方民俗文化精英与民间祭祀的复兴：以当代天水伏羲庙民间祭仪为例》，硕士学位论文，华东师范大学，2010 年。

吴晓娟：《地方民俗文化精英与传统节日的复兴和重构——以山西乡宁云丘山中和节为例》，硕士学位论文，山西师范大学，2014 年。

邱玮:《旅游开发中的地方精英——云南大理诺邓白族村的个案研究》,硕士学位论文,云南大学,2008 年。

何池康:《旅游公共服务体系建设研究》,博士学位论文,中央民族大学,2011 年。

王涛:《有效政府、科层权力调适与地方治理——以浙江省 H 市景中村整治为案例的研究》,博士学位论文,浙江大学,2013 年。

刘铁:《对口支援的运行及法制化研究——基于汶川地震灾后恢复重建的实证研究》,博士学位论文,西南财经大学,2010 年。

兰英:《对口支援:中国特色的地方政府间合作模式研究》,硕士学位论文,西北师范大学,2011 年。

陈静:《区域经济发展中的对口援助与运行研究》,博士学位论文,西南财经大学,2013 年。

德吉:《基于本地劳动力就业的资源型地区发展战略研究》,博士学位论文,中国地质大学,2013 年。

四 外文文献

Steck, B., W. Strasdas, and E. Gustedt, *Tourism in Technical Co - Operation: A Guide to the Conception, Planning, and Implementation of Project - Accompanying Measures in Rural Development and Nature Conservation*, Eschorn, Germany: GTZ and BMZ, 1999.

Hope, C. A., "Tourism in Difficult Areas Revisited: The Case of Bradford", *Tourism Management*, Vol. 22, No. 6, December 2001, pp. 629 – 635.

Yuksel, A., "Managing Relations in a Learning Model for Bringing Destinations in Need of Assistance into Contact with Good Practice", *Tourism Management*, Vol. 26, June 2005, pp. 667 – 679.

Rebekka, M., "Perceptions of Tourism Promotion and Business Challenges: A Survey - Based Comparison of Tourism Businesses and Promotion Organizations", *Tourism Management*, Vol. 32, June 2011, pp. 1453 – 1462.

Zeng, Benxiang, "Assisting the Poor in China through Tourism Development: A Review of Research", *Tourism Management*, Vol. 33,

No. 2, April 2012, pp. 239 – 248.

Wolfensohn, J. D. , "Speech of the World Bank President at the Culture Counts Conference in Florence, Italy", 4 October 1999, Washington DC: World Bank.

Bennett, O. et al. , *Sustainable Tourism and Poverty Elimination Study*: *A Report to the Department for International Development*, 1999.

Stephen Wanhill, "Small and Medium Tourism Enterprises", *Annals of Tourism Research*, Vol. 27, No. 1, Jan. 2000, pp. 132 – 147.

Lindberg, K. et al. , "International Development Assistance in Tourism", *Annals of Tourism Research*, Vol. 28, No. 2, Jan. 2001, pp. 508 –511.

Caroline, A. , "Pro – Poor Tourism Strategies: Marking Tourism Work for the Poor", London: Overseas Development Institute, 2001.

Kim, Samuel Seongseop, Prideaux, Bruce, "Tourism, Peace, Politics and Ideology: Impacts of the Mt. Gumgang Tour Project in the Korean Peninsula", *Tourism Management*, Vol. 24, No. 6, Dec. 2003, pp. 675 – 685.

Fleischer, A. , "Support for Rural Tourism: Does it Make a Difference?", *Tourism Management*, Vol. 27, No. 4, Jan. 2006, pp. 1007 – 1024.

Morgan, D. J. , "Aid Funded Tourism Projects in Tonga: An Assessment", North Queensland: James Cook University, Australia, 1992.

Goodwin, H. et al. , "Tourism, Conservation and Sustainable Development: Case Studies from Asia and Africa", Wildlife and Development Series No. 11, International Institute for Environment and Development, London, 1998.

Clark, C. , *The Samaritan's Dilemma*: *The Political Economy of Development Aid*, London: Oxford University Press, 2005.

Leiper, N. , "The Framework of Tourism", *Annals of Tourism Research*, Vol. 6, No. 1, Jan. 1979, pp. 390 – 407.

Gunn, C. , *Vacationscape*: *Desigining Tourism Regions*, Van Nostrand Reinhold, 1988.

Buhalis, D. , "Marketing the Competitive Destination of the Future",

Tourism Management, Vol. 21, No. 1, Jan. 2000, pp. 97 – 116.

Talcott Parsons, *The Social System*, London: Routledge & Kegan Paul Ltd, 1991.

Coombs, W. T. , "Attribution Theory as a Guide for Post – Crisis Communication Research", *Public Relations Review*, Vol. 33, No. 2, April 2007, pp. 135 – 139.

Webster, Noah, *Third New International Dictionary*, Cambridge: The Riverside Press, 1961.

Milburn, T. W. , *The Management of Crises in International Crisis: Insights from Behavioral Research*, London: The Free Press, 1972.

Barton, L. , *Crisis in Organization*, Cincinnati: Southwestern Publishing Company, 1993.

Seeger, M. W. , *Communication, Organization and Crisis*, London: Routledge, 1998.

Rosenthal, U. , *Coping with Crises: The Management of Disasters, Riots and Terrorism*, Springfield: Charles C. Thomas Pub Ltd, 1989.

Hearit, K. M. , Courtright, J. L. , "A Social Constructionist Approach to Crisis Management: Allegations of Sudden Acceleration in the Audi 5000", *Communication Studies*, Vol. 54, No. 1, Jan. 2003, pp. 79 – 95.

Coady, C. A. , "Terrorism, Morality and Supreme Emergency", *Ethics*, Vol. 114, No. 4, Aug. 2004, pp. 772 – 789.

Brennan, D. , "What SARS Taught Businesses about Crisis Management", *Management Decision*, Vol. 42, No. 7, July 2004, pp. 822 – 836.

Santana, G. , "Tourism: Towards a Model for Crisis Management", *Tourism Management*, Vol. 47, No. 1, Jan. 1999, pp. 4 – 12.

Haimes, Y. , "Risk Filtering, Ranking and Management Framework Using Hierarchical Holographic Modeling", *Risk Analysis*, Vol. 22, No. 2, Feb. 2002, pp. 383 – 397.

Blake, A. , Sinclair, M. T. , "Tourism Crisis Management: US Response to September 11", *Annals of Tourism Research*, Vol. 30, No. 4, Aug. 2003, pp. 813 – 832.

Mazzocchi，M.，Montini，A.，"Earthquake Effects on Tourism in Central Italy"，*Annals of Tourism Research*，Vol. 28，No. 4，Aug. 2001，pp. 1031 – 1046.

Wang，Yu – Shan，"The Impact of Crisis Events and Macroeconomic Activity on Taiwan's International Inbound Tourism Demand"，*Tourism Management*，Vol. 30，No. 1，Jan. 2009，pp. 75 – 82.

五　电子文献

《西藏旅游业发展调研报告》，http：//www. yjbys. com/bbs/310824. html，2012 年 11 月 8 日。

《国家旅游局关于西藏旅游业发展情况的调研报告》，http：//www. xz0891. com/artc/9819/。

《中华人民共和国宪法》（2004 年修正），http：//legal. people. com. cn/n/2014/1204/c42510 – 26146159 – 2. html，2014 年 12 月 4 日。

《中华人民共和国民族区域自治法》（2001 年修正），http：//www. he. xinhuanet. com/zhuanti/2014 – 08/28/c_1112268760. htm，2014 年 8 月 28 日。

《2014 年中央民族工作会议》，http：//www. cssn. cn/zt/zt_xkzt/zt_fxzt/mzgzhgyzw/2014nzymzgzhytw/201501/t20150113_1476567. shtml，2014 年 9 月 30 日。

《国家旅游局在拉萨召开全国旅游援藏工作座谈会》，http：//www. gov. cn/gzdt/2012 – 08/30/content_2213666. htm，2012 年 8 月 30 日。

《改革 30 年旅游业成为西藏支柱产业之一》，http：//news. qq. com/a/20081204/002725. htm，2008 年 12 月 4 日。

《西藏旅游业历三十年蜕变化蛹成蝶》，http：//news. 163. com/10/0511/20/66E8GVOC000146BD. html，2009 年 11 月 20 日。

《西藏 2013 年 5.3 万农牧民受惠"旅游业"》，http：//www. chinanews. com/df/2014/01 – 22/5769255. shtml，2014 年 1 月 22 日。

《未来五年西藏 15 万农牧民将从事旅游业》，http：//www. tfyou. com/info/33027. html，2011 年 3 月 2 日。

《关于印发〈拉萨市关于促进旅游产业恢复发展的奖励办法〉的通知》，

http：//www. xzta. gov. cn/zcfg/dfxfg/system/2008/08/5/000000942.
html，2008 年 8 月 5 日。

《何光暐接见百名援藏导游员座谈会上的情况介绍》，http：//www.
china. com. cn/chinese/TR－c/310757. htm，2003 年 4 月 10 日。

《从历史和发展的高度，深刻认识开展旅游援藏的深远意义，扎扎实
实做好第三批导游援藏工作》，http：//www. cnta. gov. cn/xxfb/
wxzl/201506/t20150625_430537. shtml，2006 年 6 月 23 日。

《国家旅游局局长邵琪伟在全国旅游援藏工作座谈会上发表讲话》，
http：//www. china. com. cn/travel/txt/2012－08/31/content_26390840.
htm，2012 年 8 月 31 日。

《国家民委命名首批 "中国少数民族特色村寨"》，http：//www. seac.
gov. cn/art/2014/9/26/art_31_215257. html，2014 年 9 月 26 日。

《波密县米堆村特色村寨项目建设完工》，http：//www. xzbm. gov. cn/
cgjj_3558/201512/t20151220_989007. html，2015 年 12 月 20 日。

《第二批列入中国传统村落名录的村落名单》，http：//ctcl. like-
far. com/newsview/12. html，2014 年 3 月 31 日。

《浦东援藏：授人以鱼不如授人以渔》，http：//sh. people. com. cn/n/
2015/0807/c134768－25883696. html，2015 年 8 月 7 日。

《西藏各地受援情况一览表（1994—2004 年）》，http：//www. tibet.
cn/newzt/yuanzang/zcbj/201005/t20100511_577943. htm，2009 年
9 月 18 日。

《对口援藏工作 20 周年电视电话会议召开》，《人民日报》2014 年 8
月 26 日第 2 版。

《国务院办公厅关于印发发达省（市）对口支援四川云南甘肃省藏区
经济社会发展工作方案的通知》，http：//www. gov. cn/zhengce/
content/2014－08/23/content_9044. htm，2014 年 8 月 23 日。

《广东省人民政府办公厅关于印发广东省对口支援林芝工作方案的通知》，
http：//zwgk. gd. cn/006939748/201607/t20160715_663565. html，
2016 年 7 月 1 日。

《2016 年拉萨计划落实 89 个援藏项目》，http：//tibet. news. cn/ywjj/
2016－03/15/c_135189264. htm，2016 年 3 月 15 日。

《日喀则旅游逐渐复苏，上半年因尼泊尔地震游客数量下降三成》，http：//news. 163. com/15/1208/10/BAA9SOBE00014AED. html，2015 年 12 月 8 日。

《湖北省旅游局全力支援山南地区旅游业发展》，http：//www. mzb. com. cn/html/report/358180－1. htm，2012 年 12 月 31 日。

《合肥多项举措助推 "西藏游"》，http：//www. ah. xinhuanet. com/ly/2011－08/24/content_23538550. htm，2011 年 8 月 24 日。

《林芝地区以建设全国旅游目的地和西藏生态旅游中心为目标，稳步推进旅游项目建设》，http：//linzhi. zgxzqw. gov. cn/wdjs/jjjs/201206/t20120606_18988. htm，2012 年 6 月 6 日。

《西藏重金打造藏东南旅游黄金线》，http：//news. xinhuanet. com/travel/2012－06/24/c_123323055. htm，2012 年 6 月 24 日。

《十个一工程助推林芝旅游业跨越式发展》，http：//news. letfind. com. cn/news/2011－6/205142. html，2011 年 6 月 10 日。

《福建援藏二十年：雪域江南绘就幸福画卷》，http：//fjnews. fjsen. com/2014－08/25/content_14755475_all. htm，2014 年 8 月 25 日。

《红岩精神与康巴文化共耀雪域高原　重庆文化援藏有 4 大亮点》，http：//news. 163. com/16/0908/18/C0FA7P7N00014AEE. html，2016 年 9 月 8 日。

《西藏那曲与天台两地旅游 "手牵手"》，http：//www. tibet. cn/travel/news/1477017946326. shtml，2016 年 10 月 21 日。

《上海援藏新探索：聚焦产业授之以 "渔"》，http：//www. tibet. cn/newzt/yuanzang/dkzy/201508/t20150804_3730398. htm，2015 年 8 月 4 日。

《国务院关于印发全国主体功能区规划的通知》，http：//www. gov. cn/zwgk/2011－06/08/content_1879180. htm，2011 年 6 月 8 日。

《李克强参加西藏代表团审议》，http：//news. eastday. com/c/lh2017/u1ai10404232. html，2017 年 3 月 7 日。

《西藏自治区 "十三五" 时期国民经济和社会发展规划纲要》，http：//

www. chinatibetnews. com/zw/qwfb/201604/t20160423_1194980. html，2016
年 4 月 23 日。

《2017 年西藏自治区政府工作报告》，http：//tibet. news. cn/leader/
20170213/3652166_c. html，2017 年 2 月 13 日。

《习近平出席对口支援西藏工作座谈会并作讲话》，http：//news.
qq. com/a/20110721/000299. htm，2011 年 7 月 21 日。

《西藏白皮书：中央财政补助占西藏地方公共财政支出 95%》，http：//
politics. people. com. cn/n/2015/0415/c70731 - 26849715. html，2015
年 4 月 15 日。

《关于 2017 年省级援疆援藏援川专项资金安排情况的公示》，http：//www.
gdczt. gov. cn/zwgk/ggtz/201702/t20170224_823171. htm，2017 年 2
月 24 日。

后　记

本书是在我主持的 2012 年西藏自治区哲学社会科学专项资金项目"旅游援藏对西藏旅游目的地建设影响评估与调适机制研究"（项目编号：12BGL001）研究成果的基础上修改完成的。

2012 年 3 月我赴厦门大学管理学院进修学习，正逢西藏自治区首次哲学社会科学专项资金项目申报工作启动，结合前期研究积累和对旅游援藏实践工作的持续关注，于 2012 年 5 月在厦门大学完成了本项目申报工作。无独有偶，2012 年 8 月 30 日，国家旅游局在拉萨市召开了全国旅游援藏工作座谈会，为本项研究带来重要机遇。2012 年 12 月，本课题得以批准立项。在接下来的四年里，课题组多次深入西藏拉萨、日喀则、山南、林芝、阿里地区、那曲地区等开展实地调研，获得了大量第一手资料。该项目取得了重要研究成果并于 2016 年 12 月完成结项，研究成果鉴定为良好。回顾项目研究过程，百感交集，衷心地感谢所有给予我帮助的师长、友人、学生和家人。

在三次深入西藏的调研中，得到了西藏自治区墨竹工卡县甲玛乡乡长平措旺堆、副乡长扎西顿珠、西藏自治区非物质文化遗产传承人索朗多吉、甲玛旅游景区文化发展顾问次仁、改则县文化局局长叶潇潇、察布乡副乡长边巴等的大力支持和热心帮助，因为他们的无私帮助，我才有机会深入西藏开展田野调查，获得了非常宝贵的研究资料。感谢西藏自治区哲学社会科学规划办公室主任、自治区党委宣传部基础理论研究处罗布处长给予我将该项目研究成果修改为专著出版的勇气和决心，同时也要感谢理论研究处李许桂不厌其烦地给予我悉心的指导。

西藏民族大学管理学院朱普选教授、王跃教授、卫立浩教授、朱新林教授、王彦智教授、赵生辉教授在项目研究中给予了许多启发性指导，鞭策和激励我在学术研究路上不断前行。感谢西藏民族大学旅游管理教研室专业教师陈娅玲和余正军给予的鼎力支持，也感谢教研室专业教师姬梅、章杰宽、杨昆、罗小青、高依晴、吕悠、邢永民、古珍晶、王嘉瑞等在研究中提供的见解和启发。

西藏民族大学第五批第一轮赴阿里地区开展"强基惠民"驻村工作全体队员直接或间接为本项目研究开展提供了无私帮助。要特别感谢我的队友戴强、田波和艾金勇三人的倾心帮助，我们所驻守的果查村位于西藏自治区阿里地区察布乡北部，村委会所在地距察布乡46公里，距改则县城200公里，平均海拔4800米，交通极为不便，人迹罕至，再向北100公里就进入了无人区。我们平时吃拉贡河里的水，严寒的冬天，河水结冰，要凿穿一米厚的冰层才能打到水；夏天进入雨季，动辄连续十多天河水浑浊，无法饮用。由于距离县城较远，交通路况不好，早上都是摸黑前往改则县城，下午都是五六点才能到达。在往返改则县城的400多公里路上，多少次因车辆故障被阻困途。在这远离家乡的偏远之地，平常的日子里，思乡的忧伤和孤独寂寞，在多少个夜晚令人神伤，我们靠着顽强的毅力以及团队友情，战胜了这一切困难。在利用驻村期间开展的课题调研活动中，我们深入西藏国家级羌塘自然保护区对其丰富的野生动植物资源、独特的荒漠自然景观、原生态的人文景观等资源进行了科学考察，获得了大量宝贵资料，这些经历是我一生中难得的宝贵财富。

深深感谢在项目研究中给予友情支持的学生们。他们分别是张桃、张夏晴、洛桑桑旦、贡觉巴登、白玛仓秋、达瓦多吉、洛桑扎西、白玛拉姆、折丽艳、石俊、朱孟超、贡秋元旦。他们在项目资料收集、实地调研、访谈翻译、问卷设计、数据录入与分析、案例总结报告方面给予了大量帮助。

特别感谢我的爱人陈红梅女士，对我驻村工作期间开展课题研究的理解和宽容，极为无私地承担起家庭全部重任，让我能全身心地投入项目研究和本书撰写工作中。同时，也感谢我的两个宝贝儿子田浩辰和陈子轩给予我的快乐，让我有更多的精神动力继续前行。还要感谢我的家人给予我的无私关爱和精神激励，正是由于他们的鼓励和坚持，我才能在学术研究道路上一直勇往直前，他们永远是我最坚强的后盾。

田祥利

2017 年 4 月于陕西咸阳